Joachim Willeitner

Die Weihrauchstraße

Joachim Willeitner

Die Weihrauchstraße

© 2013 Verlag Philipp von Zabern, Darmstadt/Mainz
ISBN: 978-3-8053-4680-1

Gestaltung: TypoGraphik Anette Klinge, Gelnhausen
Umschlaggestaltung: Katja Holst, Frankfurt am Main
Umschlagabbildung: Rast einer Karawane in der Wüste / Frere, Charles Theodore (Bey) (1814–88) /
Private Collection / Photo © Whitford & Hughes, London, UK / The Bridgeman Art Library
Druck: betz-druck GmbH, Darmstadt

Alle Rechte vorbehalten.
Printed in Germany on fade resistant and archival quality paper (PH 7 neutral) · tcf

Weitere Publikationen aus unserem Programm finden Sie unter: www.zabern.de

Lizenzausgabe für die WBG (Wissenschaftliche Buchgesellschaft), Darmstadt
ISBN: 978-3-534-26315-8

Umschlaggestaltung: Peter Lohse, Heppenheim
Umschlagabbildung: Dromedarkarawane in der Wüste bei Merzouga in Marokko, 2004.
Bild: © picture-alliance / dpa

www.wbg-wissenverbindet.de

Elektronisch sind folgende Ausgaben erhältlich:
eBook (PDF): 978-3-8053-4766-2 (Buchhandel)
eBook (epub): 978-3-8053-4767-9 (Buchhandel)
eBook (PDF): 978-3-534-73819-9 (für Mitglieder der WBG)
eBook (epub): 978-3-534-73820-5 (für Mitglieder der WBG)

Inhaltsverzeichnis

Einleitung	9
Die geografischen Gegebenheiten der Weihrauchstraße	13
Die Arabische Halbinsel	13
Der Seeweg im Roten Meer	18
Das Mare Erythraeum und der »Periplus Maris Erythraei«	22
Das Weihrauchland Punt	24
Die Königin von Saba bei Salomo	29
Weihrauch und Myrrhe als wertvolles Handelsgut	36
Die Weihrauchernte	36
Die Verbreitung des Weihrauchs	38
Entlang der Weihrauchstraße	42
Die geplante Eroberung Arabiens unter Alexander dem Großen	53
Vom Landweg auf das Wasser	55
Der Feldzug des Aelius Gallus	59
Die antiken Reiche Südarabiens	61
Der Tatenbericht des Yitha'amar Watar	64
Der Tatenbericht des Karib'il Watar	66
Das Königreich Hadramaut	69
Das Reich von Ausan	73
Das Reich von Qataban	80
Das Reich der Sabäer	84
Die Anfänge der sabäischen Geschichte	85

Das minäische Reich (Reich von Ma'in)	87
Frühe südarabisch-äthiopische Wechselbeziehungen	91
Das Reich von Axum	94
Der Aufstieg des Reiches von Himyar	97
Die umkämpfte Tihama	99
Das Vordringen des Christentums	102
Jüdisch-christliche Konflikte und der Sieg des Islam	104

Zentral- und Nordarabien 107

Nadschran 107
Quer über die Arabische Halbinsel nach Gerrha 109
    Qaryat al-Faw 109
    Gerrha 112

Die Route zum Mittelmeer 115

Asir und Tihama 115
Makoraba/Mekka 117
Yathrib/Medina 118
Chaibar 118
Dedan/al-'Ula 121
Im Reich der Nabatäer 122
    Qedar, das Vorgängerreich der Nabatäer 123
    Die Kultur der Nabatäer 124
    Von Aretas I. bis Malichos I. 129
    Der »Reichskanzler« Syllaios und Aretas IV. 130
    Die Nabatäer nach Aretas IV. 134
    Hegra/Meda'in Saleh 136
    Die Oase Tayma 140
    Das Wadi Rum 148
    Gaza 151

Anhang

Weiterführende deutschsprachige Literatur (Auswahl) 159
Antike Autoren 160
Bildnachweis 160

Abb. 1   Zweige und Blätter des Boswellia-Strauches.

Einleitung

Der Boswelliastrauch (Bowellia carteri) ist ein eher unscheinbares Gewächs: kleine gekräuselte Blätter bedecken die dunklen Äste, und mit auffälligen Blüten kann die Pflanze aus der Gattung der Balsambaumgewächse nicht aufwarten (Abb. 1). Dennoch lieferte sie im Altertum einen der kostbarsten Rohstoffe: Weihrauch. Das an Duftstoffen reiche getrocknete Harz dieses Bäumchens – bei Normaltemperaturen fast geruchlos, doch beim Erhitzen sein Aroma verströmend – erzielte seinerzeit Höchstpreise. Als Luxusgut brachte man es über Tausende von Kilometern auf dem Rücken von Kamelen, die dafür in langen Karawanen monatelang unterwegs waren, vom südlichen Ende der Arabischen Halbinsel aus dem Gebiet der heutigen Staaten Jemen und Oman, bis die teure Fracht schließlich ihre Abnehmer am Mittelmeer erreichte (Abb. 2). Als nördlicher Endpunkt des mehrere Tausend Kilometer langen Handelsweges, der »Weihrauchstraße«, galt die Hafenstadt Gaza. Dort musste um Christi Geburt – noch ohne Berücksichtigung der hohen römischen Einfuhrzölle – für ein Pfund Weihrauch der höchsten Qualitätsstufe bereits ein Betrag von sechs Denaren entrichtet werden, was dem Gehalt eines Arbeiters von zwei Wochen entsprach. Überliefert ist die Einschätzung von Plinius dem Älteren in seiner »Naturgeschichte« (nat. XII 84), wonach seine Landsleute jährlich geschätzt mehr als 100 Millionen Sesterzen für Luxusgüter aus aller Welt ausgeben würden, wobei der Weihrauch sowie die ebenfalls aus Südarabien kommende und angeblich doppelt so teure Myrrhe entscheidende Faktoren dieser Bilanz waren. Die Rolle des Duftharzes als Statussymbol wird am deutlichsten in der Tatsache, dass der römische Kaiser Nero anlässlich der Totenfeiern für seine Gemahlin Poppaea Sabina – so berichtet es wiederum Plinius (nat. XII 83) – die gesamte Jahresernte an Weihrauch, geschätzt zwischen 2 500 und 3 000 t, aufgekauft und verbrannt haben soll. Die Luft der Reichshauptstadt soll noch Wochen nach Abschluss der Bestattungszeremonien vom schweren Duft des Baumharzes geschwängert gewesen sein.

Möglich war der Transport von Weihrauch und den anderen Aromata über die immensen Entfernungen von den Ursprungsgebieten bis zu den mediterranen Endabnehmern erst durch die Domestikation des Dromedars, die im Verlauf des 2. Jahrtausends v. Chr. auf der Arabischen Halbinsel erfolgt war. Die den dortigen Klima- und Landschaftsverhältnissen optimal angepassten Tiere konnten – anders als die Esel, mit denen zuvor die Karawanen ausgestattet waren – mit schwereren Lasten beladen werden und dabei nicht nur größere Tagesetappen, sondern auch überhaupt weitere Distanzen zurücklegen, da sie gegebenenfalls mehrere Tage lang ohne Nahrung und Wasser auskommen. An der Monopolstellung des Dromedars, das somit den ältesten Welthandelsweg der Menschheitsgeschichte bediente, änderte sich wenig, bis sich etwa um die Zeitenwende – aufgrund wachsender Kenntnisse über die Strömungs- und vor allem Windverhältnisse in den Gewässern um die Arabische Halbinsel – das Frachtschiff allmählich als preisgünstigere und schnellere Alternative zum »Wüstenschiff«, dem einhöckrigen Kamel, anbot.

Bis dahin verlief für die Handelskarawanen der Landweg über die Arabische Halbinsel auf einer Route, die in einigem Abstand parallel zu deren Westküste nach Norden führte. Dabei handelte es sich aber nie um einen »angelegten« Weg im Stil der späteren Straßen im Römischen Reich, sondern um einen variablen, der Konstitution der Karawanen angepassten Streckenverlauf. Laut Plinius sollen auf der Wegstrecke, für die zwischen 70 und 90 Tage benötigt wurde, durchschnittlich 65 Rastplätze aufgesucht worden sein. Die Zahlendifferenz er-

Abb. 2   Detail eines Kirchenmosaiks mit Darstellung einer Kamelkarawane: ht. Theater von Bosra/Syrien.

klärt sich aus der Tatsache, dass die Karawanen in den großen Oasen, die unterwegs passiert wurden, mehrere Tage blieben, um Kräfte zu sammeln und neuen Proviant zu beschaffen. Bei den übrigen Gelegenheiten für ein Nachtlager handelte es sich vielfach nur um unbefestigte Plätze in freier Natur, die, wann immer möglich, so gewählt waren, dass Felsen einen gewissen Schutz vor dem oftmals heftigen Wind und räuberischen Überfällen boten.

Die eigentliche Weihrauchstraße begann nach übereinstimmenden Angaben antiker Autoren in Sabota, dem heutigen Schabwa, das seinerzeit die Hauptstadt des Königreichs Hadramaut gewesen ist. Dorthin gelangte das wertvolle Handelsgut aus dem legendären Weihrauchland Sa'akalan, dem Dhofargebirge im heutigen Südoman, über mehrere lokale Zubringerwege entlang der jemenitischen Südküste und quer über Land, sodass die Harzklumpen unter Umständen bereits einen Monat unterwegs waren, bis sie nach Schabwa gelangten. Bevor die Karawanen jedoch von dort aufbrechen konnten, mussten die ersten »Prozente« an die örtlichen Priester entrichtet werden. Zunächst ging es, immer entlang des Randes der großen innerarabischen Sandwüsten, nach Nordwesten: über die Sabäerhauptstadt Marib bis ins 3000 m hohe Dschaufgebirge und weiter über das Becken von Sa'ada an der heutigen jemenitisch-saudischen Grenze in die Großoase Nadschran, die heute den Kern der südlichsten Provinz Saudi-Arabiens bildet. Dabei wurden mehrere lokale Königreiche passiert, die ebenfalls Wegezölle erhoben. Die Handelsroute verlief in der Folge durch die Täler des an Wasserquellen reichen Asirgebirges, das sich parallel zur Küste des Roten Meeres von Süden nach Norden erstreckt und bei dem es sich um das alttestamentliche Goldland Ophir handeln könnte. Auf diesem Abschnitt lagen die Großoasen Makoraba, das heutige Mekka, und Yathrib, das heutige Medina, sowie Dedan, das heutige al-'Ula. Mit dem Erreichen dieser Station verließen die Karawanen den Einflussbereich der altsüdarabischen Königreiche und gelangten in das Gebiet nordarabischer Stämme wie der Lihyanier und der Thamudier. Diese Landschaft wird als Midian bezeichnet, so auch im Alten Testament, als sie noch zum Siedlungsgebiet der Edomiter gehörte. Ab hier begann in den letzten Jahrhunderten vor der Zeitenwende und dem Jahrhundert danach – bis zur Eroberung durch die Römer 106 n.Chr. – das Reich der Nabatäer, das von der rund 500 km entfernten Hauptstadt Petra aus verwaltet wurde. Offensichtlich lag Petra selbst aber

Abb. 3   Trasse der Hedschas-Bahn; die Gleise und Schwellen sind mittlerweile vollständig demontiert.

nicht am Hauptstrang der Weihrauchstraße, sondern an einem Abzweig davon. Südlichster Außenposten der Nabatäer war das nur rund 20 km nördlich von Dedan gelegene Hegra, das heutige Meda'in Saleh, das mit ähnlich imposanten Grabfassaden aufwarten kann wie die damalige Residenzstadt selbst. Sowohl al-'Ula wie auch Meda'in Saleh gehören heute zur nordsaudischen Provinz Hedschas. Die Nabatäer sorgten dann – natürlich gegen entsprechende Zahlungen – dafür, dass die Karawanen sicher die Hafenstadt Gaza am Mittelmeer, den nördlichen Endpunkt der »Weihrauchstraße«, erreichten.

Selbstverständlich zogen die Karawanen nicht unbeladen zurück. Für einen Teil ihres Ertrages kauften die Händler Güter, die in ihrer Heimat als exotisch galten, vor allem Textilien und Kunsthandwerk, die sie nach ihrer Rückkehr gewinnbringend an den Mann brachten.

Mit der Expansion des Islam ab dem 7. Jahrhundert n. Chr. fanden die Handelsbeziehungen mit dem Römischen Reich ein rasches Ende. Zuvor waren innerarabische Streitigkeiten zwischen Befürwortern und Widersachern Mohammeds vor allem in den wichtigen Oasen Makoraba und Yathrib, den späteren Orten Mekka und Medina, blutig ausgetragen worden und hatten den Karawanenverkehr empfindlich gestört. Mit dem Sieg des Islam erhielt die vormalige Handelsstraße jedoch eine neue Aufgabe als Pilgerroute zum zentralen Heiligtum der neuen Religion, der Ka'aba von Mekka. Selbst als Warenweg erlebte sie nochmals eine letzte Blüte: Die Früchte des im späten 15. Jahrhundert n. Chr. aus Äthiopien in den Jemen exportierten Kaffeestrauches traten auch im Europa des Barock ihren Siegeszug als exotisches Genussmittel an. Die Bohnen wurden vor allem in der jemenitischen Hafenstadt Moccha am Roten Meer verschifft, welche dem aufputschenden Getränk – das die Araber »kahweh«, »das Aufweckende« nannten – zunächst den Namen Mokka gab.

Die Expansion der Osmanen auf der Arabischen Halbinsel unterband zwar schließlich den lukrativen Kaffee-Export, doch sorgten die Herrscher am Bosporus für eine allerletzte, wenn auch nur kurz aufflackernde Renaissance der Route; zumindest auf deren nördlichem Abschnitt, als sie zu Beginn des 20. Jahrhunderts auf der Trasse des traditionellen Pilgerweges zwischen Damaskus und Mekka unter internationaler Beteiligung den Bau der Hedschas-Bahn initiierten. Immerhin konnte 1906 die Strecke von Damaskus nach Medina in Betrieb genommen werden. Doch schon wenig später, 1917, mussten der weitere Ausbau nach Süden und der Verkehr auf der bereits existierenden Strecke eingestellt werden, da die Gleise immer wieder Sprengstoffanschlägen der um Unabhängigkeit kämpfenden arabischen Stämmen zum Opfer gefallen waren (Abb. 3). Angeleitet wurden sie dabei durch den englischen Oberst Thomas Edward Lawrence (1888–1935), besser bekannt als »Lawrence von Arabien«. So hat ironischerweise der Mann, der selbst aktiv an Ausgrabungen mitgewirkt und stets Interesse an der Vergangenheit bekundet hat, unfreiwillig dazu beigetragen, dass der Hedschas seither brach liegt und auch die Weihrauchstraße in diesem Abschnitt noch ihrer gründlichen Erforschung harrt. Und während in Jordanien, Jemen und Oman – den übrigen Anrainern der »Weihrauchstraße« – schon seit geraumer Zeit archäologische Missionen aus aller Welt Dokumentationen des umfangreichen epigrafischen Materials und Ausgrabungen durchführen können, gewährt Saudi-Arabien erst seit relativ kurzer Zeit Altertumsforschern den offiziellen Zugang zu den historischen Stätten des Landes. Denn deren Wissensdurst steht eine Koransure entgegen, wonach die Zeit vor dem Propheten Mohammed eine dunkle Epoche der Unwissenheit gewesen ist und bei der Beschäftigung mit ihr die Gefahr besteht, vom wahren Glauben abgebracht zu werden. Umso höher ist es dem strenggläubige wahhabitische Herrscherhaus der Ibn Sauds, die sich als Hüter der heiligen Stätten und des wahren Glaubens verstehen, anzurechnen, dass sich ihr Land auch diesbezüglich langsam öffnet.

Die geografischen Gegebenheiten der Weihrauchstraße

Die Arabische Halbinsel

Die Weihrauchstraße stellte die Verbindung her zwischen dem Südosten der Arabischen Halbinsel, wo im heutigen jemenitisch-omanischen Grenzgebiet die den Weihrauch liefernden Sträucher wachsen, und dem Norden Arabiens, wo die Distribution des wertvollen Rohstoffs an die diversen Abnehmer vor allem in Richtung Levante erfolgte. Allerdings machten die großen Wüstengebiete im Zentrum der Arabischen Halbinsel deren diagonale Durchquerung, die die direkte und damit kürzeste Wegstrecke gebildet hätte, unmöglich. Stattdessen mussten sich die Handelskarawanen zunächst im Landesinneren Südarabiens in etwa parallel zur Südküste nach Westen begeben, bis sie ihre Reiserichtung fast im rechten Winkel abändern konnten, um ab dann, diesmal im Hinterland parallel zur Küste des Roten Meeres, nach Norden zu ziehen. Das Gebirge, das sie dabei antrafen und dessen Längsverlauf von Süden nach Norden sie dann folgten, hatte sich vor Jahrmillionen durch die Stauchung aufgefaltet, die die eigenständige Arabische Kontinentalplatte, eingequetscht zwischen der Eurasischen, der Indischen und der Afrikanischen Kontinentalplatte, durch deren Verschiebungen, die sogenannte Kontinentaldrift, erfahren hatte.

Durch ihre Lage fungiert die Arabische Halbinsel als Landbrücke zwischen den beiden Kontinenten Afrika und Asien und wird – schon allein weil im Osten die Verbindungslinie zwischen dem Arabischen Golf und dem Mittelmeer länger ist als im Westen zwischen dem Roten und dem Mittelmeer – dem letztgenannten Kontinent zugerechnet, auch wenn es geologisch eher einen Teil Afrikas darstellt. Allerdings wird zur eigentlichen Halbinsel nur das Areal gezählt, das sich südlich einer um den 30. nördlichen Breitengrad nach Norden gekrümmten Linie jeweils zwischen den Nordspitzen des flachen Arabischen Golfs im Osten (etwa beim Schatt al-'Arab, der gemeinsamen Einmündung von Euphrat und Tigris) und des tiefen Roten Meeres im Westen (bei Eilat in Israel bzw. Aqaba in Jordanien) ausdehnt. Wegen dieser nur vagen Begrenzung im Norden, die sich nicht an den heutigen politischen Grenzen orientiert, sondern in der Regel über Saudi-Arabien hinaus auch die südlichen Teile Jordaniens und des Irak mit einschließt, schwanken die Größenangaben für die Arabische Halbinsel zwischen 3 und 3,5 Millionen km², von denen der größte Staat, das Königreich Saudi-Arabien, rund 2,25 Millionen km² beansprucht. Neben den beiden genannten Meeren, die die Ost- und die Westgrenze bilden, findet sich am südlichen Ende der fast trapezförmigen Landmasse – sieht man einmal von der breiten Landspitze ab, die im Südosten den Ausgang des Persisch-Arabischen Golfs zur Straße von Hormuz verengt – das Arabische Meer bzw. der Golf von Aden als Randgebiet des Indischen Ozeans.

Vereinfacht ausgedrückt hat die Arabische Halbinsel die Gestalt einer großen gekippten Hochscholle, die in ihrem Mittelteil Höhen um 1000 m ü. d. M. erreicht. Nach Westen hin steigt sie zu einem Bergland an, das parallel zur Küstenlinie des Roten Meeres praktisch die gesamte Halbinsel entlang verläuft. Im Norden wird dieses bis etwa auf Höhe von Dschidda und Mekka als Hedschasgebirge bezeichnet, danach als Asirgebirge und zuletzt im Süden als Bergjemen, der dort mit dem Dschebel Nabi Schuaib, einem ehemaligen Vulkan, bis zu 3620 m ü. d. M. erreicht. In diesem Abschnitt sorgt der zyklisch seine Windrichtung wechselnde Monsun, dessen

Abb. 4   Terrassenkulturen im nordjemenitischen Bergland.

mitgeführte Wolken sich an den Berghängen abregnen, für ausgiebige Regenfälle im Hochsommer und geringere, aber für einen Terrassenfeldbau in den Gebirgstälern ausreichende Niederschläge im Winter, die gelegentlich mehr als 500 mm im Jahresmittel betragen, allerdings Richtung Osten immer spärlicher werden. Hinzu kommt, dass das Bergland vielfach mit fruchtbaren vulkanischen Böden gesegnet ist. Am Gebirgsfuß ist immerhin noch Bewässerungslandwirtschaft möglich (Abb. 4).

Die geschilderten klimatischen Verhältnisse begünstigten die Besiedlung Südarabiens bereits seit prähistorischer Zeit, wobei die Ansiedlungen, wann immer möglich, des besseren Schutzes wegen, aber um den Preis eines mühseligen Zugangs auf den Gipfeln und Graten der Höhenzüge angelegt wurden. Und nicht zufällig erfolgten die ersten Staatenbildungen auf der Arabischen Halbinsel – in Gestalt der Reiche von Saba, Qataban, Ma'in, Ausan und Hadramaut – an deren Südrand, im Gebiet der beiden heutigen Staaten Jemen und Oman zwischen den beiden Meerengen des Bab el-Mandeb und der Straße von Hormuz. Denn der aufgebogene Rand der arabischen Tafel ragt gerade noch in das heutige Sultanat Oman hinein, wo sich in dessen äußerstem Süden, in der an den heutigen Jemen angrenzenden Provinz Dhofar, die bis zu 1680 m hohen Karaberge erheben. Vor allem hier sowie in Teilen der vorgelagerten, bis zu 20 km breiten Küstenebene, wo die alljährlichen Monsunregenfälle während der Sommermonate ebenfalls zum Tragen kommen, wächst noch heute der Boswelliastrauch, aus dessen Baumharz Weihrauch gewonnen wird (Abb. 5).

Weiter nach Westen entlang der Südküste des Indischen Ozeans auf dem Gebiet des vormaligen Südjemen ist die dort zwischen 30 und 60 km breite Küstenebene ebenso wie das hinter ihr steil aufsteigende Bergland wiederum überwiegend regenarm und wüstenhaft. Lediglich in wenigen Abschnitten am Gebirgsrand ermöglichen Niederschläge von 100 bis 250 mm pro Jahr dauerhafte Ansiedlungen. Im Hochland passte sich die Bevölkerung den schwierigen klimatischen Gegebenheiten an und nutzte schon seit der Antike entsprechend geeignete Passagen der tief eingeschnittenen Täler als Bewässerungsoasen, indem sie die Wadis mit ausgeklügelten Dammbauten abriegelte. Dadurch wurden die spärlichen, in den Bergen niedergehenden Regenfälle am weiteren Abfließen gehindert und gespeichert, um sie anschließend auf die Felder leiten zu können.

Wiederum anders zeigen sich die Verhältnisse in der schmalen Küstenebene, die sich zwischen dem Steilabfall des Bergjemen und dem Roten Meer erstreckt und die als Tihama bezeichnet wird. Hier bewirkt die Nähe des Meeres zwar ebenfalls ein überwiegend schwülheißes Klima, bei dem sich die Temperaturwerte im Laufe des Jahres kaum verändern, doch ist diese Küstenregion – sicher auch dank der Nähe zum fruchtbaren Bergjemen – erheblich dichter besiedelt.

Übrigens verdankt der Jemen der Lage am südlichen Ende der Arabischen Halbinsel auch seinen Namen, denn dieser leitet sich vom arabischen Wort für »rechts«, »jemin«, ab. Denn wenn man eine Landkarte im ursprünglichen Sinn des Wortes richtig »orientiert«, also mit dem Osten nach oben ausrichtet, liegt dieses Land am rechten Rand der Landmasse. Als in der islamischen Periode die Orte Mekka und Medina zu den religiösen Zentren der Moslems aufstiegen, setzte sich allmählich die Interpretation durch, wonach der Jemen entsprechend das Land »rechterhand« dieser heiligen Stätten sei.

In Richtung zum Persisch-Arabischen Golf senkt sich die arabische Hochscholle in mehreren aus abgelagerten Sedimenten bestehenden Schichtstufen, deren einzelne lang gestreckte und gestaffelte Schichtstufenränder die Halbinsel in einem weiten Bogen von Norden nach Süden durchziehen, allmählich ab. Am markantesten ist hier der über 1000 km lange Dschebel Tuwayq, der sich zwischen 300 und 500 m aus der Umgebung erhebt. Das Landesinnere entspricht dann dem Bild, das man üblicherweise mit Arabien verbindet: Es wird von großflächigen Wüstenarealen eingenommen, über die ganzjährig eine trockene Hitze brütet, hervorgerufen durch die Lage dieses Landstrichs innerhalb der Passatzone. Zu diesen großen sandgefüllten Senken gehören vor allem die Rub al-Chali, das »leere Viertel«, im Südosten, das mit rund 0,7 Millionen km^2 Fläche das größte Sandmeer der Welt darstellt, und die Nefud im Nordwesten. Hier ist ein Überleben nur in Oasen möglich, wo artesische Quellen an die Oberfläche treten oder sich Wasservorräte in Karsthöhlen angesammelt haben. Vielfach stellen dort Dattelpalmen die einzig nutzbare Vegetation dar.

Der Übergang vom regenreichen Bergland zu den unfruchtbaren Wüstengebieten erfolgt allerdings nicht schlagartig. Vielmehr dehnt sich dazwischen eine weitläufige Trockensteppe mit unregelmäßigen Niederschlägen von rund 100 mm im Jahresmittel aus, die von Nomaden als Weidegebiet für die Ziegen-, Schaf- und Dromedarherden genutzt wird. Diese Vegetationszone und nicht, wie man meinen könnte, die Wüste nimmt den größten Teil der Arabischen Halbinsel ein.

Neben den bereits genannten Höhenzügen des Bergjemen im Südwesten erhebt sich auch im äußersten Osten – begrenzt vom Golf von Oman östlich der Straße von Hormuz – eine über 600 km lange Hochgebirgskette (»Omangebirge«), die in Gestalt des Dschebel Achdar bis zu einer Höhe von 3352 m ü.d.M. aufsteigt. Nach Westen flacht sie sich zu den Wüstengebieten im Inneren des Landes, die Ausläufer der Rub al-Chali darstellen, ab. Das Gebirge beherrscht die Halbinsel von Mussandam, deren äußerste, in die nur 60 km breite Straße von Hormuz vorspringende Spitze, der Ru'us al Dschebel, heute als Exklave – da er durch einen rund 70 km breiten Streifen der Vereinigten Arabischen Emirate vom übrigen Staatsgebiet getrennt ist – zum Oman gehört. Dem Omangebirge ist ebenfalls eine schmale Küstenebene, die Batina, vorgelagert, in der sich auch die heutige Landeshauptstadt Maskat befindet. Sie bildet das wirtschaftliche Kerngebiet des Landes, das durch zahlreiche Grundwasserbrunnen und vor allem dank der Bewässerung mittels unterirdisch angelegter und so die Wasserverdunstung reduzierender Kanäle – im Oman Faladsch und in den anderen arabischen Ländern Qanat genannt – erschlossen worden ist.

Dem arabischen Festland sind mehrere Inseln vorgelagert. Aufgrund ihrer Nähe zur Straße von Hormuz bilden die fünf Kuria-Muria-Inseln – 1854 vom Sultan von Oman an die britische Kolonie Aden abgetreten und 1967 zurückerhalten – seit Jahren einen Zankapfel zwischen dem Oman und Iran.

Von den küstennahen Inseln des Roten Meeres stellt Kamaran mit 57 km² die Größte dar. Dennoch spielt das gerade einmal 13 km² große Eiland von Perim eine strategisch wichtigere Rolle, denn es beherrscht die Passage durch das Bab el-Mandeb. Geologisch handelt es sich um einen halbkreisförmigen, an seiner höchsten Stelle 65 m aus dem Meer aufragenden Kraterrand eines erloschenen Vulkans, der im »Periplus Maris Erythraei« (Peripl. XXV), einem antiken Seefahrerhandbuch, als »Diodoros-Insel« erwähnt wird. Der Insel gegenüber befand sich auf dem arabischen Festland die unter anderem bei Ptolemaios (VI 7,7), Plinius (nat. VI 104) und Strabo (XVI 4,5) erwähnte antike Stadt Okelis, das heutige Schech Said. Im 3. und 2. Jahrhundert v.Chr. gehörte sie zum Reich von Qataban, dann dürfte sie in himyaritischen Besitz übergegangen sein.

Ähnlich strategisch bedeutend war die im Indischen Ozean gelegene, 3626 km² große und bis zu 1503 m aus dem Meer ragende Insel Sokotra, das antike Dioskorides, mit ihren drei kleineren südwestlich vorgelagerten Eilanden. Denn sie befindet sich vor dem östlichen Horn von Afrika nahe dem Kap Guardafui, dem »Gewürzkap« (»Aromaton Emporion«) des antiken Geografen Ptolemaios. Die Insel soll laut Überlieferung 52 n.Chr. durch den heiligen Thomas auf seinem Weg nach Indien zum Christentum bekehrt worden sein. Nach Auskunft des zeitgenössischen arabischen Historikers Abu Said Hassan gehörte die Bevölkerung diesem Glauben noch bis mindestens ins 10. Jahrhundert an. Der nachantike Name »Sokotra« stammt aus dem Sanskrit, wo »dvipa suchadhara« »Insel der Wonne« bedeutet. Als günstiger Ankerplatz auf dem Weg nach Indien wechselte sie mehrfach den Besitzer: Portugal okkupierte sie 1505 und verlor sie 1835 an die Britische Ostindien-Kompanie. Fortan wurde sie durch Großbritannien kontrolliert, zuletzt als Teil des Protektorats Aden bzw. Südjemen, bis dieses 1967 in die Unabhängigkeit entlassen wurde. Bald danach wurde die Inselhauptstadt Tamrida in die arabische Ortsbezeichnung al-Hadibu umbenannt.

Abb. 5   Boswellia-Strauch im Wadi Daucha im Süden des Oman.

Während die Meere um die Arabische Halbinsel und deren unmittelbare Küstenregionen durch die antiken Seefahrer bald relativ gut bekannt waren, stellte das Landesinnere weitgehend eine Terra incognita dar. Entsprechend grob war die Einteilung Arabiens durch die griechisch-römischen Geografen und Historiker in nur zwei Teile: der Norden – von Südsyrien bis etwa zum nördlichen Hedschas – wurde als »Arabia deserta« (»wüstenhaftes Arabien«) und der anschließende Süden im Kontrast dazu als lateinisch »Arabia felix« bzw. griechisch »Arabia eudaimon« (»glückliches Arabien«) bezeichnet. Im 6. Buch seiner »Geographia« schlug dann der antike Astronom und Kartograf Klaudios Ptolemaios, der in der Mitte des 2. Jahrhunderts n. Chr. vornehmlich in Alexandria wirkte, eine Dreiteilung der Arabischen Halbinsel vor, indem er im Norden – benannt nach der Nabatäerhauptstadt Petra – »Arabia petraea«, das sich annähernd mit der späteren römischen »Provincia Arabia« deckte, hinzufügte, doch scheint sich diese Untergliederung Arabiens nicht durchgesetzt zu haben.

In diesem Zusammenhang hat kürzlich eine genaue Untersuchung der antiken Quellen durch Jan Retsö ergeben, dass der Begriff »Arabia eudaimon« der griechischen Autoren ursprünglich die gesamte Arabische Halbinsel bezeichnete und seinen Ursprung möglicherweise nicht in den vermeintlichen Reichtümern der südarabischen Weihrauch-Königreiche hat, sondern sich von den mutmaßlich im Persischen Golf beheimateten »Glücklichen Inseln« herleitet. Die Bezeichnung »Arabia felix« soll sogar erst im 4. Jahrhundert von christlichen Bibelkommentatoren als Bezeichnung des Landes der biblischen Königin von Saba eingeführt worden sein.

Mittelalterliche arabische Geografen nahmen in der Regel eine an den topografischen und klimatischen Gegebenheiten orientierte Unterteilung in fünf Großregionen vor, nämlich Nadschd, Hedschas, Tihama, Jemen und Arud.

Nadschd war das Plateau, das sich von der Nafudwüste im Nordwesten bis zur Rub al-Chali im Südosten erstreckte.

Der Hedschas zerfällt seinerseits in zwei Teile, nämlich im Norden das Hochland, das nach Westen zum Roten Meer und nach Osten in das Plateau des Landesinneren abfällt, sowie im Süden die Gebirgsketten des Asir, auch Sarat (»Hochland«) genannt.

Tihama ist die nach Osten hin ansteigende Küstenebene entlang der Küste des Roten Meeres. Im Gebiet des heutigen Saudi-Arabien wird ihre nördliche Hälfte Tihamat al-Hedschas und das südlich anschließende Areal Tihamat Asir genannt. Der Begriff Tihama als Bezeichnung für das Flachland vor den Bergen taucht offensichtlich schon in sabäischen Inschriften auf.

Im Gegensatz zur heutigen politischen Landkarte beschränkte sich der Begriff Jemen damals auf die Südwestecke der Arabischen Halbinsel, deckte sich also weitgehend mit dem Gebiet des vormaligen Nordjemen und schloss nur den Westteil des ehemaligen Südjemen ein.

Mit Arud schließlich wurde die gesamte östliche Landeshälfte vom Irak im Norden bis zum Arabischen Meer im Süden bezeichnet.

Der Seeweg im Roten Meer

Im Hellenismus, vor allem ab dem 2. Jahrhundert v. Chr., gewinnt das Rote Meer für den Transport südarabischer und indischer Luxusgüter ans Mittelmeer, insbesondere nach Alexandria, gegenüber der Landverbindung auf der Arabischen Halbinsel immer mehr an Bedeutung. Dieses annähernd in Nord-Süd-Richtung lang gestreckte Gewässer bedeckt mit einer Länge von 2240 km und einer Breite zwischen 150 und 325 km eine Gesamtfläche von rund 460 km². Seine größte Tiefe erreicht das im Schnitt 490 m herabreichende Meer mit 2604 m am Südostende bei Dschibuti/Somalia, am Bab el-Mandeb, dem »Tor der Tränen«, wo es über den Golf von Aden mit dem Indischen Ozean in Verbindung steht. Bis zum Bau des Suezkanals, durch den 1869 eine Passage zum Mittelmeer entstand, endete es im Nordwesten blind und wurde dort durch die Sinai-Halbinsel in zwei Golfarme gespalten, den von Aqaba/Eilat im Osten und den von Suez im Westen. Mit maximalen Oberflächentemperaturen von 35°C, wobei in tieferen Schichten bis 60°C erreicht werden, gilt es als wärmstes aller Meere.

Vor allem im Hochsommer übersteigen die Lufttemperaturen rasch die 40°C-Marke, und die daraus resultierende starke Wasserverdunstung bewirkt nicht nur eine hohe relative Luftfeuchtigkeit, sondern hat auch dazu geführt, dass der Salzgehalt des Wassers mit 3,6 bis 4,2 Prozent deutlich höher liegt als in den übrigen Weltmeeren. Denn das Meerwasser wird praktisch durch keinen Süßwasserzufluss »aufgedünnt« und auch die Durchmischung mit dem Indischen Ozean hält sich offensichtlich in Grenzen. Durch die geringe Ausdehnung des Gewässers in ost-westliche Richtung sind die Gezeitenschwankungen mit lediglich rund einem Meter nur schwach ausgeprägt.

Bislang ungeklärt ist, wie es zur Benennung als »Rotes« Meer gekommen ist, die erstmals in der spätrömischen Bezeichnung »Mare rubrum« auftritt und sich auch im heutigen arabischen Namen Bahr al-Ahmar (ahmar = rot) findet. Denn eigentlich zeichnet sich das Gewässer durch eine tiefblaue Färbung aus, die nur in flachen Uferabschnitten ins Grünblaue umschlägt. Diskutiert wird ein Zusammenhang mit der abschnittsweise rötlichen Färbung des Gesteins der Uferfelsen, mit der Einfärbung des Wassers durch die Algenart Trichodesmium erythraeum oder mit der antiken Benennung Nordostafrikas als »Land der Roten«. Letzteres hat sich noch heute im Namen des seit 1993 unabhängigen Staates Eritrea, der bis dahin die Küstenprovinz Äthiopiens dargestellt hatte, erhalten, denn er leitet sich ab vom antiken Erythraea, dem »Roten Land«.

Die Wassermassen des Roten Meeres füllen den Hauptarm des insgesamt 6000 km langen Ostafrikanischen Grabenbruchsystems (»Great Rift Valley«) auf, der hier die Grenze zwischen Asien und Afrika bildet. Dieser reicht nach Süden bis in den afrikanischen Njassagraben und setzt sich nach Norden über den Golf von Eilat/Aqaba, das Wadi Araba, das Tote Meer, das Jordantal und den See Genezareth fort. Durch diese tektonische Situation bedingt wird das Rote Meer weitgehend von steil abfallenden, bis zu 2000 m hohen Gebirgskämmen gesäumt, die kaum einmal zurückweichen und damit die Anlage eines Hafens ermöglichen würden. Die meisten der wenigen Küstenorte entstanden an solchen Plätzen, in denen Wadis aus den flankierenden Bergen austreten, da das nach Regenfällen ausgeschwemmte Geröll dort die Bildung von Korallenriffen verhindert; denn diese sind an den übrigen Stellen dem Meeresufer nahezu durchgehend vorgelagert und erschweren seit jeher die Schifffahrt.

Zur Zeit der altägyptischen Pharaonen spielte die Schifffahrt auf dem Roten Meer nur eine untergeordnete Rolle, denn man konzentrierte sich bei den Handelskontakten seit der Zeit des Alten Reiches fast ausschließlich auf das Mittelmeer, in das der Nil in damals sieben Armen einmündete und auf dem man durch Fahrt entlang der Küste vor allem die Zedern des heutigen Libanon erreichen konnte, deren gerade wachsende und lange Stämme im an Bauholz armen Niltal dringend benötigt wurden. Lediglich zwei Ziele waren über das Rote Meer zu erreichen, nämlich im Norden der Sinai mit seinen Türkis- und Kupfervorkommen – doch auch dieser wurde anfänglich bevorzugt auf dem Landweg über das Wadi Tumilat, das von der Deltaspitze nach Osten in Richtung der heutigen Stadt Ismailiya am Suezkanal verläuft, aufgesucht – und im Süden das immer noch nicht eindeutig lokalisierte legendäre Gold- und Weihrauchland Punt. Entsprechend gering ist die Zahl der – bislang entdeckten – pharaonenzeitlichen Häfen am Roten Meer. Bis vor Kurzem kannte man nur zwei, nämlich Duau (Dw3w), heute Qusseir al-Qadim, und 60 km weiter im Norden Sawu (Z3ww), heute Marsa Gawasis. Der Erstgenannte befindet sich am östlichen Ende des Wadi Hammamat – der Verbindung zwischen Quft im Niltal und Qosseir an der Küste – und dürfte den korrespondierenden Hafen zum Anlegeplatz beim heutigen al-Marcha, 8 km südlich von Abu Zenima, an der Westküste des Sinai dargestellt haben. Der zweite Hafenplatz, von dem aus die Punt-Expeditionen gestartet wurden, belegte weiter im Norden den Ausgang des Wadi Gawasis, rund 20 km südlich des heutigen touristischen Badeortes Safaga.

In den letzten Jahren sind noch zwei weitere ältere pharaonenzeitliche Hafenplätze entdeckt worden, die wesentlich weiter im Norden liegen und nach bisheriger Quellenlage ausschließlich der Einfuhr von Kupfer und Türkis aus dem gegenüberliegenden Sinai dienten, nämlich bei Ain Suchna und weiter im Süden am Ausgang des Wadi al-Dscharf. Am erstgenannten Ort rund 55 km südlich von Suez, der seinen Namen »heiße Quelle« einem küstennahen Warmwasservorkommen am Fuß des Dschebel al-Galaya al-Bahariya verdankt, gräbt seit 2001 ein französisches Team unter Leitung von Georges Castel. Eine unmittelbar an der heutigen Küstenstraße am südlichen Ende des expandierenden Badeortes Ain Suchna aufragender glatter Felsen, der mit Expeditionsinschriften überwiegend aus dem Mittleren Reich, beginnend mit einem Expeditionsbericht Mentuhoteps IV. aus der 11. Dynastie, übersät ist, hatte erstmals den ägyptischen Archäologen Mahmud Abd er-Raziq 1999 auf den Ort aufmerksam gemacht. Der dort mittlerweile lokalisierte Hafen war nach Ausweis der Grabungsfunde über ein Jahrtausend, vom Alten bis ins Neue Reich, in Betrieb. Mittlerweile gibt es in den zehn freigelegten, von den pharaonenzeitlichen Hafenarbeitern und Expeditionsteilnehmern bereits in der 5. Dynastie sorgfältig zu Galerien ausgeweiteten Höhlen des hier ansteigenden Küstengebirges zahlreiche Funde, am spektakulärsten die eingelagerten Planken und Taue von zwei in ihre Einzelteile zerlegten Schiffen des Mittleren Reiches von einst jeweils zwischen 14 und 15 m Länge. Es existierte zudem in der vorgelagerten schmalen Ebene eine Werft, in welcher die Zedernholzschiffe zwischen den Expeditionen überholt wurden. Besonders aufschlussreich ist, dass vor Ort auch Kupferverhüttungsanlagen existierten. Das bedeutet, dass man aus dem Sinai Malachit und Kupfererz bezogen hat, das erst an der gegenüberliegenden afrikanischen Küste des Roten Meeres ausgeschmolzen wurde. Bislang war man davon ausgegangen, dass die Erzverhüttung bereits bei den Minen im Südsinai, vornehmlich dem Wadi Maghagha, stattgefunden hatte.

Auf etwa gleicher geografischer Höhe wie die Kupfervorkommen des Sinai und damit weit südlicher als Ain Suchna, nämlich in 180 km Entfernung von Suez, liegt der Zweite der neu entdeckten Hafenplätze, der zudem die älteren Funde erbracht hat. Die Stätte, deren antiker Name ebenfalls noch nicht ermittelt werden konnte, liegt am Ausgang des Wadi al-Dscharf, das 24 km südlich des heutigen Badeortes Zafarana den Dschebel Galala passiert. Südlich benachbart verläuft das Wadi Deir, das zum berühmten Pauluskloster führt. Nach ersten Untersuchungen in den 1950er-Jahren, die politisch bedingt rasch abgebrochen werden mussten, finden dort seit Juni 2011 Ausgrabungen unter Leitung von Pierre Tallet statt. Auch hier wurde ein Hafenbecken mit einer heute weitgehend überfluteten Mole lokalisiert und dokumentiert. Auf dem Meeresgrund liegen noch einige der alten Steinanker in situ; und wie in den anderen Hafenanlagen des Roten Meeres sind auch hier in die Felsen des ansteigenden Küstengebirges zahlreiche teils große Felsgalerien aus dem Sandstein herausgemeißelt worden, deren Eingänge mit großen Steinplatten ver-schlossen werden konnten. Da das Fundmaterial die Nut-zung bereits während der frühen 4. Dynastie (um 2600 v. Chr.) im Alten Reich belegt, kann der Hafen am Wadi al-Dscharf für sich in Anspruch nehmen, weltweit der älteste seiner Art zu sein. Seit 2013 ist der Ort um einen weiteren Rekord reicher. Es traten hier auch die bislang ältesten je auf ägyptischem Boden gefundenen Papyri zutage: insgesamt 40 Schriftstücke mit Expeditionsberichten und Verwaltungsakten aus dem 27. Regierungsjahr von Pharao Cheops, dem Erbauer der größten Pyramide in Giza. Wahrscheinlich wurden die aus dem Sinai bezogenen Güter anschließend durch das nördlich des Wadi al-Dscharf verlaufende breite Wadi Araba, das bis zum Niltal führt, dorthin transportiert. Noch unklar ist, warum die Stätte bereit nach Cheops während des Alten Reiches offensichtlich vom weiter nördlich gelegenen Ain Suchna als Hafenplatz abgelöst wurde, obwohl von dort der Seeweg zu dem Kupfervorkommen des Südsinai weiter war, denn das Wadi al-Dscharf liegt genau gegenüber von al-Marcha auf dem Sinai, wo am Tell Ras Budran eine korrespondierende Schiffsanlegestelle, ebenfalls aus dem Alten Reich, ermittelt werden konnte. Da sich der Hafen am Wadi al-Dscharf als deutlich größer als diejenigen von Ain Suchna und Wadi Gawasis herausgestellt hat, vermuten die Ausgräber, dass hier auch die Punt-Expeditionen des Alten Reiches, die spätestens ab Pharao Sahure in der 5. Dynastie durchgeführt worden sind, ihren Ausgang genommen haben, auch wenn ein Beweis dafür noch fehlt.

Erst im Verlauf der ägyptischen Spätzeit, im fortgeschrittenen 1. Jahrtausend v. Chr., entwickelte sich das Rote Meer zu einem mehr und mehr befahrenen Gewässer. Die intensive Nutzung dieses Seeweges setzte ohnehin eine Verbesserung der Segeltechnik für dieses anspruchsvolle Gewässer mit seinen zahlreichen Korallenriffen und unberechenbaren Strömungen voraus. Zudem musste dort auch die Gefahr der Piraterie gebannt werden.

Den »Startschuss« für die regelmäßige Schifffahrt auf dem Roten Meer gab der Perserkönig Dareios I. (521–486 v. Chr.) mit der Fertigstellung eines Kanals, der über das Wadi Tumilat unweit der Deltaspitze des Nils, den Timsahsee und die beiden Bitterseen eine Verbindung zwischen dem Niltal und dem Roten Meer herstellte. Auf diesem Wasserweg war – nach der Umrundung der Arabischen Halbinsel – vor allem eine Anbindung an das iranische Heimatland der Achämenidendynastie gegeben, die damals zwischen 525 und 404 v. Chr. als

27. Dynastie über das Niltal herrschte. Der zwischenzeitlich offensichtlich wieder verfallene Kanal wurde später von Ptolemaios II. Philadelphos repariert und 280/79 v. Chr. wiedereröffnet.

Dies alles erklärt, warum die meisten der wenigen Häfen an den Gestaden beidseitig des Roten Meeres erst in ptolemäischer oder römischer Zeit eingerichtet worden sind. Dabei ist immer zu beachten, dass alle diese Küstenstädte nicht ohne enge Anbindung an Ortschaften im Niltal überlebensfähig waren, von wo sie ihre Nahrungsmittel bezogen. Denn abgesehen vom Fischfang gab es keine Möglichkeit, sich selbst zu versorgen, da keine Landwirtschaft möglich war und nicht einmal ein nennenswerter Baumbestand existierte. Das Wasser musste in der Regel aus mehreren Kilometern Entfernung von Brunnen, die sich im Landesinneren in den zuführenden Wadis befanden, auf Packtieren herbeigebracht werden.

Trotz der geringen Zahl der Anlegeplätze am Roten Meer ist teilweise die Gleichsetzung der antik überlieferten Namen mit heutigen Orten noch strittig. Auf der arabischen Seite spielte das immer noch nicht eindeutig lokalisierte Leuke Kome an der Grenze des Nabatäerreiches die wichtigste Rolle als Warenumschlagplatz, an der ägyptischen Ostküste kennt man von Norden nach Süden bislang die Hafenplätze Clysma (heute Suez), Myos Hormos (zumeist mit Abu Scha'ar nördlich von Hurghada gleichgesetzt), Philoteras (heute Marsa Gawasis am Ende des Wadi Gawasis), Leukos Limen (zumeist mit Qusseir al-Qadim am Ausgang des Wadi Hammamat gleichgesetzt), Nechesia (heute Umm Rus/Marsa Mubarak) und ganz im Süden Berenike. Es wurde jedoch auch aus den Funden von Ostraka geschlossen, dass Myos Hormos beim heutigen Qusseir zu lokalisieren ist und die Bezeichnung des Hafens als Leukos Limen, die lediglich bei Ptolemaios (IV 5,8) belegt ist, auf einer Verwechslung mit Leuke Kome am gegenüberliegenden arabischen Ufer beruhen könnte.

Myos Hormos war jedenfalls eine Gründung Ptolemaios' II. und fungierte als Umschlaghafen für die aus Indien über die Südküste Arabiens kommenden Schiffe. Für die Zeit des Augustus gibt Strabo (II 5,12) ihre Anzahl mit jährlich 120 an. Er (XVII 1,45) und Plinius (nat. VI 102f.) berichten übereinstimmend, dass die Waren dann auf dem Rücken von Kamelen weiter nach Koptos (heute Quft) am Nil und von dort aus wieder auf dem Wasser in die Hauptstadt Alexandria transportiert wurden.

Während der römischen Kaiserzeit büßte Myos Hormos offensichtlich zugunsten des weiter im Süden auf der Breite von Assuan gelegenen Berenike an Bedeutung ein. Letztgenannte Hafenstadt an der Foul-Bay, im Norden durch die Halbinsel von Ras Banas geschützt, war ebenfalls eine Gründung Ptolemaios' II., die um 275 v. Chr. erfolgt sein dürfte. Der König benannte die neue Stadt nach seiner Mutter. Hier nahm eine andere Route nach Koptos ihren Anfang, wobei auf der etwa 385 km langen Strecke zwischen diesen beiden Städten eine Karawane – nach dem übereinstimmenden Zeugnis von Strabo (XVII 1,45) und Plinius (nat. VI 102f.) – zwölf Tage durch die ägyptische Ostwüste unterwegs war. Diese Route war mit Hydreumata, ummauerten Schutzbauten, in denen man rasten und sich mit Wasser versorgen konnte, gesichert. Von Berenike führten aber auch andere Wüstenwege an den Nil, so nach Apollinopolis Magna, dem heutigen Edfu. Berenike war so weit im Süden angelegt worden, dass die Schiffe das Segeln gegen die Winde im nördlichen Abschnitt des Roten Meeres, die etwa ab dem 19. Grad bevorzugt aus dem Norden kommen, vermeiden konnten. Hingegen herrscht in der südlichen Hälfte des Gewässers vorwiegend ein Wind aus dem Süden vor. Dieser erleichterte den antiken Handelsschiffen zwar die Einfahrt durch das Bab el-Mandeb, wirkte sich aber beim Verlassen des Roten Meeres als Hemmnis aus. Unter Ausnutzung des Monsunwindes, der von April bis November aus Südwesten bläst, dürften die Schiffe im Altertum Berenike zur Sommermitte verlassen haben. Nach etwa einem Monat erreichten sie Aden im südlichen Jemen, nach weiteren anderthalb Monaten ihr Endziel in Indien. Im Dezember oder Anfang Januar erfolgte die Rückreise, unterstützt im Indischen Ozean vom Wintermonsun, der von November bis März aus Nordosten bläst, und dann im Roten Meer durch den ganzjährigen Wind aus Süden oder Südwesten. Ausgrabungen ergaben, dass Berenike im Anschluss an die Ptolemäerzeit eine weitere Blüte unter den Römern in den beiden Jahrhunderten um die Zeitenwende erlebte; nach einem zeitweiligen Niedergang erfolgte eine Wiederbelebung im 5. und 6. Jahrhundert n. Chr. Auch hier lag der Hafen am Ausgang eines aus den flankierenden Bergen kommenden Wadis. Dieses schwemmte Sedimente in den Hafen, was zum Untergang der Stadt geführt haben dürfte. Dass sich auch altsüdarabische Händler dort aufgehalten haben, zeigten vor wenigen Jahren im Hinterland von Berenike aufgefundene entsprechende Felsgraffiti, darunter das einem Baum ähnelnde Symbol der himyaritischen Dynastie, der Name »hfn« (Huffan) und eine schwer zu deutende zweizeilige Inschrift aus sieben Zeichen.

Schon seit Längerem hingegen kennt man altsüdarabische und nabatäische Inschriften an markanten Felsformationen auf der etwa 175 km langen Strecke zwischen Quft (dem antiken Koptos) und Qusseir (dem antiken Leukos Limen), die in griechisch-römischer Zeit, als man Dromedare als Lasttiere hatte, in fünf Tagen zurückgelegt werden konnte. Dabei steigt der Weg, der durch das Wadi Hammamat führt, über die Wasserscheide der ägyptischen Ostwüste bis über 800 m ü. d. M. an. Entlang der Route befanden sich mindestens acht Hydreumata und 65 Wachtürme in Sichtweite zueinander, über die rasch Signale weitergeleitet werden konnten.

Der wahrscheinlich am Ort des pharaonenzeitlichen Sawu und heutigen Marsa Gawasis nördlich von Qusseir zu lokalisierende ptolemäisch-römische Hafen von Philotheras wurde übrigens nach Philotera, einer Tochter Ptolemaios' I. und seiner Gemahlin Berenike I., benannt. Die Prinzessin, die nach ihrem Tod nach 276 v. Chr. – ebenso wie ihre populärere Schwester Arsinoe II. – vergöttlicht und in einer speziellen Kultstätte, dem »Arsinoeion«, verehrt worden ist, stand zudem Pate für gleichnamige Städte am See Genezareth im heutigen Israel und in Lykien.

Eine Sonderrolle unter den Häfen am Roten Meer nahm das 80 km südlich von Qusseir und 65 km nördlich von Marsa Alam – wo das von Edfu kommende Wadi Miah das Rote Meer erreicht – gelegene römische Nechesia ein, denn es fungierte weniger als Umschlagplatz für den Fernhandel, sondern verdankte seine Existenz den nahe gelegenen Goldvorkommen von Umm Rus. Am Ausgang des Wadi Mubarak erinnern nach 7 km zahlreiche Arbeiterhütten an die hier einst erfolgte Gewinnung des Edelmetalls.

Das Mare Erythraeum und der »Periplus Maris Erythraei«

Der im Altertum verwendete Begriff »Mare Erythraeum«, der sich ebenfalls mit »Rotes Meer« übersetzen lässt (griech. erythrós = rot), ist nach Ausweis der Quellen nicht nur auf dieses Gewässer im engeren Sinne angewandt worden, sondern umfasste zumindest zeitweilig auch den Golf von Oman jenseits der Straße von Hormuz und weite Teile des Indischen Ozeans. Das eigentliche Rote Meer galt – ebenso wie im Osten der Persisch-Arabische Golf (»Persikòs Kólpos«) – lediglich als Ausbuchtung des »Mare Erythraeum« und wurde entsprechend griechisch als »Kólpos Arabikós« oder »Arábios« (schon bei Herodot II 11, 102, 158; IV 39 & 42 f.) und lateinisch als »Sinus Arabicus« bezeichnet. So ist es auch der Fall bei den Beschreibungen des antiken Geografen Eratosthenes, die uns Strabo (XVI, 767) in Auszügen überliefert hat, später in der »Naturgeschichte« des Plinius (nat. VI 107 & 163 f.) oder im Kartenwerk des Ptolemaios (V 17). Bei Curtius (VIII 9,6) münden sogar Indos und Ganges in das »Mare Rubrum«. Am deutlichsten zeigt den Sachverhalt der »Periplus Maris Erythraei«, das Seefahrerhandbuch eines unbekannten Navigators aus der Antike, dem wir umfangreiche Angaben zur Topografie Südarabiens verdanken.

Mit dem Begriff »Periplus« bezeichnet man die Umschiffung einer Insel oder eines Meeresbeckens und im erweiterten Sinne die Beschreibung der dabei passierten Küstenregionen vom Wasser aus. Ursprünglich sollten Aufzeichnungen dieser Art in erster Linie den Handelsschiffen zur See die Orientierung und Navigation erleichtern, da solche Notizen nicht nur nüchterne Entfernungsangaben und Informationen über die Wind- und Wasserverhältnisse enthielten, sondern auch die Beschreibungen geeigneter Anker- und Hafenplätze. Vielfach ergänzten Schilderungen der Flora, Fauna und Völkerschaften entlang der Seeroute die Aufzeichnungen, und sofern solche »Periploi« nicht von den Handelsleuten als Berufsgeheimnis unter Verschluss gehalten wurden, fanden diese Berichte zunehmend Verbreitung als Lektüre für solche Leute, die zwar selber nicht dorthin reisen konnten oder wollten, aber dennoch den fremden Ländern und den Abenteuern, die man auf dem Weg dorthin erleben konnte, ihr Interesse entgegenbrachten. Diese Popularisierung hatte allerdings zur Folge, dass die ursprünglich nüchternen, da nur an nautischen Erfordernissen orientierten Seefahrerhandbücher allmählich zu veritablen »Märchenbüchern« mutierten, die von Gerüchten und Legenden nur so wimmelten. Zu dieser Gattung der Reiseliteratur kann man beispielsweise die Schilderung der um 450 v. Chr. erfolgten Fahrt des karthagischen Königs Hanno entlang der afrikanischen Westküste bis ins heutige Sierra Leone zählen, die in ihrer Übersetzung aus dem punischen Original weite Verbreitung erfuhr, außerdem die Abenteuerberichte des Seefahrers und Geografen Pytheas von Massalia, der in der zweiten Hälfte des 4. Jahrhunderts v. Chr. über den Atlantik bis möglicherweise nach Irland gelangte, oder auch die Beschreibung des Kaspischen Meeres durch den Flottenkommandanten Patrokles, der das Binnengewässer im Auftrag des Dynastiebegründers Seleukos I. Nikator (305–281 v. Chr.) zwischen 286 und 281 v. Chr. erkundet haben dürfte.

Anders nun der »Periplus Maris Erythraei«, dessen Verfasser leider nicht namentlich überliefert ist. Möglicherweise dadurch bedingt, dass diese Aufzeichnungen nur in engen eingeweihten Kreisen zirkulierten und es deswegen zu keiner populären »Überarbeitung« kommen konnte, bietet dieses Werk in insgesamt 66 Abschnitten eine ausgesprochen nüchterne Beschreibung der Seeroute, die (von Kapitel 1 bis 18) im Roten Meer, genauer gesagt an dessen Westküste im Hafen von Myos Hormos, ihren Anfang nimmt. Sie führt dann an der ostafrikanischen Küste entlang – wobei sie auch den axumitischen Hafen von Adulis berührt – bis Opone, das am Osthorn Afrikas in der Bucht von Ras Hafun zu lokalisieren ist, und zur Insel Menuthias, die im Allgemeinen mit Sansibar identifiziert wird. Allerdings lassen die Angaben zur Küste zwischen Opone und Menuthias erkennen, dass der Autor hier auf Fremdaufzeichnungen zurückgegriffen und die Gegend offensichtlich nicht selbst bereist hat. Im zweiten, mit 48 Kapiteln erheblich umfangreicheren Teil des Periplus geht es – wiederum in Myos Hormos beginnend – hinüber nach Leuke Kome und dann weiter über die südarabische Küste und den Golf von Oman bis hin zum indischen Subkontinent. Reiseziel ist die bislang noch nicht eindeutig lokalisierte, wohl an der Malabarküste gelegene Stadt Nelkynda, die möglicherweise mit dem heutigen indischen Kottayam südlich von Cranganore identisch ist. Ungeachtet dieser strittigen Zuweisungen hat sich der Periplus dennoch als ausgesprochen hilfreich bei der Identifikation antiker Ortsnamen mit heutigen Ansiedlungen bewährt.

Der griechisch sprechende Autor des Werkes dürfte aus Ägypten, am wahrscheinlichsten aus Alexandria, stammen, denn er listet ägyptische Waren auf, verwendet die altägyptischen Monatsnamen neben den römischen und zieht auch immer wieder das Nilland zum Vergleich mit den Regionen entlang des Seeweges heran.

Umstritten ist vor allem, wann diese Aufzeichnungen angefertigt worden sind. Hinweise geben Herrschernamen, die in die Beschreibungen eingeflochten sind. So erscheinen nacheinander in Kapitel 19 ein Nabatäerkönig Malichas, in Kapitel 23 der König von Saba und von Himyar namens Charibael – die gräzisierte Namensform für den in Zafar residierenden Karib'il Watar Yuhanaim –, der ausdrücklich als »Freund der römischen Kaiser« charakterisiert wird, und zuletzt ein weiterer Regent, der wahrscheinlich mit dem seinerzeit in Bombay residierenden Nahapana identifiziert werden kann. Dadurch würde sich eine zeitliche Eingrenzung zwischen 38 und 75 n. Chr. ergeben. Allerdings gibt es auch Hinweise auf eine spätere Niederschrift. Auf jeden Fall gewährt die detaillierte Beschreibung der Anlegestellen, der Völkerschaften und der auf dieser Route beförderten Handelsgüter, die der »Periplus« liefert, tiefe Einblicke in die wirtschaftlichen Beziehungen des Römischen Reiches mit dem Orient und dem ostafrikanischen Raum.

Das Weihrauchland Punt

Eines der populärsten Beispiele für den frühen Fernhandel mit dem wertvollen Baumharz – wenn auch nicht das früheste Ereignis seiner Art – stellt zweifelsohne die Fahrt dar, welche zur Zeit der Pharaonen des Neuen Reiches die Königin Hatschepsut (ca. 1479–1457 v. Chr.) in ihrem neunten Regierungsjahr mit fünf Schiffen in das legendäre Gold- und Weihrauchland Punt – das »Gottesland«, wie es in altägyptischen Hieroglyphentexten genannt wird – entsandte. Der spektakulären Expedition widmete sie einen ausführlichen Reliefzyklus in ihrem Totentempel im Talkessel von Deir al-Bahari gegenüber der alten Reichshauptstadt Theben. Diesen detaillierten Darstellungen an den Wänden des terrassenförmigen Heiligtums auf dem Westufer des Nils verdankt man bislang die genaueste Kenntnis vom Aussehen der kleinen ägyptischen Flotte, die entlang der Küste des Roten Meeres nach Süden segelte. Zudem zeigen sie die Zustände, die das ägyptische Expeditionskorps unter Leitung des Kanzlers und Schatzhausvorstehers Nehesi am Reiseziel antraf.

Dort angekommen tauschten die Ägypter – den Gepflogenheiten der europäischen Kolonialmächte gegenüber den Entwicklungsländern in jüngerer Vergangenheit nicht unähnlich – mitgebrachte Glasperlen und Bronzewerkzeuge gegen Weihrauch oder Myrrhe und Gold ein. Es wurden sogar 31 komplette Weihrauchbäume mitsamt ihren Wurzelballen an Bord gebracht, und zwar in Pflanzkörben, die jeweils von mehreren Männern mit Tragestangen transportiert werden mussten. In den Beischriften heißt es: »Grünende Weihrauchbäume, 31 Stück, herbeigeführt unter den Kostbarkeiten für die Majestät des Gottes Amun, des Herrn der irdischen Throne. Niemals ist ähnliches gesehen worden seit der Erschaffung der Welt.« und: »Das Beladen der Transportschiffe mit einer großen Menge von herrlichen Produkten Arabiens, mit allerlei kostbaren Hölzern des Gotteslandes, mit Haufen von Weihrauchharz, mit grünen Weihrauchbäumen … Niemals ist gemacht worden ein Transport gleich diesem von irgendeinem Herrscher seit Erschaffung der Welt.« Die exotischen Gewächse wurden zwar in Deir al-Bahari beidseitig des Aufwegs, der zum Terrassentempel der Königin führte, eingepflanzt, dürften aber wegen ihrer hohen Ansprüche in ihrer neuen Heimat nicht lange überlebt haben, da im Niltal weder die Bodenqualität noch die klimatischen Verhältnisse stimmten. Immerhin sind heute die alten Pflanzgruben – nach Ausgrabungen und Restaurierungen an dem Heiligtum – wieder als runde eingefasste Löcher sichtbar.

Populär geworden ist die Darstellung der – möglicherweise an einer Stoffwechselkrankheit leidenden – dickleibigen Königin von Punt, welche gemeinsam mit ihrem offensichtlich normalgewichtigen Gatten die pharaonischen Ankömmlinge empfängt. Ihre Untertanen bewohnten Hütten, die auf Pfählen standen und über Leitern erreichbar waren, sie verwendeten Esel als Tragetiere für Lasten und hielten Rinder mit kurzen Hörnern als Haustiere. Bei der Vegetation des Landes nahmen offensichtlich Palmen die wichtigste Rolle ein. In der Takelage der ägyptischen Schiffe kletterten Mantelpaviane herum, die einen bergigen oder zumindest felsenreichen Lebensraum benötigen; doch es wird im Widerspruch dazu auch eine Giraffe wiedergegeben, die nur in flachen Savannengebieten lebt. Obwohl auch die Meeresfauna von Punt so detailliert abgebildet wurde, dass zum Teil eine exakte zoologische Bestimmung der dargestellten Fische und Schalentiere möglich ist, lässt sich nicht eindeutig klären, ob sich das Weihrauchland nun auf der arabischen oder der afrikanischen Seite des Bab el-Mandeb befunden hat, ob es also im Jemen oder im heutigen Somalia zu lokalisieren ist. In beiden Regionen gedeiht zwar Weihrauch – wenn auch nicht an der Küste, so doch jeweils im dahinter liegenden Bergland –, doch sind bislang in keiner der beiden infrage kommenden Gegenden Goldvorkommen in abbauwürdigen Mengen aufgefunden worden, geschweige denn antike Abbau- oder Verhüttungsreste dieses Edelmetalls.

In die Diskussion ist kürzlich ein Kompromissvorschlag eingebracht worden, der vermeintliche Schreibfehler der pharaonenzeitlichen Beamten ernst nimmt. Die semitischen Sprachen kennen neben Singular und Plural für Paare oder doppelte Gegenstände eine eigene grammatikalische Form, den Dual. Dessen Endung »-ui« wird in der Hieroglyphenschrift zumeist durch zwei benachbarte kurze Striche geschrieben, und einer der »wichtigsten« Fälle für dessen Anwendung war, als Bestandteil der Königstitulatur, die Benennung des Herrschers als »Herr der beiden Länder« Unter- und Oberägypten. Nachdem diese Dualstriche nun auch in mindestens zwei Texten unter der »Land«-Hieroglyphe »ta« (t3) (einem waagrechten Strich) auftauchen, in denen vom »Gottesland« Punt die Rede ist, sodass man eigentlich wörtlich »die beiden Gottesländer« übersetzen müsste, hielt man dies bislang für ein Versehen der Schreiber, die aus alter Gewohnheit vom »Herrn beider Länder« gedankenlos die hier unsinnige Dualschreibung verwendeten. Doch warum soll man den vermeintlichen Irrtum nicht doch wörtlich nehmen, sodass Punt sowohl auf der östlichen wie auch auf der westlichen Seite des Roten Meeres zu lokalisieren wäre?

Die Hieroglyphentexte an den Tempelwänden von Deir al-Bahari berichten davon, dass Hatschepsut in der Planungsphase ihrer Unternehmung alle alten Tempelakten nach Angaben über das Zielland Punt durchforsten ließ, weil angeblich die Kenntnis von dessen Lage zwischenzeitlich verloren gegangen war und deswegen schon lange keine Fahrten mehr dorthin stattgefunden hatten. Dem widersprechen jedoch die zahlreichen Erwähnungen des »Gotteslandes« in anderen Quellen seit dem Alten Reich, die belegen, dass Punt immer im Bewusstsein der alten Ägypter präsent war. Die zeitgenössischen ägyptischen Berichte reichen bislang bis in die frühe 5. Dynastie zurück. Damals bezog Pharao Sahure (ca. 2458–2446 v. Chr.), wie dem heute in Palermo aufbewahrten Fragment eines Annalensteins zu entnehmen ist, in seinem 13. Regierungsjahr Myrrhe und Elektron, eine Gold-Silber-Legierung, aus Punt. Dieser kurze und nüchterne Textbeleg ist 2002 und 2003 auf spektakuläre Weise um bildliche Darstellungen erweitert worden, als die ägyptische Altertümerverwaltung unter Leitung von Tarek al-Awady Ausgrabungen am Aufweg zur Pyramide des Sahure in Abusir zwischen Giza und Saqqara durchführte. Wie bei all diesen Prozessionswegen zwischen dem Taltempel am Fruchtlandrand und dem Verehrungstempel am Fuß der königlichen Pyramide üblich, war auch derjenige im Grabkomplex des Sahure mit Reliefquadern dekoriert. Zwei dieser monumentalen Blöcke von je rund 1,8 m Höhe, 2,2 m Breite und 70 cm Dicke, die bei diesen Ausgrabungen wiederentdeckt wurden, zeigen in mehreren übereinander liegenden Reliefbändern Szenen in Zusammenhang mit dieser Punt-Expedition: Den Bildern, die die erfolgreiche Rückkehr der Expeditionsflotte zum Thema haben, ist zu entnehmen, dass auf den ägyptischen Schiffen auch ganze Familien aus Punt einschließlich ihrer Kinder nach Ägypten mitgekommen waren, die ebenso wie die Ägypter selbst dem Pharao beim Einlaufen der Schiffe zujubeln. Auf einem weiteren Block wird die Sockelzone von zwei Reihen von mindestens fünf aus Punt zurückkehrenden Schiffen, auf deren umgeklappten Mastbäumen jeweils von dort mitgebrachte Meerkatzen herumklettern, eingenommen. Im großen Bildfeld darüber ist Sahure zu sehen, der, begleitet von seinem Hofstaat sowie seiner Mutter Neferhetepes und seiner Gemahlin Meretnebti, mit einem dechselähnlichen Werkzeug den Stamm eines importierten Myrrhestrauches, der vor ihm in einem Pflanzgefäß aufgestellt ist, einritzt, damit das kostbare Baumharz austritt. Am erhalten gebliebenen Rand der Szene sind gerade noch die ausgestreckten Arme eines knienden Mannes zu sehen, der die herabtropfenden Harzstückchen auffängt. Auf einem anderen Quader wird ein Bankett am Königshof gezeigt, in dessen Verlauf Sahure seiner Mutter Neferhetepes das gewonnene aromareiche Baumharz aus Punt zum Geschenk macht. Bei Königin Hatschepsut sollte später ihr angeblicher göttlicher Vater, der damalige Reichsgott Amun, Empfänger der Gaben aus Punt werden.

Von einer weiteren Punt-Expedition, mit einem Aufgebot von rund 3000 Mann, und zwar am 3. Tag des 1. Monats der Schemu-Jahreszeit im 8. Regierungsjahr von Pharao Mentuhotep III. (ca. 1957–1945 v. Chr.) kündet die Inschrift M 114 im Wadi Hammamat, dem Trockental in der ägyptischen Ostwüste, das Koptos im Niltal mit Qusseir am Roten Meer verbindet. Den Hieroglyphentext hat der Expeditionsleiter Chenenu an den Wänden der dortigen Grauwacke-Steinbrüche hinterlassen. Er listet dort für seinen Hinweg ans Rote Meer die Brunnenstationen Bat (B3t), Idaht (Jd3ht) und Jahteb (J3htb) auf, die sich allerdings nicht lokalisieren lassen. Auf dem Rückweg seiner offensichtlich erfolgreichen Mission ließ er von den Felswänden des Wadis Blöcke für Statuen brechen.

Da Hatschepsut in ihrem Expeditionsbericht ausdrücklich erwähnt, dass ihre Schiffe mit den wertvollen Gütern in Theben anlandeten, hielt sich die (falsche) Vorstellung, die Königin hätte einen künstlichen Wasserweg zwischen dem Niltal und dem Roten Meer, mithin also den ältesten antiken Vorläufer des Suezkanals, anlegen lassen. In Wirklichkeit wurden die seetüchtigen Schiffe – deren Holz, nämlich Zedern, zuvor aus dem Libanon importiert worden war – zwar in Theben zusammengebaut; jedoch wenig weiter im Norden, in Koptos – wenn sie nicht ohnehin erst in den dortigen Werften hergestellt worden waren –, wurden sie bereits wieder zerlegt und auf dem Landweg durch das Wadi Hammamat, über eine Distanz von rund 175 km, die mit Eselskarawanen in rund zehn Tagen bewältigt wurde, an die Küste und, dort angekommen, offensichtlich noch ein gutes Stück nach Norden transportiert. Dort fügte man die Einzelteile wieder zusammen. Das Verfrachten der Schiffe auf dem Landweg wurde durch deren leichte Zerlegbarkeit erleichtert, da die alten Ägypter die Planken nicht mit Metallnägeln fixierten, sondern mit Tauen zusammenbanden.

Den ägyptischen Hafen am Roten Meer, wo der erneute Zusammenbau stattfand und von dem aus die Handelsflotte nach Süden segelte, hatte der ägyptische Archäologe Abdel Moneim Sayed von der Universität Alexandria bereits 1976/77 beim heutigen Marsa Gawasis (»Hafen der Erkundungsboote«) wiederentdeckt und teilweise ausgegraben. Der etwa 550 mal 250 m große Fundplatz – am nördlichen Ende des Wadi Gawasis, rund 25 km südlich von Safaga und 50 km nördlich von Qusseir gelegen – erstreckt sich am Fuß und auf der flachen Erhebung einer fossilen Korallenterrasse. Dort ist er durch das Tal des Wadi Gawasis im Süden, einen breiten Sandstreifen im Westen und die Küstenlinie im Osten begrenzt. Wie weit sich diese seit der pharaonischen Zeit geändert hat, konnte bislang jedoch nicht ermittelt werden. Mitten durch das Gelände verläuft eine Eisenbahnlinie, deren Bau die archäologischen Reste in Mitleidenschaft gezogen hat.

Am Ostrand dieser Korallenterrasse nahe der heutigen Küstenlinie stieß Sayed auf eine annähernd ovale Plattform, die mit über 700 Seemuscheln bedeckt war und bei der es sich, wenn man den Befund kultisch deutet, um einen Zeremonialplatz der Seefahrer handeln könnte.

Die beschrifteten Stelen und Ostraka, die Sayed damals entdeckte und die nicht nur Punt und Bia-Punt (»Klein-Punt«) erwähnen, sondern auch den pharaonenzeitlichen Namen des Hafenplatzes, nämlich Sawu, nennen, stammten jedoch ausschließlich aus der Periode des Mittleren Reiches (ca. 2050–1800 v. Chr.), in der ebenfalls Fahrten nach Punt stattfanden. Für die Nutzung des Hafens im Neuen Reich und insbesondere zur Zeit der Hatschepsut gab es seinerzeit keine Hinweise.

Die fand nun ein Team der Universität Neapel »L'Orientale« (UNO) und des Italienischen Instituts für Afrika und den Orient (IsIAO) in Rom unter Leitung von Rodolfo Fattovich sowie der Universität Boston unter Kathryn Bard, welches die Ausgrabungen an dem Hafenplatz im Jahr 2001 wieder aufgenommen hatte. Anfänglich gruben die Archäologen im Westhang der Korallenterrasse neben Siedlungsresten mit halb in den Boden eingetieften Hütten ein »Industriegebiet« aus, in dem zahlreiche Fragmente von Luftdüsen aus Keramik zutage traten, die von Blasebälgen für Metallschmelzöfen stammten, genauer gesagt von einer Kupferverhüttung, wie daneben aufgefundene Erzbrocken und Schlackereste belegten. Auch diese Relikte stammten wiederum aus dem Mittleren Reich.

Am Weihnachtsabend des Jahres 2004 entdeckte Kathryn Bard an einer Klippe in Küstennähe den bis auf ein faustgroßes Loch verschütteten Eingang in eine große künstliche Höhle, der rasch freigelegt wurde. Nur zwei Tage später stieß sie in rund 30 m Entfernung unter Sandmassen auf das rechteckige Portal einer weiteren, ursprünglich natürlichen und von Menschenhand erweiterten Höhle, die über zwei Nebenkammern verfügte. Den Zugang hatte man unter Wiederverwendung von Kalksteinplatten ehemaliger Anker und Zedernholzbalken abgetakelter Schiffe abgestützt und danach mit Lehmziegeln und einer Verputzschicht ausgekleidet. In den Höhlen traten weitere Zedernbalken und -planken zutage, außerdem zwei komplett erhaltene gebogene Steuerruder aus demselben Holz, welche die bis dahin einzigen vollständigen Teile eines altägyptischen Seeschiffs repräsentierten. Außerdem hatte man hier weitere Anker aus Granit und Kalkstein – davon zwei komplett erhalten – deponiert, möglicherweise als Votivgaben für eine glückliche Heimkehr, daneben aber auch sonstiges Schiffszubehör wie Taue, in die teils sogar noch Seemannsknoten geschlungen waren. Auch anderes organisches Material war nicht verrottet, wie eine Holzschale und eine Flechtwerktasche. Zwar stammen all diese Relikte, was auch naturwissenschaftliche Untersuchungen bestätigt haben, aus dem Mittleren Reich, doch gab es daneben Funde von Keramik aus dem 15. Jahrhundert v. Chr, der Zeit, in der Hatschepsut ihre Expeditionsflotte nach Punt schickte.

Unstrittig ist die Funktion von Sawu als Hafen nach Punt auch deswegen, da unter den dort aufgefundenen 21 zumeist stark von Termitenfraß befallenen Holzkisten eine noch ihre Aufschrift »Kostbarkeiten aus Punt« erhalten hatte.

Die zweite, größere Höhle fungierte offensichtlich über einen langen Zeitraum als Kultstätte, denn in Eingangsnähe waren mehrere kleine Felsnischen ausgehöhlt, von denen vier noch Kalksteinstelen enthielten. Die besterhaltene davon nennt Details einer bislang nicht belegten, von Pharao Amenemhet III. im späten Mittleren Reich ausgesandten Expedition nach Punt und Bia-Punt unter Leitung von Nebsu und Amenhotep. Das Bildfeld der Stele trägt eine Darstellung des Fruchtbarkeitsgottes Min, der seinen Hauptkultort in Koptos hatte und dem, da von hier aus die wichtigste Karawanenweg ans Rote Meer seinen Anfang nahm, auch der Schutz der Ostwüste oblag.

Schon im 19. Jahrhundert hatten die beiden Ägyptologen Burton und Wilkinson in rund 7 km Entfernung von der Küste im Wadi Gawasis an einer römischen Wasserstation zwei dorthin verschleppte Stelen aus Basalt des Mittleren Reiches entdeckt, die von einer erfolgreichen Rückkehr aus Punt und der Anlandung in Sawu berichten. Beide Monumente, sowohl das (aus dem 28. Jahr Amenemhets II.) des Würdenträgers Wer-chenti-cheti, das ihn im Bildfeld vor Min von Koptos zeigt, als auch dasjenige (aus dem 1. Jahr Sesostris' II.) des Kanzlers Chnumhotep, der vor dem Wüstengott Sopdu wiedergegeben ist, befinden sich heute im Museum der nordostenglischen Stadt Durham.

Auch das Gros der Keramikfunde von Marsa Gawasis stammt aus dem Mittleren Reich, allerdings gibt es daneben ältere Scherben aus dem späten Alten Reich, die für eine Nutzung des Hafens zu diesem früheren Zeitpunkt sprechen würden. Es sind jedoch auch Gefäßfragmente nubischen Ursprungs belegt. Diese im heutigen Nordsudan hergestellten Keramiken gehören teils der sogenannten »C-Gruppe« (ca. 2300–1500 v. Chr.), teils der »Kerma-Ware« (ca. 2500–1500 v. Chr.) – so benannt nach der Residenzstadt eines bedeutenden lokalen Königreichs unweit südlich des dritten Nilkataraktes – an. Es stellt sich damit die Frage, ob diese Stücke als »exotische« Gebrauchsgegenstände von Ägyptern aus dem Niltal an die Küste des Roten Meeres gebracht worden sind oder ob auch ein Teil des Nubienhandels nicht nur über das Niltal mit seinen Katarakten und über die Kette der Oasen in der Libyschen Westwüste, sondern auch über das Rote Meer abgewickelt wurde. Dies würde voraussetzen, dass man die für Ägypten bestimmten Produkte zuvor aus dem nubischen Niltal an die Küste des Roten Meeres gebracht hätte, um sie weiter im Norden wieder von dort zurück ins Niltal zu bringen. Bislang ist an der sudanesischen Küste kein entsprechender Hafenort ermittelt worden, doch darf man vermuten, dass die pharaonenzeitlichen Seeleute und Händler auch ohne ausgebaute Anlegestellen ausgekommen sind, indem sie die Schiffe einfach an geeigneten Stellen an Holzpflöcken oder Ähnlichem am Ufer vertäuten.

Dieser vermeintlich komplizierte Handelsweg über das Rote Meer ist nicht unwahrscheinlich, denn seit den letzten Jahren häufen sich die Hinweise darauf, dass es im alten Nubien nicht nur eine mehr oder minder parallel zum Niltal verlaufende Nord-Süd-Route ins pharaonische Ägypten gab, sondern auch eine Ost-West-Verbindung an die Küste und weiter über das Rote Meer hinweg an die südlichen Gestade der Arabischen Halbinsel. Denn 1996 stieß eine gemeinsame Expedition des Deutschen Archäologischen Instituts Sana'a und der Russischen Akademie der Wissenschaften in Sabir unmittelbar an der Verbindungsstraße zwischen Aden und Lahedj – in rund 40 km Entfernung von der erstgenannten Stadt – bei einer systematischen Prospektion der Küstenebene auf eine flache und weitläufige Erhebung im Gelände, die von antiken Scherben übersät war. Bereits an der Oberfläche des niedrigen Siedlungshügels konnten Keramikfragmente aufgelesen werden, die sich als zugehörig zu einer bis dahin noch unbekannten bronzezeitlichen Kultur aus dem 2. Jahrtausend v. Chr. erwiesen, die jetzt nach dem beschriebenen Fundort im flachen Hinterland von Aden als »Sabir-Kultur« bezeichnet wird. Bedauerlicherweise spielte der Platz während des jemenitischen Bürgerkrieges von 1994 eine Rolle als Schlachtfeld bei der Eroberung von Aden, und da das Gelände auch heute noch über weite Passagen vermint ist, können die Archäologen nur auf kleinen geräumten Flächen ihrer Tätigkeit nachgehen.

Immerhin sind zwischenzeitlich unter dem Meer von Scherben die Grundmauern einer aus Lehmziegeln errichteten Ansiedlung freigelegt worden, deren Wohnbauten sich um ein zentrales Gebäude gruppieren. Seine Bauweise und seine Ausstattung machen die Deutung als Tempel wahrscheinlich. Die von den Archäologen in die zweite Hälfte des 2. Jahrtausends v. Chr. datierten Baureste erbrachten zahlreiche Kleinfunde, unter denen Terrakottastatuetten hervorragen. Die Keramik erwies sich als besonders interessant, denn sie scheint Parallelen zu Töpferwaren von der gegenüberliegenden Seite des Roten Meeres – aus Äthiopien und Eritrea und wahrscheinlich sogar darüber hinaus aus dem heutigen Nordsudan, dem antiken Nubien – zu besitzen. Damit stellt sich zwangsläufig die Frage, inwiefern auch dieser südjemenitische Siedlungsplatz mit dem Land Punt in Zusammenhang steht.

Zu diesem Befund passt hervorragend, dass es sich bei einigen der in den Höhlen von Marsa Gawasis zutage getretenen Gefäßen allem Anschein nach wiederum um Importe aus dem Jemen handelt. Damit dürfte die Streitfrage, ob Punt auf der afrikanischen oder der arabischen Seite des Roten Meeres (in beiden Regionen wachsen die Boswelliasträucher, aus deren Harz Weihrauch gewonnen wird) zu suchen ist – die zugunsten der erstgenannten Möglichkeit entschieden schien – aufs Neue entfacht werden.

Für die nahe Zukunft ist geplant, das Gelände mit geophysikalischen Methoden, das heißt einem Bodenradar, auf weitere Höhlen absuchen, von denen mehrere, vielleicht mit noch spektakulärerem Inhalt, im Gelände vermutet werden.

Möglicherweise ist in der zweimaligen Nennung des Volkes der »Genbetju« in Hieroglyphentexten eine weitere Verbindung Ägyptens mit Südarabien gegeben. Diese Leute werden erstmals in den Annalen des Hatschepsut-Nachfolgers Thutmosis III. (ca. 1479–1426 v. Chr.) erwähnt und sollen ihm in seinem 32. Regierungsjahr durch eine Delegation Myrrhe dargebracht haben. Die Genbetju erscheinen dann nochmals in einer topografischen Liste Ramses' II. (1279–1213 v. Chr.), in welcher Länder des Ostens, darunter auch erneut Punt, aufgezählt werden. Ihren Namen möchte man mit Vorfahren der »Geban« altsüdarabischer Inschriften bzw. der später unter anderem von Plinius als Bewohner Südarabiens genannten Gebbaniter bzw. Qatabaner in Verbindung bringen.

Die Königin von Saba bei Salomo

Das zweite populäre Ereignis, bei welchem Weihrauch aus Südarabien oder dem gegenüberliegenden afrikanischen Kontinent eine wichtige Rolle spielt, ist der Besuch der »Königin von Saba«, einer ansonsten nicht näher namentlich bezeichneten Regentin, bei König Salomo in Jerusalem. Im Alten Testament wird dieses Treffen

Abb. 6 Fundamente der Schleuse eines Vorgängerbauwerks des antiken Staudamms von Marib.

Abb. 7 Unterste Steinlagen eines Turmes der antiken Stadtmauer von Marib; im Hintergrund der modern überbaute Stadthügel.

zweimal, und zwar mit nahezu identischem Wortlaut, geschildert: zum einen im 1. Buch der Könige (1 Kön. X 1–13), zum anderen im 2. Buch der Chronik (2 Chron. IX 12). Doch wirft diese angebliche Begegnung chronologische Probleme auf. Nach heutigem Wissensstand kann sie sich so nicht begeben haben: Denn König Salomo regierte im 10. Jahrhundert v. Chr. (ca. 970–930 v. Chr.), und das Reich von »Saba«, das Herrschaftsgebiet seines weiblichen Gastes – anfänglich möglicherweise erst mit der Hauptstadt Sirwah, die später nach Marib verlegt wurde – bestand erst Jahrhunderte später. Auch der in der Bibel genannte Hauptgrund ihres Besuches, nämlich die Weisheit des israelitischen Königs auf die Probe zu stellen, darf infrage gestellt werden.

Man ist jetzt dank aktueller Forschungen des Deutschen Archäologischen Instituts in der Sabäerhauptstadt Marib darüber informiert, dass der dortige legendenumwobene Staudamm, dessen Wasserreservoir erst die Besiedlung der Oasensenke ermöglicht hatte, einen älteren Vorgänger aus vorsabäischer Zeit besaß. Dieser war so hoch von den Sedimenten des sabäerzeitlichen Stausees bedeckt worden, dass er auf jeden Fall bereits im 2. Jahrtausend v. Chr., möglicherweise sogar noch früher, angelegt worden sein muss (Abb. 6). Am Ort der späteren Reichshauptstadt (Abb. 7) lebte also bereits zu jenem frühen Zeitpunkt eine sesshafte und Ackerbau treibende Bevölkerung, die sich entsprechend organisiert hatte, um das ehrgeizige Bau- und Bewässerungsprojekt gemeinsam auszuführen und danach in Betrieb zu halten. Die angeblich von dort stammende »Königin von Saba« hätte demnach im beginnenden 1. Jahrtausend v. Chr. nur über ein bescheidenes, auf die Bewässerungsoase beschränktes »Reich« herrschen können. Man hat auch bislang – entgegen immer wieder aufkeimenden Gerüchten – in den vorsabäischen Schichten von Marib keine Belege für die Existenz der legendären Herrscherin gefunden.

Zudem wäre die »Königin von Saba«, ebenso wie ihre Untertanen, des Lesens und Schreibens unkundig gewesen, da nach heutigem Kenntnisstand die altsüdarabische Schrift erst später entwickelt wurde. Denn die ältesten auf südarabischem Boden aufgefundenen Textdenkmäler werden mit Vorbehalt – und in der Fachwelt nicht unumstritten – in das frühe 7. Jahrhundert v. Chr. datiert. Da diese frühesten Belege bereits ein voll ausgebildetes Schriftsystem erkennen lassen, muss es ältere Vorstufen gegeben haben, die aber bislang nicht zutage getreten sind. Die einzelnen Buchstaben der 29 Konsonanten umfassenden Schrift – denn die Vokale werden in den semitischen Sprachen (so auch im Arabischen, dessen Schriftzeichen sich aus dem Nabatäischen entwickelt haben dürfte) nicht geschrieben – weisen dabei in ihrem Erscheinungsbild eine auffällige Ähnlichkeit mit dem Äthiopischen auf, bei dem es sich allerdings um eine Silbenschrift handelt. Aller Wahrscheinlichkeit nach haben sich die altsüdarabischen Schriftzeichen aus der 22 Konsonanten umfassenden phönizischen Buchstabenschrift entwickelt, die wiederum ihrerseits im 2. Jahrtausend v. Chr. im syrisch-palästinensischen Raum aus dem Keilschrift-Alphabet von Ugarit hervorgegangen ist.

Die ältesten Texte verlaufen »bustrophedon« (»wie der Ochse beim Pflügen wendet«), das heißt, die Buchstaben wurden abwechselnd erst in die eine und in der nachfolgenden Zeile dann in die entgegengesetzte Richtung geschrieben, wobei sie jeweils auch spiegelbildliche Gestalt annahmen. Erst im Lauf der Zeit kam es zur einheitlichen Schreib- und Leserichtung von rechts nach links des gesamten Textes. Zusätzlich weisen in der Anfangsphase die einzelnen Buchstaben noch eine unterschiedliche Höhe zueinander auf. Die jüngeren Texte besitzen dann gleich hohe Buchstaben, die sich genau zwischen zwei parallele, waagrechte Begrenzungslinien einfügen (Abb. 8). Ein drittes relatives Datierungskriterium stellt die Beobachtung dar, dass die Trennung der einzelnen Wörter, die anfänglich ohne Lücke aneinandergereiht wurden, durch senkrechte Striche offensichtlich ebenfalls erst später erfolgte. Da aber unbekannt ist, wann die einzelnen Neuerungen eingeführt wurden, und es sicher nicht schlagartig im gesamten südarabischen Raum zu den jeweiligen Umstellungen gekommen ist, liefern die genannten paläografischen Kriterien nur grobe Anhaltspunkte für das jeweilige Alter der Texte. Es ist sogar so, dass die anhand solcher paläografischen Beobachtungen gewonnenen Datierungen gelegentlich in Widerspruch stehen zu solchen Resultaten, die mit anderen Methoden gewonnen wurden. Unbestritten stammt das bislang späteste datierbare Schriftdokument aus dem Jahr 669 der himyaritischen Zeitrechnung, was dem Zeitraum von 559/60 n. Chr. entspricht.

Eine Schlüsselstellung, was die umstrittenen Anfänge der altsüdarabischen Schrift betrifft, könnte der Fundort Hadschar Bin Humeid am Ostrand des Wadi Beihan gegenüber der Stelle, wo das Wadi Mablaqa abzweigt, einnehmen. Mit seiner strategisch günstigen Lage kontrollierte er den östlichen Aufstieg zum Mablaqapass, einem wichtigen Teilstück der Weihrauchstraße, und stellte dadurch das Gegenstück zur antiken Stadt Haribat, dem heutigen Ruinengelände von Hadschar Henu az-Zureir im Wadi Harib, dar, die das westliche Ende dieser Passage beherrschte. Das etwa 15 km südlich der qatabanischen Hauptstadt Timna gelegene Hadschar Bin Humeid, dessen antiker Name nicht überliefert ist, präsentiert sich heute als etwa 25 m hoher Tell, dessen dem Wadi zugewandte Westseite durch die immer wieder vorbeigeflossenen Wassermassen stark abgeschwemmt ist. Dadurch liegen die einzelnen Siedlungsschichten in ihrer stratigrafischen Abfolge am ausgewaschenen Steilhang frei. Eine an dieser Stelle im Jahr 1951 erfolgte Stufengrabung erbrachte 19 Schichten, die von oben nach unten – bis hinab in den jungfräulichen Schlammboden des Wadigrundes – mit der Buchstabenfolge von A bis S bezeichnet wurden. Erstmals war es dank der sauberen Schichtentrennung dem Ausgräber Gus Van Beek möglich geworden, mit den jeweils darin aufgefundenen Tonscherben eine relative Keramikchronologie für Südarabien zu erstellen, deren prinzipielle Richtigkeit mittlerweile durch Untersuchungen an anderen Orten – wie den französischen Grabungen in Schabwa – bestätigt worden ist. Ein absolutes Datum lieferte ein verkohlter Dachbalken aus der drittältesten Schicht Q, dessen Alter im Jahre 1956 mittels der damals gerade neu entwickelten Radiocarbon-(C 14)-Messung auf 2807 +/- 160 Jahre bestimmt wurde. Dies entspricht einem Mittelwert von 852 v.Chr., der zwischen den Jahren 692 und 1010 v.Chr. pendeln kann. Anderthalb Meter unter dieser somit datierten Schicht wollen die Ausgräber eine Krugscherbe entdeckt haben, die in erhaben herausgearbeiteten Lettern die Buchstabenfolge KHLM aufwies, die sich am ehesten als Personen- bzw. Eigentümername Kahalum deuten lässt. Die kurze Krugaufschrift wäre somit rund 3000 Jahre alt, und die Erfindung der altsüdarabischen Schrift, die einige Zeit vorher stattgefunden haben müsste, könnte dann bereits ins ausgehende 2. Jahrtausend v.Chr. gesetzt werden. Allerdings bestreiten die meisten Philologen die Relevanz dieses Fundes und gehen davon aus, dass die ergrabene Schichtenabfolge durch ihre Nähe zum ausgespülten Hang in diesem Abschnitt gestört war und die Krugaufschrift nicht älter als etwa 700 v.Chr. sein kann.

Die Entzifferung und Datierung der altsüdarabischen Inschriften wird dadurch erschwert, dass die meisten Belege nur sehr kurz gefasst sind. Vielfach handelt es sich lediglich um knappe Äußerungen mit Filiationsangaben nach dem Schema »X, Sohn des Y, Enkel des Z, hat ...«. Das Spektrum der Textgattungen reicht dabei von Totenstelen bzw. Grabsteinen über Votiv- und Stiftungsinschriften bis hin zu apotropäischen Formeln sowie einfachen Namens- und Besitzerangaben. Die Anzahl der langen und ergiebigen Texte, wie die im Almaqahtempel von Sirwa aufgestellten ausführlichen Tatenberichte des Yitha'amar Watar und des Karib-il Watar, hält sich hingegen in Grenzen.

Seit rund 30 Jahren kennt man neben der vornehmlich aus geraden Elementen zusammengesetzten und an Rundungen armen Schrift, die vor allem an Steindenkmälern oder Bronzetafeln zu finden ist und demnach vielfach repräsentative Aufgaben erfüllte, auch eine gerundete »kursive« Schreibschrift. Diese offensichtlich für den »Alltagsbedarf« der des Lesens und Schreibens kundigen Südaraber – wobei über die Analphabetenquote der damaligen Bevölkerung nur Mutmaßungen angestellt werden können – konzipierte Schrift, mit der vor allem Verwaltungsdokumente, private Verträge und Ähnliches festgehalten wurden, war natürlich auch nur auf leicht beschaffbaren und gut transportablen Schriftträgern sinnvoll. So wurden die Minuskeln damals offensichtlich nur in Holzstäbchen und die Mittelrispen von Palmwedeln, also in leicht vergängliche organische Materialien, eingeritzt. Diese anfälligen Schriftträger konnten sich nur in Ausnahmefällen – bei extrem trockener und warmer Witterung – erhalten, und es ist entsprechend sicher, dass die meisten dieser Textzeugnisse, von denen man derzeit rund hundert Beispiele kennt, im Lauf der Jahrtausende unwiederbringlich verloren gegangen sind.

Kein alttestamentlicher Exeget glaubt heute ernsthaft daran, dass der Grund für den Besuch der südarabischen Königin bei Salomo tatsächlich nur darin bestanden hat, »ihn mit Rätselfragen auf die Probe zu stellen«. Vielmehr dürfte ihr Erscheinen – immer eine Historizität des Ereignisses vorausgesetzt – in Zusammenhang mit irgendwie gearteten Handelsbeziehungen zu sehen sein, wie sie Salomo auch zu anderen Herrschern des Vorderen Orients unterhielt. Südarabien konnte Weihrauch im Tausch gegen Kupfer anbieten, über das Salomo mit den Minen im Wadi Araba reichlich verfügte. Es ist aber auch nicht auszuschließen, dass die »Königin von Saba« arabische Handelsleute vertrat, die im rasch expandierenden salomonischen Reich eine ernsthafte Konkurrenz und Bedrohung für ihre eigenen Wirtschaftsbeziehun-

Abb. 8 Heute verschwundene sabäische Inschrift, die im Stadtgebiet von Marib wiederverbaut war.

gen heranwachsen sahen und sich rechtzeitig um einen friedlichen Interessensausgleich oder zumindest um ein klärendes Gespräch bemühen wollten.

Als Hauptausfuhrhafen für das begehrte Kupfer Salomos ist Ezion Geber überliefert, das üblicherweise am nördlichen Ende des Roten Meeres bei Eilat bzw. Aqaba oder der diesen beiden Orten vorgelagerten Insel lokalisiert wird. Dieses kleine Eiland wird heute nahezu vollständig von einer – allerdings nicht pharaonischen, sondern erst kreuzfahrerzeitlichen – Festung eingenommen, der sie auch ihren Namen als »Dschesiret al-Pharaun« (Pharaoneninsel) verdankt. Als Schiffsbesatzung fungierten aber keine Untertanen Salomos, da die Hebräer über keinerlei Seefahrerpraxis verfügten, sondern phönizische Matrosen, die König Hiram zur Verfügung gestellt hatte. Von Ezion Geber aus startete man auch in das legendäre Goldland Ophir, das, ebenso wie Punt, noch immer seiner endgültigen Lokalisierung harrt. Das Buch der Könige (1 Kön. IX 26–28) beschreibt dies folgendermaßen: »König Salomo baute auch eine Flotte in Ezion Geber, das bei Eilat an der Küste des Schilfmeeres in Edom liegt. Hiram schickte seine Leute, geübte Seefahrer, mit den Leuten Salomos zu Schiff aus. Sie fuhren nach Ophir, holten von dort 420 Talente Gold und brachten es dem König Salomo.«

Weiteres Gold bezog Salomo aus Arabien: »Das Gewicht des Goldes, das alljährlich bei Salomo einging, betrug 666 Goldtalente. Dabei sind nicht eingerechnet die Abgaben der Kaufleute und die Einnahmen, die von den Händlern, von allen Königen Arabiens und von den Statthaltern des Landes kamen« (1 Kön. X 14 ff.).

Der alttestamentliche Bericht betont hier also den Reichtum König Salomos. Dieser fand seinen Niederschlag bekanntlich auch darin, dass der König in seiner Hauptstadt Jerusalem nicht nur den Neubau des Jahwe-Tempels, sondern auch eines prachtvollen Palastes – beide Bauten ausgeschmückt durch phönizische Kunsthandwerker – initiierte. Allerdings wurde mit diesen prunkvollen Baumaßnahmen auch der Grundstein für das Auseinanderbrechen des Reiches gelegt, denn nach dem Tod Salomos weigerte sich die Mehrheit der zwölf Stämme, die von ihnen durch Abgaben und Frondienste erheblich mitfinanzierte aufwendige Hofhaltung weiter mitzutragen. Das Ergebnis war, dass der Staat, welcher unter Salomo seine unbestrittene Blüte erlebt hatte, in zwei Teile zerfiel: in das Südreich Juda – mit der Hauptstadt Jerusalem und Rehabeam als erstem König – und das Nordreich Israel – mit der ersten Residenz in Sichem und Jerobeam an der Spitze.

Statt der sprichwörtlich gewordenen Klugheit Salomos manifestierte sich hier seine politische Kurzsichtigkeit. Es sind ohnehin viele seiner Äußerungen, die im Alten Testament als seine eigenen Erkenntnisse dargestellt werden, teils sogar wortwörtliche Übernahmen altägyptischer Weisheitslehren, die mehr als ein Jahrtausend zuvor am Nil niedergeschrieben worden waren.

Man muss bei der Frage nach der Historizität des Besuchs der »Königin von Saba« in Jerusalem auch berücksichtigen, dass die Niederschrift der Episoden des »Buchs der Könige« und der »Chronik«, die zuvor nur mündlich tradiert worden waren, wohl erst nach 583 v. Chr. erfolgte – dem Jahr, in welchem das Volk Israel aus der »Babylonischen Gefangenschaft« entlassen wurde und in das »Gelobte Land« zurückkehren durfte. In den Jahrhunderten seit der Herrschaft des Salomo waren die entsprechenden Berichte sicher immer mehr ausgeschmückt und »aktualisiert« worden, wie man dies auch für andere Passagen des Alten Testamentes nachweisen kann.

Wie rasch die Überlieferung um die Königin von Saba auch in außerbiblischen Quellen modifiziert worden ist, zeigt eine verblüffende Textparallele, die der Historiker Flavius Josephus in seinen »Jüdischen Altertümern« (ant. jud. VIII 158 f. & 165 ff.) erzählt. Denn dort wird als Protagonistin, die nach Jerusalem zu Salomo reist, die »Beherrscherin von Ägypten und Äthiopien« namens Nikaule genannt. Sie ist identisch mit der Pharaonin Nitokris, die unter anderem von Herodot (II 100) erwähnt wird, und für die dort die im »Turiner Königspapyrus« belegte Regentin Net-iqeret (Nt-jqrt), mit der um 2150 v. Chr. das Alte Reich am Nil seinen Abschluss fand, das Vorbild abgab. Obwohl Flavius Josephus selbst dem jüdischen Glauben angehörte und somit auch der Tradition des Alten Testaments verpflichtet war, verliert er bei seiner Schilderung der Regierungszeit Salomos, der bei ihm Solomon genannt wird, kein Wort über Saba und dessen Königin. Ersetzt man in den »Jüdischen Altertümern« die beiden afrikanischen Landesbezeichnungen durch die südarabische, könnte man glauben, den biblischen Bericht vor sich zu haben, wenn es heißt: »Die Beherrscherin von Ägypten und Äthiopien, die nach Weisheit dürstete …, hatte so viel von Solomons Weisheit und Tugenden gehört, dass sie vor Verlangen brannte, ihn persönlich zu sehen. Denn sie wollte aus eigener Erfahrung seine Vorzüge kennenlernen und sich nicht mit dem bloßen Gerücht begnügen … Sie beschloss daher, sich zu Solomon zu begeben, um seine Weisheit auf die Probe zu stellen und ihm schwierige Fragen zur Entscheidung vorzulegen, und kam mit großer Pracht und glänzendem Aufwand nach Jerusalem. In ihrem Gefolge hatte sie Kamele, die mit Gold, verschiedenen Spezereien und kostbaren Edelsteinen reich beladen waren. Der König empfing sie mit besonderer Freundlichkeit und löste die ihm vorgelegten spitzfindigen Fragen infolge seines scharfen Verstandes schneller als man glaubte. Die Königin geriet in Erstaunen, da sie merkte, dass seine Weisheit nicht nur ihre eigene übertraf, sondern auch noch größer war, als das Gerücht sie bezeichnet hatte ... ›Alles, oh König‹, sagte sie, ›was das Gerücht zu uns trägt, erregt Zweifel in uns. Von dem aber, was du besitzest, deiner Weisheit und Einsicht und deinen königlichen Schätzen, hat der Ruf nichts Unwahres berichtet, sondern ist vielmehr weit hinter der Wirklichkeit zurückgeblieben, was mir jetzt klar wird, da ich dein Glück vor Augen habe ... Wahrlich, das Volk der Hebräer und deine Diener und Freunde sind glücklich zu preisen, da sie täglich dein Angesicht schauen und deine Weisheit hören. Gott sei gelobt, der dieses Land und Volk so sehr liebt, dass er dich zum König darüber gemacht hat.‹ Darauf dankte sie dem König für die freundliche Aufnahme mit Worten und Geschenken. Sie gab ihm 20 Talente Gold sowie eine ungeheure Menge von Gewürzen und kostbaren Edelsteinen. Auch soll sie ihm die ersten Pflanzen des Opobalsams, der jetzt noch in unserem Lande wächst, geschenkt haben. Solomon machte ihr darauf Gegengeschenke, wie sie ihrem Wunsch entsprachen. Er versagte ihr nichts, sondern bewies sich ihr gegenüber in wahrhaft königlicher Weise hochherzig und freigiebig. Nachdem sie so gegenseitig ihre Geschenke ausgetauscht hatten, begab sich die Königin von Ägypten und Äthiopien auf den Heimweg.«

Den legendären Reichtum Südarabiens spiegelt neben den Legenden um die Königin von Saba auch der Hymnus des alttestamentlichen Propheten Jesaia (Jes. 60,6) auf das gesegnete Jerusalem wider: »Denn der Reichtum des Meeres strömt dir zu, die Schätze der Völker kommen zu dir. Zahllose Kamele bedecken dein Land, Dromedare aus Midian (im heutigen Südjordanien/Nord-Saudi-Arabien) und Epha. Alle kommen von Saba, bringen Weihrauch und Gold und verkünden die ruhmreichen Taten des Herrn.«

Schließlich treten die Sabäer, diesmal als Bösewichte, auch im alttestamentlichen Bericht über das Leben des Hiob (Hiob I 15) in Erscheinung. Den Protagonisten dieser biblischen Episode verfolgten, trotz seines gottgefälligen Lebenswandels, Unglück und Krankheit, nachdem Gott und Satan eine Wette darüber abgeschlossen hatten, ob Hiob auch in Zeiten der Not blind an seinem Glauben festhalten würde. Am Anfang seines Leidensweges ereilte ihn, während er an einem Gastmahl seiner Kinder teilnahm, die erste der sprichwörtlich gewordenen »Hiobsbotschaften«, denn es »kam ein Bote zu Hiob und meldete: ›Die Rinder waren beim Pflügen, und die Esel weideten daneben. Da fielen Sabäer ein, nahmen sie weg und erschlugen die Knechte mit scharfem Schwert. Ich ganz allein bin entronnen, um es dir zu berichten.‹« Als Heimat des Hiob nennt das Alte Testament einleitend das nicht näher lokalisierte »Land Uz«, das – nimmt man den biblischen Bericht wörtlich – in nicht allzu großer Distanz von den Wohnsitzen bzw. Weidegründen der Sabäer entfernt liegen kann. Und tatsächlich existiert in der heutigen südomanischen Provinz Dhofar, unweit der Grenze zum Jemen, die nach Hiob (arab. »Ayoub«) benannte Ansiedlung Nabi Ayoub. In dieser malerisch auf den Hängen des Dschebel Akhdar, des »Grünen Berges«, gelegenen Ortschaft lokalisieren die Moslems das Grab des alttestamentlichen Heiligen, das sich zwischenzeitlich zu einem veritablen Pilgerzentrum entwickelt hat.

Anders als im Alten Testament, wo die »Königin von Saba« anonym bleibt, erhält sie in der christlichen Überlieferung Äthiopiens den Namen Maketa. Zudem gibt es dort die Tradition, wonach sie in Jerusalem von Salomo geschwängert worden sein soll und nach ihrer Rückkehr in ihre Heimat einen Sohn zur Welt brachte, der Menelek genannt wurde. Er soll das äthiopische Herrschergeschlecht begründet haben, von dem selbst noch der letzte König, der 1974 durch das Militär gestürzte und im Jahr darauf verstorbene Hailie Selassie I., seine Abkunft herleitete. Deswegen zählte auch »Löwe von Juda« zu seiner Herrschertitulatur.

Bei den moslemischen Arabern erscheint die Besucherin bei Salomo als Balqis oder Bilqis. Neben den vielen Legenden, die sich auch dort um sie ranken, tritt sie im Koran in Erscheinung, und zwar in den Versen 21–45 der zu Mekka offenbarten 27. Sure, die den Beinamen »Die Ameise« trägt.

Weihrauch und Myrrhe als wertvolles Handelsgut

Die Bedeutung von Weihrauch und Myrrhe als den wichtigsten Handelsgütern Altsüdarabiens wird besonders augenscheinlich in der neutestamentlichen, allerdings nur durch den Evangelisten Matthäus (Mt. II 11) überlieferten Episode vom Besuch der drei »Weisen« aus dem Morgenland, die als die »Heiligen Drei Könige« populär geworden sind, an der Krippe Jesu im Stall von Bethlehem. Man denke in diesem Zusammenhang nur an den im Kölner Domschatz aufbewahrten »DreiKönigs-Schrein«, der die angeblichen Reliquien dieser biblischen Gestalten enthalten soll. Die Männer sollen – auf eine von ihnen beobachtete und entsprechend astrologisch gedeutete auffällige Sternenkonstellation hin – dem neugeborenen Messias aus ihrer Heimat Weihrauch und Myrrhe gemeinsam mit Gold dargebracht haben. Es wurde in diesem Zusammenhang schon die Vermutung geäußert, ob nicht auch das »Gold« lediglich eine Bezeichnung für eine besonders hochwertige Kategorie von südarabischen Aromastoffen und nicht etwa für das Edelmetall gewesen sein könnte. Matthäus schildert den Besuch: »Sie gingen in das Haus und sahen das Kind und Maria, seine Mutter. Da fielen sie nieder und huldigten ihm. Dann holten sie ihre Schätze hervor und brachten ihm Gold, Weihrauch und Myrrhe als Gaben dar.«

In der Geburtsgeschichte Jesu bleibt die Herkunft der Besucher aus dem Morgenland offen, die dort nur als »Magier [bzw. Sterndeuter] aus dem Osten« bezeichnet werden. Anders bei einer ähnlichen Szenerie, die durch den Propheten Jesaia (Jes. LX 6) als Vision einer Wallfahrt der Völker zum gesegneten Jerusalem beschrieben wird. Denn in diesem Kontext werden auch einige konkrete Ortsbezeichnungen vom Südende der Arabischen Halbinsel genannt: »Zahllose Kamele bedecken dein Land, Dromedare aus Midian und Epha. Alle kommen von Saba, bringen Weihrauch und Gold und verkünden die ruhmreichen Taten des Herrn.«

Sowohl beim Weihrauch als auch bei der Myrrhe handelt es sich jeweils um gummiartige Baumharze. Weihrauch oder Olibanum wird von verschiedenen Arten des Boswelliastrauches ausgeschieden, einem nur wenige Meter hohen Baum, der im April weißlich oder rötlich blüht und dessen kleine, beidseitig oder nur an der Unterseite filzig behaarten Blätter, die sich unpaarig gefiedert am Ende der Zweige befinden, einen glatten oder wellig gekerbten Rand aufweisen. Myrrhe hingegen ist das Baumharz des Commiphora-Bäumchens. Beide Pflanzen zählen zu der vor allem in Südarabien, Ostafrika und Indien verbreiteten Familie der Balsambaumgewächse. Während das Baumharz beider Gewächse bei Normaltemperaturen fast geruchlos ist, entfaltet sich beim Verbrennen deren intensiver aromatischer Duft. Neuere chemische Analysen ergaben, dass dabei auch Stoffe mit halluzinogener Wirkung freigesetzt werden, allerdings in so geringen Mengen, dass beim Menschen keine Sinnestäuschungen auftreten können.

Die Weihrauchernte

Zur Gewinnung des wertvollen Rohstoffes müssen die Stämme und dickeren Äste der genannten Sträucher angeschnitten werden, sodass das Harz austritt und an der Luft zu festen, leicht transparenten oder opaken Klumpen erstarrt (Abb. 9). Dies erfolgt mit einem speziell gebogenen Messer, das »Manqaf« bzw. »Minqaaf« genannt wird, und erfordert insofern Erfahrung und Geschick, als dass ein zu geringes Einschneiden die hervorquellende Harzmenge reduziert und ein zu tiefer Schnitt die Gefäße des Baumes beschädigen kann und der entsprechende Ast dann in seinem Wachstum beeinträchtigt wird.

Heutzutage beginnt man mit dem Einschneiden von zehn bis 30 Wundstellen pro Baum in der Regel im Frühjahr beim Einsetzen der Sommerhitze, also Ende März/Anfang April, da das Harz in der heißen Jahreszeit seine größte Fließfähigkeit besitzt, was sich auf Qualität und Quantität des gewonnenen Produktes positiv auswirkt. Allerdings wird die noch klebrig-milchige Flüssigkeit, die nach dem ersten Anschneiden austritt und erst nach einigen Tagen zu kleinen Tränen gerinnt, als minderwertig betrachtet und nach dem Abschaben weggeworfen. Erst das danach herausquellende Baumharz ergibt qualitätvollen Weihrauch. Es wird, nachdem es am Baum in der Sonne zu zapfenförmigen Klumpen eingetrocknet ist, mehrfach alle ein bis zwei Wochen abgeschabt und eingesammelt, sodass jeder Baum eine jährliche Menge von 3 bis über 10 kg Weihrauch erbringt. Jeder Baum wird nur bis zu maximal drei Jahren hintereinander abgeerntet, danach benötigt er eine mehrjährige Regenerationspause. Der unmittelbar nach dieser Unterbrechung gewonnene Weihrauch besitzt die höchste Qualitätsstufe.

Die Farbpalette des getrockneten Harzes, das außen meistens weißlich bestäubt ist, kann von fast schneeweiß über gelb und rot bis dunkelbraun variieren und spiegelt unterschiedliche Qualitätsstufen wider. Davon berichtet schon Plinius in seiner »Naturgeschichte«. Im Zusammenhang mit der Mitteilung, dass man zu seiner Zeit in Südarabien aufgrund der gestiegenen Nachfrage die Zahl der Ernten von einer pro Jahr auf zwei erhöht habe, hält er fest, dass das im Sommer durch Anschneiden der Äste gewonnene und nach dem Eintrocknen im Herbst eingesammelte Baumharz wertvoller und damit teurer sei als das im Winter produzierte und im Frühjahr geerntete, welches sich durch seine rotbraune Farbe von der besseren weißen Sorte des Sommers unterscheiden ließe.

Abb. 9 Austretendes Baumharz des Boswellia-Strauches, das zu Weihrauchklumpen getrocknet wird.

Das zuvor übliche, nur einmal pro Jahr durchgeführte Einschneiden der Weihrauchbäume fand schon im Altertum bevorzugt im Hochsommer, während der »Hundstage«, statt, wie erstmals der griechische Gelehrte Theophrast von Eresos (auf der Insel Lesbos) in der Mitte des 4. Jahrhunderts v.Chr. in seinem botanischen Werk »Historia Plantarum« berichtet.

Zum organisatorischen Ablauf der Weihrauchernte macht Plinius in seiner »Naturgeschichte«, welche die umfangreichsten Informationen über die Weihrauchländer liefert, widersprüchliche Angaben. An einer Stelle (nat. IX 4f.) spricht er davon, dass nur 3000 Familien das durch Erbfolge weitergegebene Recht besäßen, das Einsammeln des wertvollen Baumharzes vorzunehmen: »Außer ihnen [den Minäern] kennt kein anderer Araber den Weihrauchbaum vom Augenschein, ja nicht einmal jene alle, denn es sollen nicht mehr als 3000 Familien sein, die sich dieses Recht durch Erbfolge zu erhalten wissen, sie sollen deshalb ›Heilige‹ genannt werden, sich auch nicht, wenn sie die Bäume einschneiden oder ernten, durch Umgang mit Frauen und Teilnahme an Leichenbegängnissen verunreinigen, und auf diese Weise werde der heilige Wert der Ware erhöht.« An anderer Stelle (nat. XII 54) schreibt Plinius jedoch, dass die Ernterechte alljährlich neu vergeben worden seien und offensichtlich ein ungehinderter Zugang zu den unbewachten Baumkulturen möglich gewesen sein soll: »Einige behaupten, der Weihrauch in den Wäldern gehöre diesen Völkern gemeinsam, nach anderen sollen sie sich abwechselnd jedes Jahr darein teilen.«

Nach Auskunft des »Periplus Maris Erythraei« (Peripl. 29) sollen jedoch Sträflinge und Sklaven des Königs die Ernte vorgenommen haben, wobei das ungesunde schwülheiße Klima unter den Zwangsarbeitern zahlreiche Opfer fordern würde, »da diese Tätigkeit äußerst ungesund sei und fast immer zum Tod führe. Selbst vorbeisegelnde Schiffe würden durch die Ausdünstungen zu Schaden kommen.«

Die Verbreitung des Weihrauchs

Noch heute stammt der größte Teil des auf dem Weltmarkt angebotenen Baumharzes aus dem südarabischen und nordsomalischen »Weihrauchgürtel«. Dieser verläuft im Süden der Arabischen Halbinsel auf einer Länge von rund 450 km in einer schmalen, parallel zur Südküste verlaufenden Gebirgszone, die vom Ostrand des Golfes von Kuria-Muria im heutigen Südoman über die gesamte Längsausdehnung des Dhofargebirges – wo er im Ostteil mit rund 80 km seine größte Breite aufweist – bis hinein in den Südjemen westlich von Ras Fartak im östlichen Mahraland reicht. Hier gedeiht die Spezies Boswellia sacra Flueck.

Korrespondierend damit reicht der nordsomalische Weihrauchgürtel im Küstengebirge am Horn von Afrika vom Cap Guardafui über eine Länge von mehr als 500 km in westliche Richtung bis nördlich von Laas Ciidle zwischen Xiis und Karin, wobei er in Nordostsomalia seine maximale Breite von etwa 150 km erreicht. Dies ist das Verbreitungsgebiet der Spezies Boswellia carteri Birdwell, die botanisch eng verwandt ist mit Boswellia sacra Flueck.

Der Gattungsname Boswellia geht auf den Edinburgher Schriftsteller Johann Boswell (1740–1795) zurück, der neben seinen literarischen Werken 1735 eine Arbeit über Ambra verfasst hatte; der die Art charakterisierende Zusatz »carteri« erinnert an den englischen Schiffsarzt H. J. Carter, der die Pflanze, die er zwischen 1844 und 1846 bei einem Aufenthalt im Mahraland bzw. Dhofargebiet kennengelernt hatte, erstmals wissenschaftlich beschrieb und abbildete.

Der Weihrauchbaum stellt an die Witterungs- und Bodenverhältnisse bestimmte Ansprüche. Er bevorzugt Gegenden mit sehr hohen Sommertemperaturen und geringen Niederschlägen, und dabei wiederum vor allem die höheren Regionen zwischen 500 und 1500 m ü.d.M., wenn dort zu bestimmten Jahreszeiten ausreichend zusätzliche Feuchtigkeit in Form von Tau, Nebel oder Nieselregen geboten wird oder Sickerwasser aus Wasser führenden Sedimentschichten vorhanden ist. Am besten gedeiht er auf Kalkböden, vor allem, wenn sie sich in Gestalt verkarsteter und zerklüfteter Steilhänge oder Geröllhalden präsentieren. Diese Verhältnisse sind in Südarabien vor allem im Dhofargebirge mit seinen saisonalen Monsunwolken gegeben und auf der afrikanischen Seite im somalischen Küstengebirge durch den Nordostpassat im Winter bzw. den Südwestmonsun im Sommer. Außerdem beansprucht jeder einzelne Baum viel Platz, sodass sich niemals »Weihrauchwälder« bilden können, sondern die Areale, in denen die Boswelliasträucher vorkommen, immer nur lockeren Bewuchs aufweisen. Wegen des erforderlichen großen Abstandes zwischen den einzelnen Sträuchern lassen sich diese auch nicht sinnvoll in Plantagen kultivieren.

Als Erstem in der Antike dürfte es Herodot gelungen sein, die tatsächliche Heimat des Weihrauchs zu ermitteln, denn er stellt fest: »Das äußerste bewohnte Land im Süden ist Arabien. Dort einzig und allein von allen Ländern wächst Weihrauch, Myrrhe, Kassia, Kinamomon und Ledanon.« Denn zuvor hatten es die Phönizier, die von ihren Hafenstädten an der syrisch-libanesischen Kuste aus das Baumharz im Mittelmeerraum verhandelten, geschickt verstanden, dessen Herkunftsgebiet im Süden, aus dem sie es zuvor selbst bezogen hatten, zu verschleiern. Sogar der moderne Landesname »Libanon« lässt sich noch von der phönizischen Benennung des Rohstoffs als »lbnt« ableiten, was wiederum vom semitischen »liban« für »milchig« herkommt. Die alten Griechen übernahmen den Begriff als »Libanotos«, und noch heute heißt dort der Weihrauch »Libani«.

Die Schlüsselrolle der phönizischen Hafenstadt Tyros als eines der Zentren der mediterranen Weihrauchdistribution wird zudem in einem Bibelzitat deutlich, in welchem auch Saba Erwähnung findet. Es geht um die alttestamentliche Wehklage des Propheten Hesekiel (XXVII 22) über das traurige Schicksal des vormals glanzvollen libanesischen Handelszentrums aus der Zeit kurz vor 570 v. Chr.: »Dedan war dein Händler für Satteldecken, Arabien und alle Fürsten von Qedar, sie waren Kaufleute in deinen Diensten ... Händler von Saba und Ragma trieben Handel mit dir. Für den besten Balsam, für alle Arten von Edelsteinen und Gold gaben sie deine Waren. Harran, Kanne und Eden, die Händler von Saba, Assur, ganz Medien trieben Handel mit dir ... Jetzt liegst du zerbrochen im Meer, in den Tiefen der Fluten.«

Nähere Auskünfte über das Verbreitungsgebiet des Weihrauchs gewährt der bereits in Zusammenhang mit der Erntezeit erwähnte Theophrast von Eresos (IX 4,2), dessen Angaben zufolge »Olibanum und Myrrhe auf der Halbinsel der Araber, in der Gegend von Saba, Hadramyta, Kitibaina und Mamali« wachsen, und zwar dort »sowohl wild auf dem Gebirge als auch kultiviert am Fuß des Gebirges.« Seine weitere Feststellung, dass Weihrauch in den Tempeln des Sonnengottes gesammelt und dort weiterverkauft werden würde, lässt darauf schließen, dass sich eventuell seinerzeit die Priesterschaft das Handelsmonopol gesichert hatte.

Plinius hat seine detaillierten Schilderungen der Topografie, Vegetation und Bevölkerung Südarabiens sowie des dort betriebenen Weihrauchhandels über mehrere Passagen seiner Naturgeschichte verteilt, auch wenn sich die meisten Informationen im 12. Buch finden. Dort (nat. XII 51 ff.) erklärt er, dass Südarabien seine Beinamen »glücklich« (»felix«) und »gesegnet« (»beata«) dem Ertrag seiner Weihrauch und Myrrhebäume verdanken würde, bezüglich derer es eine Monopolstellung einnehmen würde, denn »Weihrauch gibt es ... nur in Arabien und nicht einmal hier überall.« Wenn ihm somit offensichtlich entgangen ist, dass Boswelliasträucher auch in den Bergen der gegenüberliegenden ostafrikanischen Seite gedeihen, so sind doch seine Schilderungen über die Verhältnisse in Südarabien von umso größerem Wert. Seinen Angaben nach soll der Fernhandel mit dem wertvollen Duftstoff anfänglich nur in den Händen minäischer Kaufleute gelegen haben: »Dieses Volk hat zuerst den Weihrauchhandel betrieben und treibt ihn noch am meisten, wonach der Weihrauch auch der ›Minäische‹ heißt.« Die Altertumskunde kann diese Angaben insofern stützen, als man heute weiß, dass die Minäer trotz ihres kleinen Stammlandes im Hedschas – weit ab nördlich von ihrer Heimat – an der Route der Weihrauchstraße mehrere Handelskolonien gegründet haben, darunter eine in Dedan, dem heutigen Chraibeh im Tal von al-'Ula, dem Zentrum des späteren Königreiches Lihyan, und eine weitere in dem etwas weiter nördlich gelegenen Hegra (al-Hidschr). Damit besaßen sie monopolartig die Kontrolle über weite Teile der Weihrauchstraße, bevor dort die Nabatäer auf den Plan traten.

Zur Verbreitung der Weihrauchbäume weiß Plinius an derselben Stelle zu berichten: »Ungefähr in der Mitte Arabiens wohnen die Hadramiter, ein Bezirk der Sabäer, mit der Hauptstadt ihres Gebietes Sabota auf einem hohen Berge, von dem acht Tagreisen entfernt die Weihrauch tragende Gegend liegt, Sariba genannt, was nach Ansicht der Griechen ›Geheimnis‹ bedeutet. Sie ist ausgerichtet auf den Sonnenaufgang im Sommer, überall durch Felsen unwegsam und zur Rechten vom Meer begrenzt, das durch Klippen den Zugang verhindert. Der Boden soll hier aus dem Rötlichen ins Milchfarbene übergehen. Die Länge der Wälder beträgt 20 Schoinoi, die Breite die Hälfte davon ... Dort erheben sich hohe Hügel, und die wild wachsenden Bäume reichen auch in die Ebenen hinab. Der Boden ist, wie man allgemein urteilt, reich an weißem Ton mit seltenen und natronhaltigen Quellen.«

Als erster antiker Autor, der in Erfahrung bringen konnte, dass Weihrauch und Myrrhe auch auf der afrikanischen Seite des Roten Meeres, also im heutigen Somalia, wachsen, gilt am Übergang vom 1. zum 2. Jahrhundert n. Chr. Artemidoros von Ephesos.

Auch noch der ägyptisch-griechische Großkaufmann Kosmas Indikopleustes, der zur Zeit des oströmischen Kaisers Justinian (483–565 n. Chr.) Ostafrika bereiste, hält fest, dass »das Land, welches Weihrauch hervorbringt, ... an der Südgrenze von Äthiopien gelegen [ist], im Inneren des Kontinents«, und gibt dabei »Abdule« (Adulis) als Ausfuhrhafen an.

Den Weihrauchproduzenten und -exporteuren dürfte nicht daran gelegen gewesen sein, dass zu viele Informationen über ihr Land und die Handelswege nach außen drangen. Deswegen sind sicher gezielt auch Fehlinformationen und Schauermärchen gestreut worden, die, je abenteuerlicher sie sich anhörten, desto begieriger vor allem von denjenigen klassischen Autoren, die vornehmlich eine breite Leserschaft bedienen wollten, aufgegriffen worden sind. In dieser Kategorie der Schreckensbilder, mit denen sicher auch ungebetene Gäste von den ertragreichen Baumkulturen ferngehalten werden sollten, zählt Herodots (III 107 f.) ausführliche Beschreibung der Schwierigkeiten, mit welchen die Weihrauchernte verbunden gewesen sein soll: »Im Süden wiederum ist Arabien das äußerste bewohnte Land, und dies ist das Einzige, wo Weihrauch Myrrhe, Kassia, Zimt und Ledanon wachsen. Das alles, außer der Myrrhe, gewinnen die Araber nur mit Mühe. Um Weihrauch sammeln zu können, verbrennen sie Styraxharz, das die Phönizier nach Griechenland einführen; denn wenn sie das verbrennen, können sie herankommen. Die Bäume, auf denen der Weihrauch wächst, werden nämlich alle von zahllosen kleinen, bunten, geflügelten Schlangen bewacht, eben denen, welche auch in Schwärmen nach Ägypten ziehen und die man nur durch den Styraxrauch von den Bäumen vertreiben kann. Die Araber aber behaupten auch, die ganze Erde würde von diesen Schlangen überfüllt werden, wenn es ihnen nicht so ginge, wie es den Nattern ergeht. Daraus sieht man wieder, wie Weise es die Gottheit eingerichtet hat. Denn alle ungefährlichen und essbaren Tiere bringen zahlreiche Junge zur Welt, damit man immer Nahrung vorfindet, die wilden und schädlichen aber nur wenige ... Nun aber beißt sich das Weibchen bei der Begattung in dem Augenblick, wo das Männchen seinen Samen auslässt, an dessen Halse fest und lässt nicht los, bis es ihn durchgebissen hat. So stirbt das Männchen. Das Weibchen aber muss dafür büßen. Die Jungen rächen nämlich noch im Mutterleibe ihren Vater, indem sie die Gebärmutter zerbeißen und sich durch den Bauch fressen und so zur Welt kommen. Die übrigen Schlangen aber, die dem Menschen nicht gefährlich sind, legen Eier und haben eine sehr große Nachkommenschaft. Nattern gibt es überall auf der Erde, die geflügelten Schlangen aber nur in Arabien und sonst nirgends ...«.

Ähnlich dramatisch soll sich nach Herodots anschließenden Angaben (III 110) in Südarabien die Ernte von »Kassia«, mit der man seinerzeit wahrscheinlich eine Variante des Zimts bezeichnete, abgespielt haben: »Weihrauch gewinnen die Araber so, Kassia aber auf folgende Weise: Sie bewickeln sich den ganzen Körper, auch das Gesicht mit Ausnahme der Augen, mit Tierfellen, frischen oder auch anderen, und gehen dann hin, um Kassia zu schneiden. Diese Pflanze wächst in einem See, der zwar nicht sehr tief ist, um den und an dem sich aber geflügelte Tiere aufhalten, die große Ähnlichkeit mit Fledermäusen haben und mit entsetzlichem Geschrei beherzt die Menschen anfallen. Die müssen sie sich von den Augen abwehren und so die Kassia schneiden.« Tatsächlich handelt es sich bei Zimt, was damals den Griechen noch gänzlich unbekannt war, um die sich einrollenden Stückchen einer aromatischen Baumrinde.

Ebenso falsch erklärt Herodot (III 112) am Ende seiner Ausführungen über die südarabischen Duftstoffe die angebliche Herkunft des Ledanon, bei dem es sich in Wirklichkeit ebenfalls um ein Baumharz handelt, das von Blättern und jungen Zweigen verschiedener Cistus-Arten ausgesondert wird: »Aber noch merkwürdiger ist es, wie sie Ledanon gewinnen, das die Araber Ladanon nennen. Denn es kommt von einer sehr übel riechenden Stelle und riecht doch selber wunderschön. Es findet sich nämlich im Barte der Ziegenböcke wie Schimmel am Holze. Es dient zu allerlei Salben, und die Araber räuchern hauptsächlich damit.«

Und Herodot beschließt (III 113) seine Ausführungen: »Soviel von dem Räucherwerk, vom dem es in Arabien so lieblich duftet.«

Ein illustres Bild davon, welche phantasievollen Vorstellung auch nach Herodot die griechischen und römischen Autoren von Südarabien und seinen vermeintlich legendären Reichtümern pflegten, vermittelt Diodor (II 49, 1ff.), der – ebenso, wie die meisten seiner Kollegen – nie vor Ort war, sondern alle seine Kenntnisse nur aus zweiter und dritter Hand bezog: »Der an das wasserlose und unbebaute Land angrenzende Teil von Arabien ist von diesem so völlig verschieden, dass man ihn das ›glückliche Arabien‹ nennt, wegen der Menge von Früchten und von anderen Schätzen, die man daselbst findet. Kalmus und wohlriechendes Rohr und andere Gewürzpflanzen bringt es in reicher Fülle hervor. Überhaupt ist es voll von Gewächsen und duftenden Blättern und mit wohlriechendem Harz. An der äußersten Grenze liefert dieses Land die Myrrhe und den Lieblingsduft der Götter, der in die ganze Welt versandt wird, den Weihrauch. Kostus, Kassia, Zimt und andere dergleichen Gewächse treiben so lange Stängel und so dichte Zweige, dass man das Feuer im Ofen damit anzündet, während man sie an anderen Orten nur sparsam auf die Altäre der Götter streut. Pflanzen, von denen man anderswo nur kleine Stücke als Rarität vorweist, dienen hier im Hausgebrauch als Lager für die Sklaven. Außer dem Zimt, der vorzüglich brauchbar ist, gibt es in dieser Gegend sehr viel Gummi und wohlriechende Terebinthen. Auf den Gebirgen wachsen nicht nur Tannen und Pechfichten in Menge, sondern auch Zedern und Wacholderbäume kommen sehr häufig vor ... Noch manche andere Arten fruchtbarere Gewächse enthalten einen wohlriechenden Saft und verbreiten um sich herum den angenehmsten Duft. Selbst der Boden erzeugt schon von Natur aus Duftschwaden gleich edlem Rauchwerk. Daher trifft man auch in einigen Gegenden von Arabien wohlriechende Adern im Inneren der Erde an. Wenn man dann nachgräbt, so eröffnen sich Steinbrüche von ungeheurem Umfang. Die Steine, welche man dort ergräbt, werden zum Bauen gebraucht, und wenn dabei Regen fällt, so löst sich durch die Feuchtigkeit die Oberfläche der Steine auf, verdichtet sich aber wieder, wenn man sie zusammenfügt, und bildet so einen festen Mauerkitt.«

Entlang der Weihrauchstraße

Auch wenn der Begriff Weihrauch-»Straße« es impliziert und man im Zusammenhang mit ihr vom ältesten Handelsweg der Menschheitsgeschichte spricht – wobei dieses Privileg aber auch die osteuropäische »Bernsteinstraße« für sich beansprucht –, so stellte die Handelsroute, auf welcher die Gewürze und Aromata Südarabiens zu ihren Endabnehmern im Norden transportiert wurden, dennoch zu keinem Zeitpunkt eine feststehende und ausgebaute Wegführung – nach Art des Straßennetzes, mit welchem die Römer ihr Reich überzogen hatten – dar. Allerdings engte der Zwang, sich unterwegs immer wieder mit neuen Wasser- und Nahrungsmittelvorräten versorgen zu müssen, die unterschiedlichen Möglichkei-

Abb. 10   Beladenes Lastkamel; Detail eines Reliefs aus der Oase Palmyra/Syrien.

ten für die Karawanen (der Begriff kommt vom persischen Kerwan, was »Handelsschutz« bedeutet) stark ein, sich vom äußersten Süden der Arabischen Halbinsel bis ans Mittelmeer zu begeben.

Obwohl eine Reihe dieser Raststationen entlang der Weihrauchstraße durch die antiken Geografen namentlich überliefert ist – vor allem wenn es sich um Großoasen und andere bedeutende Ansiedlungen handelte, in denen man sich unter Umständen mehrere Tage aufhielt, um neue Kräfte zu sammeln –, gelang es den Wissenschaftlern bislang nicht in allen Fällen, die Plätze mit heutigen Örtlichkeiten in Verbindung zu bringen. Der genaue Verlauf dieser traditionsreichen Handelsroute, der entlang später moslemische Pilger ihre vom Koran vorgeschriebene Reise nach Mekka unternahmen, harrt also noch seiner endgültigen Erforschung.

Ohnehin bildete die genaue Kenntnis der Wasserstellen und Rastplätze sowie der Wegvarianten, falls an einer Stelle – aus welchen Gründen auch immer – kein Durchkommen möglich war, das sicherlich streng gehütete Berufsgeheimnis der Karawanenführer. Sie brachten auch die Erfahrungswerte mit, wann und bei wem entlang der Route welche Geldbeträge ihren Besitzer wechseln mussten, damit die Handelszüge unter den »Schutz« der jeweiligen Beduinenstämme, deren Territorium man gerade durchquerte, gestellt – sprich: nicht von ihnen überfallen und ausgeplündert – wurden. Das hohe Ansehen, das diese Berufsgruppe in ganz Südarabien genossen hat, kann man am Beispiel der Großoase Palmyra im heutigen Syrien erahnen, wo sich die Karawanenführer nicht nur als »Archemporoi« und »Synhodiarchai« bezeichneten, sondern auch tatsächlich die Machtelite stellten und die politischen Entscheidungen trafen (Abb. 10). Die geglückte Organisation und sichere Führung einer Karawane an ihr Ziel und zurück nach Palmyra war es dort jedes Mal wert, dem verantwortlichen Leiter eine Statue entlang der Kolonnadenstraße oder auf der Agora zu stiften.

Unabdingbare Voraussetzung dafür, dass Waren aus Südarabien in lohnenswertem Umfang die gesamte Westseite der Arabischen Halbinsel entlang nach Norden transportiert werden konnten, bildete die Domestikation des Dromedars (»Camelus dromedarius«), das – im Gegensatz zu seinem zentralasiatischen Verwandten, dem Trampeltier (»Camelus bactrianus«), welches beispielsweise entlang der Seidenstraße zum Einsatz kam – lediglich über einen Höcker verfügt. Nur diese Lasttiere sind dem unwirtlichen heißen und wasserarmen Lebensraum der Wüsten optimal angepasst (Abb. 11). Dazu tragen – hilfreich bei Sandstürmen – dichte Augenwimpern und verschließbare Nasenlöcher ebenso bei wie breite und gepolsterte Fußsohlen, die sowohl ein Einsinken im weichen Sand verhindern als auch ein Laufen auf den manchmal scharfkantigen Geröllfeldern der Hamada nicht zur Qual werden lassen. Ihre lederartige Zunge und ihr ebenso ausgekleideter Rachenraum ermöglichen es ihnen, selbst dornenbewehrte Äste und Zweige zu verzehren. Vor allem ist es ihrem Fett speichernden Höcker zu verdanken, dass sie nicht nur über den langen Zeitraum von bis zu anderthalb Wochen ohne Zufuhr von frischem Trinkwasser überleben, sondern dabei auch noch schwere Lasten transportieren können.

Unklar ist, wann die Domestikation des Dromedars erfolgte; man ist sich lediglich darüber einig, dass sich dies auf der Arabischen Halbinsel ereignet hat, wo sich auch die natürliche Heimat dieser Tiere befindet. Einen Hinweis könnten in der Oase al-'Ain, welche sich der Oman und das Emirat Abu Dhabi teilen, Grabtumuli des 3. Jahrtausends v.Chr. liefern, wo auf den großen Steinquadern, welche die Verkleidung dieser Monumente bilden, Dromedare im Relief abgebildet sind. Allerdings zeigen diese Darstellungen weder Sättel noch Haltestricke oder andere Accessoires, die eindeutig beweisen würden, dass es sich hier bereits um gezähmte Exemplare handelt. Die Frage nach den Anfängen der Kameldomestikation bleibt also hier unbeantwortet. Auch die paläozoologische Auswertung von Kamelskelettfunden wirft Probleme auf, da die Unterschiede im Knochenbau zwischen wilden und gezähmten Individuen kaum ausgeprägt sind. Allgemein nimmt man heute an, dass die Tiere spätestens seit der Mitte oder der zweiten Hälfte des 2. Jahrtausends v.Chr. zu Haustieren des Menschen gemacht worden sind und sich von der Arabischen Halbinsel aus allmählich weiter nach Nordafrika verbreitet haben. Die Ägypter beispielsweise lernten die ersten vereinzelten Dromedare – als Tiere berittener Heereseinheiten – erst ab dem letzten Viertel des 6. Jahrhunderts v. Chr. kennen, nämlich während der (von ihnen als 27. Dynastie gezählten) ersten Fremdherrschaft der Perser. Erst kurz vor der Zeitenwende, also unter den (griechischen) Ptolemäern und den nachfolgenden Römern, ist es dort und im übrigen Nordafrika als Lasttier etabliert. Auch der Name »Dromedar« kommt aus dem Griechischen und bedeutet »Lauftier«, hingegen dürfte die Bezeichnung »Kamel« einen semitischen Ursprung haben.

Die Karawanen müssen im Altertum nicht unbedingt nur einmal pro Jahr und immer zur selben Jahreszeit aufgebrochen sein, auch wenn die Weihrauchernte saisonal – anfänglich einmal, später offensichtlich zweimal pro Jahr – stattfand. Denn wenn man es entsprechend trocken lagerte und vor allem nicht der Sonneneinstrahlung aussetzte, verdarb das Baumharz nicht so leicht wie Lebensmittel. Es ist eher wahrscheinlich, dass man nicht laufend kleinere Gruppen nach Norden losschickte, sondern dorthin vielmehr an wenigen Terminen pro Jahr aufbrach – mit großen Herden, die aus mehreren Hundert, wenn nicht sogar aus über Tausend Lasttieren bestanden, sowie mit mehreren Hundert Mann Begleitpersonal für die unterschiedlichsten unterwegs anfallenden Aufgaben. Bei tausend Dromedaren, die jeweils mit 250 kg Waren beladen waren, resultiert daraus ein Gesamtaufkommen von 250 t Fracht – etwa die gleiche Menge, die zu jener Zeit auch die Handelsschiffe im Durchschnitt fassten. Man hat später auch, etwa ab dem 2. Jahrhundert v. Chr., die bis dahin ausschließlich auf dem Landweg transportierten südarabischen Handelsgüter zumindest über gewisse Distanzen auf dem Seeweg über das Rote Meer in Richtung Mittelmeer gebracht.

Die südarabischen Handelskarawanen transportierten aber nicht nur die einheimischen Produkte Weihrauch und Myrrhe nach Norden, sondern führten auch Waren mit sich, die ihrerseits bereits eine lange Distanz auf dem Seeweg zurückgelegt hatten, wie Gewürze, Seidenstoffe und Elfenbein aus Indien und dem Fernen Osten. Diese Luxusgüter aus Ostasien gelangten daneben aber auch auf dem Landweg über Palmyra zu ihren mediterranen Endabnehmern.

Der materielle Wert einer solchen aus einheimischen und importierten Produkten zusammengesetzten Ladung lässt sich nur schwer ermitteln. Er dürfte nach heutiger Umrechnung in die Millionen gegangen sein.

Mit zunehmender Distanz von seinen Herkunftsgebieten erhöhte sich der Warenwert des Weihrauchs allein schon durch die Tatsache, dass entlang seiner Transportwege immer neue Schutzgelder und Transitgebühren dafür entrichtet und für Menschen und Tiere laufend neue Nahrungsmittel nachgekauft werden mussten. Und je größer der Tross war, desto höher fiel der logistische und finanzielle Aufwand aus, der betrieben werden musste, um die strapaziöse Tour zu überstehen. Beispielsweise konnte es erforderlich werden, »Durststrecken« im ursprünglichen Sinne des Wortes, auf denen es keine Brunnen gab, durch das Mitführen entsprechender Wasservorräte zu überbrücken. All diese Ausgaben mussten natürlich von den Karawanenhändlern, wollten sie auf ihre Kosten kommen, an die Endabnehmer weitergegeben werden. So hatten bereits im Hafen von Gaza, der als »offizielles« nördliches Ende der Weihrauchstraße galt, diejenigen Kaufleute, welche – als letztes Glied der Transportkette – die südarabischen Kostbarkeiten vollends auf dem Seeweg über das Mittelmeer nach Rom verschifften, immense Beträge an die Karawanenhändler zu entrichten. Um die Zeitenwende konnte im syrisch-palästinensischen Raum für ein Pfund Weihrauch ein Erlös von etwa sechs Denaren erzielt werden, was einem Betrag entspricht, den seinerzeit ein Arbeiter in zwei Wochen verdiente. Beim Weitertransport im Römischen Reich kamen zu diesem Betrag noch die Einfuhrzölle hinzu. Myrrhe soll sogar bis zu doppelt so viel wie Weihrauch gekostet haben.

Im nabatäischen Hafen von Leuke Kome, dem Endpunkt der seit dem 2. Jahrhundert v. Chr. genutzten Transportroute auf dem Roten Meer, wurden durch die örtlichen Behörden auf den Warenwert nochmals 25 Prozent Abgaben aufgeschlagen. Gleiches erfolgte später – bis Marc Aurel speziell die Besteuerung von Weihrauch wohl wieder abschaffte – an den Grenzen des Römischen Reiches.

Das 301 n. Chr. durch Kaiser Diokletian erlassene Preisedikt legte für ein Pfund Weihrauch allerbester Güte einen Höchstbetrag von 100 Denaren fest. Doch schon 329 n. Chr. mussten als Folge der Inflation für dieselbe Menge zwei Talente (als Hohlmaß umfasste ein Talent einen Kubikfuß, d. h. ca. 30 × 30 × 30 cm) bzw. 120 Minen entrichtet werden.

So verwundert es nicht, dass man in Rom angesichts des Endpreises von Weihrauch und Myrrhe – offensichtlich ohne daran zu denken, dass diese Geldbeträge ja nicht als Reingewinn in die Taschen der Karawanenführer wanderten – das Herkunftsgebiet dieses exklusiven

Abb. 11   Felsbilder aus der Gegend von Hail mit Darstellungen von Dromedaren und Inschriften.

Räucherwerks als »Arabia felix«, »glückliches Arabien«, bezeichnete.

Ein beredtes Zeugnis davon, welchen Gefahren die Karawanen entlang der Weihrauchstraße durch räuberische Beduinen ausgesetzt waren, legen viele der insgesamt gut 200 minäischen Inschriften ab, die sich an der Außenseite der Umfassungsmauer von Baraqisch, dem antiken Yathul, befinden (Abb. 12). Der Ort, zeitweilige Haupt-

Abb. 12 Votivinschrift an der Außenseite der Stadtmauer von Baraqisch.

stadt des minäischen Reiches, erhebt sich etwa auf halbem Weg nördlich der asphaltierten Straße, welche die heutige jemenitische Landeshauptstadt Sana'a mit dem östlich von ihr gelegenen Marib verbindet. Als am aufschlussreichsten erwies sich der mit einer Höhe von gut 50 cm und einer Breite von rund 10 m umfangreichste Text, der über mehrere Steinblöcke hin den unteren Teil der Stadtbefestigung zwischen zwei der turmartigen Mauervorsprünge einnimmt. Einer dieser Bastionen wurde laut Inschrift »Löwe« (»Kabua«) genannt und auf die Initiative zweier Vorsteher (»Kabire«) der minäischen Kolonie Dedan, des heutigen al-'Ula in Nordwest-Saudi-Arabien, hin errichtet. Der Text spricht weiterhin davon, dass die beiden Würdenträger und ihre Untergebenen Handel mit Ägypten und dem syrisch-palästinensischen Raum betrieben. Vor allem danken die beiden Stifter den Göttern dafür, dass sie samt ihrer Waren während eines Überfalls auf ihre Karawane – der durch räuberische Sabäer erfolgte, mit welchen die Minäer zu jener Zeit auch anderweitig in kriegerische Auseinandersetzungen verwickelt waren – auf wundersame Weise gerettet worden waren. Zur genannten Attacke war es schon bald nach dem Aufbruch, nämlich auf dem Weg von der Minäerhauptstadt Ma'in nach Ragmadum – der heutigen Oase Nadschran knapp jenseits der jemenitischen Grenze auf saudischem Gebiet –, gekommen. Das Ereignis hat irgendwann nach dem Jahr 343 v. Chr. stattgefunden, denn es wird in der Inschrift auf eine militärische Auseinandersetzung hingewiesen, bei der sich Mathai (Persien) und Misre (Ägypten) gegenüberstanden und bei der es sich eigentlich nur um die Einnahme des Nillandes durch Artaxerxes III. in dem genannten Jahr handeln kann.

Nur ein Teil der altsüdarabischen Königreiche produzierte selbst Weihrauch, die Übrigen profitierten vom Zwischenhandel. Unter den Erstgenannten spielte Hadramaut die wichtigste Rolle. Dabei beschränkte sich sein Einfluss nicht nur auf den Süden und Südosten des heutigen jemenitischen Staatsgebietes, sondern reichte darüber hinaus in den Süden des heutigen Oman, in den Dhofar, hinein, wo sich das von diversen antiken Autoren erwähnte Weihrauchland Sa'akalan befand. Die dort noch heute in der Küstenebene und an den Hängen des sich dahinter erhebenden Dschebel Akhdar, des »Grünen Berges«, wachsenden Boswelliasträucher ergänzten die Bestände, die man im Wadi Hadramaut selbst vorfand, aufs Willkommenste, zumal das aus ihnen gewonnene Baumharz eine höhere Qualität aufwies. Auch Strabo (XVI 4,25) verweist darauf, dass die besseren Sorten des ohnehin nur im Süden Arabiens wachsenden Weihrauchs im östlichen Landesteil nahe dem Persisch-Arabischen Golf, also auf dem Boden des heutigen Oman, vorkommen. Dort, genauer gesagt an der Sachalitischen Bucht, gründeten die Hadramauter in augusteischer Zeit an einem Naturhafen mit Sumhuram bzw. Samarum, dem heutigen Khor Rhori östlich von Salalah, einen befestigten Außenposten. Dieser sollte die allmählich expandierenden Perser am weiteren Vordringen in Südarabien hindern und entwickelte sich – an zweiter Stelle hinter dem immer noch nicht eindeutig lokalisierten Moscha [gesprochen Mos-cha; eventuell al-Balid (Abb. 13) am heutigen Stadtrand von Salalah] – zu einem bedeutenden Umschlagplatz für Aromata und andere Luxusgüter.

Der örtlich gewonnene Weihrauch wurde – gemeinsam mit den in den beiden genannten Hafenplätzen angelieferten fernöstlichen Waren – nach Auskunft des Periplus zunächst erneut auf dem Seeweg entlang der Südküste nach Westen bis Qana, dem heutigen Husn al-Ghurab (»Krähenfestung«) bei Bir Ali, transportiert, um dann auf dem Rücken von Kamelen in die Reichshauptstadt Sabota (Schabwa) verfrachtet zu werden. Dort wurden die großen Karawanen Richtung Mittelmeer zusammengestellt, die zunächst durch das Gebiet der benachbarten Reiche von Qataban – mit dem Machtzentrum in Timna – und von Saba – mit der Residenz in Marib – ziehen mussten. Eine wichtige Rolle spielte auf dieser Route der etwa 80 km von Marib entfernte, aber noch auf qatabanischem Territorium zwischen den beiden Orten Hadschar Bin Humeid (antiker Name unbekannt) im Osten und Hadschar Henu az-Zureir, dem antiken Haribat im Wadi Harib, befindliche Aqabat Mablaqa, der Mablaqapass. Diesen hatte man durch künstlich angelegte Terrassen und Stufen aus großformatigen Steinquadern sowie durch begrenzende Brüstungsmäuerchen an seinen Haarnadelkurven für die beladenen Kamelherden passierbar gemacht; am Scheitelpunkt, auf knapp 900 m ü. d. M., dieser ansonsten zwischen 4 und 5 m breiten und insgesamt etwa 5 km langen gepflasterten Wegführung wurde auf rund 300 m Länge sogar ein künstlicher Einschnitt aus den Felsen herausgearbeitet, durch den die Transporttiere nur einzeln vorwärtskamen.

Möglicherweise verwendeten die Karawanen jenseits von Marib in den an festen Orientierungspunkten armen Sanddünen der Ramlat Sabateyn auch eine Art Peilungslinien, um ihren Weg zu finden. Zumindest existieren in rund 70 km Luftlinie Entfernung nördlich der Sabäerhauptstadt mysteriöse geradlinige Steinsetzungen, die exakt in Richtung anderer antiker Handelsmetropolen oder Kultplätze weisen. Hier befinden sich in wenigen Kilometern Distanz voneinander zwei Höhenzüge, eine flache helle Erhebung und ein dunkler Bergrücken, die nach ihrer Farbe als »weißes« und »schwarzes« al-'Alam bezeichnet werden. Die erstgenannte Stelle ist zwar bereits im Jahre 1936 durch Harry Philby, der seinerzeit die saudisch-jemenitische Grenze illegal überquert hatte, aufgesucht worden; allerdings war ihm dort nur der aus mehreren Hundert eingestürzten Kuppelbauten bestehende Friedhof aufgefallen. Er deutete die teils geradlinig hintereinander, teils in Kreisen angeordneten, etwa hüfthoch erhalten gebliebenen Grabbauten, deren Eingang sich im Westen befindet, fälschlicherweise als Nekropole der letzten Sabäer, die nach dem Bruch ihres Dammes in die unwirtliche Wüste geflohen waren. Alle Kuppelbauten gruppieren sich um ein zentrales, wohl eine kultische Funktion erfüllendes Bauwerk, das als einziges mit Fenstern ausgestattet war. Obwohl systematische archäologische Ausgrabungen vor Ort noch nicht stattgefunden haben und sich auch keine Überreste einer dazugehörigen Ansiedlung lokalisieren ließen, kann man davon ausgehen, dass die Grabbauten deutlich älter sind und möglicherweise sogar aus der Jungsteinzeit stammen. In den 1990er-Jahren erreichte eine Forschergruppe unter Nicholas Clapp, David Meltzer und Ricardo de Monte Rosa den Platz erneut und entdeckte dort im Gelände die über eine Strecke von mehreren Hundert Metern geradlinig in verschiedene Richtungen in die Wüste hinaus verlaufenden Steinsetzungen aus schwarzen Felsbrocken. Die einzige aus zwei parallelen Steinreihen bestehende Struktur weist dabei exakt nach Timna, der Hauptstadt des Reiches von Qataban; die übrigen Felsblockreihen peilen Haribat – ein weiteres wichtiges qatabanisches Zentrum – sowie Qarnawu, die Hauptstadt des Königreiches von Ma'in, an. Eine der Linien, der sich bislang noch kein Zielpunkt zuweisen lässt, könnte auf eine bislang unentdeckte Ruinenstadt hindeuten.

Auch der »schwarze« al-'Alam, dessen Bergkamm zahlreiche gleichmäßig im Gelände verteilte tonnenförmige Grabkuppeln beherbergt, verfügt an seinem Fuß über ähnliche Steinlinien, von denen eine mit nur einem Grad Abweichung in Richtung al-Uqla, der Krönungsstätte der hadramautischen Regenten, weist.

Selbst wenn man den frühen Handelskarawanen solche exakten Messungen über diese großen Distanzen kaum zutrauen möchte, kann man die Ausrichtung der Linien schwerlich als Zufall betrachten. Man hätte dann mit den beiden Höhenzügen von al-'Alam eine konstante Landmarke etwa zwei Tagesetappen nördlich der Sabäerhauptstadt vorgefunden, von der aus man geradlinig zu den entsprechenden Zielpunkten in die Weite der Sandwüste mit ihren sich ständig verändernden Dünenzügen geschickt wurde. Peilungen am nächtlichen Sternenhimmel hätten es dann ermöglicht, die eingeschlagene Richtung, soweit es die topografischen Gegebenheiten zuließen, beizubehalten.

Die heutige jemenitische Landeshauptstadt Sana'a, die der arabischen Überlieferung nach von Sem, dem Sohn Noahs und Stammvater der Semiten, als erste Stadt nach der Sintflut gegründet worden sein soll, lag abseits der Hauptroute, denn diese bog zuvor auf halbem Weg zwischen Marib und Sana'a nach Norden durch das Wadi Dschauf ab. Dennoch trafen in dem weitläufigen Talkessel zu Füßen des rund 3000 m hohen Dschebel Nuggum, in dem sich Sana'a ausbreitet, mehrere traditionelle Handelswege, darunter auch ein Zubringer zur eigentlichen Weihrauchstraße, zusammen. Die wichtige wirtschaftliche und politische Rolle, welche die Stadt trotz ihrer vermeintlich peripheren Lage schon im Altertum spielte, wird am ehesten daran deutlich, dass sich hier der legendäre Ghumdanpalast mit seinen angeblich zehn Stockwerken befand. Zwar weist eine im Inneren der Großen Moschee im Zentrum von Sana'a verbaute Spolie eine sabäische Inschrift auf, doch ist deren Zugehörigkeit zu diesem repräsentativen Herrschersitz – den vor allem frühislamische Autoren, die ihn selbst schon nicht mehr im Original gesehen haben dürften, enthusiastisch beschreiben – nicht erwiesen.

Im Wadi Dschauf, durch das die Weihrauchkarawanen ihren Weg ans Mittelmeer fortsetzten, erbrachten Luftaufnahmen eine größere Anzahl von bislang nicht ausgegrabenen Ruinenstädten und antiken Siedlungshügeln. Sie gehörten einst zur nächsten Lokalmacht, dem minäischen Reich, das sich nach Nordwesten hin an dasjenige von Saba anschloss. Hauptstädte waren hier nacheinander Yathul, das heutige Baraqisch, und nördlich davon Qarnawu (Karna), das heutige Ma'in, wobei Grund und Zeitpunkt des Wechsels unbekannt sind.

Der bislang beschriebene erste Abschnitt der Weihrauchstraße war im Großen und Ganzen in ost-west-

Abb. 13 Spätantik-frühislamische Ruinen der Hafenstadt Al-Balid im Süden des Oman.

liche Richtung im Landesinneren der Arabischen Halbinsel verlaufen, und die Karawanen hatten auf diesem Weg teils schon fast 2000 km hinter sich gebracht. Doch nun begann das schwierigere Stück, die Süd-Nord-Verbindung parallel zum Roten Meer, die zuletzt auch durch die unwirtliche Landschaft von »Arabia deserta« führte.

Solange man sich noch in »Arabia felix« aufhielt, wählte man für den Weg nach Norden nicht die vermeintlich bequeme, da flache Küstenebene der Tihama als Durchzugsgebiet, denn diese bildete mit ihren damals noch zahlreichen Sümpfen eine Brutstätte der Malaria und anderer Krankheiten. Stattdessen schlug man den oft mühseligen und umständlichen Weg über die Höhenzüge und durch die Wadis des Berglandes ein. Allerdings sammelt hier, im Bergjemen, die ortsansässige Bevölkerung seit vorislamischer Zeit das Wasser der sommer- und winterlichen Monsunregenfälle in ausgedehnten Zisternenbecken, sodass sich die Karawanen hier – natürlich gegen entsprechende Bezahlung – ausreichend mit dem kostbaren Nass versorgen konnten.

Eine wichtige Zwischenstation für die Karawanen bildete sicher der Kessel, in welchem sich heute Sa'ada, die

Abb. 14   Die Felsinschrift von Umm Layla bei Sa'ada.

nördlichste Stadt des Jemen, befindet. Der antike Name des Ortes ist als S'DTM überliefert, doch es sind hier so gut wie keine Funde aus der Zeit der antiken Königreiche zutage getreten. Von der langen Besiedlungsgeschichte des Platzes legen jedoch prähistorische Felszeichnungen, die man außerhalb der Ansiedlung an markanten Felsen, vor allem dem Dschebel al-Mahruq (»Lochberg«) findet, ein Zeugnis ab. Fast die gesamte ummauerte Altstadt breitet sich über einer riesigen dunklen Schlackehalde aus, die von einer vormaligen Metallverhüttung stammt, die hier in großem Maßstab stattgefunden haben muss; allerdings ist unklar, wann diese hier stattgefunden hat. Rund 55 km nordwestlich von Sa'ada existiert in Gestalt der markanten Festung von Umm Leyla (»Mutter der Nacht«), welche die Kuppe eines rund 400 m hohen Berges einnimmt, ein bedeutender Wachtposten. Im Inneren des wehrhaften Komplexes stellten mehrere Zisternen die Wasserversorgung sicher. Dass die Festung, auch wenn sie unter anderem eine verfallene alte Moschee beherbergt, schon in vorislamischer Zeit gegründet wurde, beweist eine umfangreiche altsüdarabische Inschrift, die gemeinsam mit zwei kleineren Texten an einer glatten Felswand im Zentrum der Anlage angebracht wurde und die von Instandsetzungsarbeiten an den Mauern und Zisternen berichtet (Abb. 14).

In den Kessel von Sa'ada mündet auch das Wadi Nadschran ein, das in der gleichnamigen, heute bereits auf saudi-arabischem Staatsgebiet gelegenen Großoase seinen Anfang nimmt, und durch das die Weihrauchstraße weiter nach Norden verlief. In Nadschran, das sich seinen antiken Namen Nagara weitgehend erhalten hat, konnten die Karawanen nochmals pausieren und Kräfte und Vorräte sammeln. Hier zweigte auch eine Karawanenroute quer über die Arabische Halbinsel nach Nordosten in Richtung Mesopotamien von der eigentlichen Weihrauchstraße ab.

Entgegen landläufiger Vorstellung begann jetzt, auf heute saudi-arabischem Territorium, für die Weihrauchhändler keineswegs eine nur schwer zu durchquerende Wüstenregion, sondern in der sich nördlich anschließenden Landschaft von Asir mit der heutigen Provinzhauptstadt Abha war das Hedschasgebirge ebenso mit bebauten Terrassen, die landwirtschaftlich genutzt wurden, versehen wie der Bergjemen, und es traten – und treten heute immer noch – an den Hängen der Berge ausreichend Quellen zutage. Darüber hinaus hielt die Bevölkerung mit Sperrdämmen quer über die Wadis das hier reichlich niedergehende Regenwasser zum Zweck der Bewässerung zurück. Große Areale des bergigen Geländes sind zudem mit Wald oder zumindest hohen Sträuchern, wie Wacholder, bedeckt. Noch heute sonnen sich wilde Pavianherden auf den dazwischenliegenden felsigen Partien. Die Karawanen zogen zunächst also durch eines der fruchtbarsten Gebiete der Arabischen Halbinsel, wo an zahlreichen Orten Felszeichnungen und -inschriften von der prähistorischen Zeit bis in die Gegenwart hinein die kontinuierliche und dichte Besiedlung der Region belegen.

In der Antike existierten im Hedschas entlang der Karawanenroute zum Mittelmeer durchaus einige bedeutende Handelsstützpunkte und Städte. Doch bildeten sich, anders als im Süden, um diese herum keine lokalen Königreiche. Die einheimischen Beduinen waren offensichtlich wenig motiviert, ihre Mobilität zugunsten eines Staatsgebildes, dessen Einrichtung und Unterhalt sie zur Sesshaftigkeit gezwungen hätte, einzuschränken.

Die beiden bedeutendsten Handelszentren des Hedschas, in denen sich – ebenso wie im übrigen Nordwestarabien – ab dem 1. Jahrhundert n. Chr. auch die Anwesenheit jüdischer Händler nachweisen lässt, waren Makoraba, das nachmalige Mekka, und nördlich davon Yathrib, das heutige Medina, beides heute die wichtigsten heiligen Stätten des Islam, in die Nicht-Moslems der Zugang verwehrt ist.

Makoraba/Mekka und Yathrib/Medina nehmen jeweils Talkessel im Bergland östlich der Küstenebene ein und benötig(t)en deswegen als Handelsmetropolen für ihre maritimen Kontakte jeweils eine Anbindung an eine zugehörige Hafenstadt am Roten Meer. Für Mekka ist dies das heutige Dschidda, für Medina Yanbu al-Bahr, was »Quelle am Meer« bedeutet. Der letztgenannte Ort gilt als einer der Kandidaten für die Lokalisierung des bedeutenden ptolemäischen Hafens von Leuke Kome. Auch Dschidda war eine vorislamische Gründung, deren antiker Name sich jedoch nicht erhalten hat. Wann die beiden Küstenstädte gegründet worden sind, ist ebenfalls nicht belegt. Der eben genannte Hafen von Leuke Kome, der mehrfach, unter anderem bei Strabo (XVI 780 f.) und Kosmas Indikopleustes (II,143), unter anderem in Zusammenhang mit den dort erhobenen hohen Abgaben Erwähnung findet, markierte annähernd die südliche Grenze des Nabatäerreiches und unterstand dessen Kontrolle.

Auf dem Landweg hatten die Handelskarawanen spätestens mit der Ankunft in al-Hegra (Meda'in Saleh) nabatäisches Staatsgebiet erreicht. Jetzt durften sie sich endlich in Sicherheit wiegen, denn für das letzte Teilstück der insgesamt bald 4000 km langen Weihrauchstraße, auf der sie jedes Mal rund vier Monate unterwegs waren – für die Distanz von Timna nach Gaza nennt Plinius (nat. XII 64) 65 Kamelstationen –, standen feste Rastplätze zur Verfügung. Dieser letzte Abschnitt konnte in zwölf bis 15 Tagen bewältigt werden. Unterwegs wurde das Wadi Rum passiert, in welchem unter dem Nabatäerkönig Aretas IV., einem Zeitgenossen des Augustus – in unmittelbarer Nachbarschaft einer ergiebigen Quelle, die dort sogar den Unterhalt einer Badeanlage ermöglichte – ein Tempel errichtet worden war. Für dessen Bau wurden offensichtlich Arbeiter aus allen Teilen des Reiches herbeigerufen, denn unter den Graffiti an den Sandsteinwänden des Wadi Rum erscheinen die Namen diverser Handwerker, die unter anderem in Bos(t)ra im heutigen südsyrischen Hauran beheimatet waren.

Zwar heben antike Autoren wie Strabo (XVI 4,21 & 24) hervor, dass Petra eine wichtige Rolle als Stapel- und Umschlagplatz für den Weihrauch spielte, doch ob die südarabischen Händler dabei wirklich in das Stadtgebiet selbst gelangten, ist fraglich, denn der sicher nicht ungewollt versteckt am Ende einer langen Schlucht gelegene Ort lag abseits der Hauptroute. Auf jeden Fall erfolgte der Weitertransport der Güter an den Mittelmeerhafen von Gaza, der von den meisten antiken Autoren als offizieller Endpunkt der Weihrauchstraße angegeben wird, auf Kamelen der Nabatäer.

Eine Weiterführung der eigentlichen Weihrauchstraße nach Norden erfolgte durch den schon im Alten Testament erwähnten »Königsweg«. Dieser begann in Eilat/Aqaba an der Nordspitze des Roten Meeres, wo schon Salomo seinen Kupferhafen von Ezion Geber angelegt haben dürfte, und endete im syrischen Bos(t)ra. Diese Stadt löste nach der Eroberung des Nabatäerreiches im Jahre 106 n.Chr. durch die Römer, die aus diesem ihre neue Provinz »Arabia« formten, auch Petra in der Rolle als Hauptstadt ab. Noch heute weist sie ein Zugangstor auf, das im nabatäischen Stil mit den charakteristischen Hörnerkapitellen gestaltet ist.

Selbstredend zogen die Karawanen, nachdem sie in Gaza ihre Waren an den Mann gebracht hatten, nicht unbeladen nach Südarabien zurück. Vielmehr erwarben sie aus dem Erlös solche Waren, die im Süden benötigt wurden, allen voran Textilien und Speiseöl, und die sie in ihrer Heimat gewinnbringend verkaufen konnten.

Die geplante Eroberung Arabiens unter Alexander dem Großen

Als Alexander der Große überraschend am 10. Juni 323 v. Chr. in Babylon verstarb, hatte er gerade einen Feldzug zur Eroberung Arabiens in die Wege geleitet. Der Chronist Aristobulos von Kassandreia, der selbst an Alexanders Kriegszügen teilgenommen hatte, gibt – gemäß einem durch Strabo (XVI, 1,11) überlieferten Zitat – als vorgeschobenen Grund für diese Unternehmung an, dass die Araber Alexander nicht als Gott anerkennen wollten, doch darf man davon ausgehen, dass die Unternehmung den sagenhaften Reichtümern Südarabiens gelten sollte: »Alexander ... hatte im Sinn, dieses Land [Arabien] zu erobern, und hatte schon Flotten und Waffenplätze vorbereitet sowie Schiffe in Phönizien und Zypern zusammengebracht, die man zerlegen und wieder zusammensetzen konnte, und die man sieben Stadien weit nach Thapsakus trug und dann auf dem Fluss nach Babylon brachte. Andere ließ er in Babylonien aus den Zypressen der Haine ... bauen: denn dort ist Mangel an Bauholz; bei den Kossäern und einigen anderen aber fand sich einiger Vorrat. Vorgeschützt habe Alexander als Ursache des Krieges, weil die Araber allein von allen keine Gesandten an ihn geschickt hätten. Die Wahrheit aber war sein Verlangen, Herr von Asien zu sein. Und nachdem er erfahren hatte, dass sie nur zwei Götter verehren, nämlich Zeus und Dionysos, die ihnen das Notwendigste zum Leben gewährten, so habe er gewünscht, als der Dritte von ihnen geehrt zu werden, wenn er sie bezwungen ... hätte.«

Den Eroberungsplan scheint Alexander schon länger gehegt zu haben, denn die Vorbereitungen dafür reichen einige Jahre zurück. Allerdings ist sein Vorhaben einer Umsegelung der Arabischen Halbinsel, die er nicht mehr selbst realisieren konnte, auch von seinen Nachfolgern nicht mehr aufgegriffen worden. Vorrangiges Anliegen des Makedonenherrschers war, den Wasserweg von Babylon nach Ägypten zu finden. Wäre das Vorhaben geglückt, wäre dies für den Seehandel und Warenaustausch von nicht zu unterschätzender Bedeutung gewesen.

Nachdem eine erste Expeditionsflotte Alexanders des Großen zu einem nicht genau überlieferten Zeitpunkt versucht hatte, die Arabische Halbinsel – beginnend in Aila(na) (heute Eilat/Aqaba) an der Nordspitze des Roten Meeres – entgegen dem Uhrzeigersinn zu umrunden, sollte, wie Arrian (an. VII 20,7–10) überliefert, 324/23 v. Chr. Hieron von Soloi, ein Steuermann der Alexanderflotte unter Nearchos, die Route in entgegengesetzter Richtung absolvieren. Auf seinem geplanten Weg von der Euphratmündung entlang der Küste der Arabischen Halbinsel bis in das Rote Meer kam er allerdings nur bis zum Kap Maketa an der Straße von Hormuz.

Im selben Zeitraum entsandte Alexander zusätzlich den Trierarchen Androsthenes von Thasos, der zuvor bereits in der Flotte seines Admirals Niarchos die Ostküste des Persischen Golfs zwischen den Mündungen von Indus und Euphrat (damals mündete der Euphrat noch direkt in den Persischen Golf; der heutige gemeinsame Mündungsarm von Euphrat und Tigris, der Schatt al-'Arab, bildete sich erst später heraus) erkundet hatte, mit dem Auftrag, auch die Fortsetzung der Route entlang der Westküste des Persischen Golfes, das heißt das Ostufer der Arabischen Halbinsel, zu explorieren. Bei dieser Forschungsfahrt, die Androsthenes mit nur einem Schiff, einem Dreißigruderer, unternahm, gelangte er bis zur Insel Tylos, dem heutigen Emirat Bahrain. Hier befand sich zur Zeit der altorientalischen Hochkulturen das Kerngebiet des Reiches von Dilmun, das sich zum Zeitpunkt seiner größten Ausdehnung nach Norden bis zur Insel Ichar(i)a, dem heutigen Failaka, in der Bucht von Kuwait erstreckte und über das schon seit dem 3. Jahrtausend v. Chr. Handelsbeziehungen mit dem damals Meluhha genannten Indusgebiet abgewickelt wurden. Auf die nur in geringen Auszügen erhaltenen Aufzeichnungen des Androsthenes griff beispielsweise Theophrast zurück, der einen Abschnitt seiner Pflanzengeschichte (hist. plant. IV 4,8; IV 7,7) der »Tylosstaude«, dem Baumwollstrauch, widmete.

An die nicht zur Ausführung gelangten Eroberungspläne Alexanders des Großen erinnert sich im 1. Jahrhundert v. Chr. noch Diodor (II 48), wenn er schreibt: »Eben darum, weil es so schwer ist, die Araber ... zu überwinden, sind sie noch immer unabhängig. Sie dulden auch durchaus keinen auswärtigen Herrscher und behaupten standhaft ihre Freiheit. Weder den Assyrern in der frühen Zeit noch den medischen und persischen, nicht einmal den makedonischen Königen ist es gelungen, jenes Volk zu unterjochen. So viele und so mächtige Heere sie auch gegen jenes aufboten, so erreichten sie doch nie ihren Zweck.«

Vom Landweg auf das Wasser

Im Verlauf des 2. Jahrhunderts v. Chr. kam es im östlichen Mittelmeerraum und im Vorderen Orient zu großen politischen Umwälzungen, die mit zum Teil dramatischen Verschiebungen der dortigen Reichsgrenzen verbunden waren. Davon blieb natürlich auch der Arabienhandel nicht unberührt. Im Einzelnen hatten die Seleukiden große Teile im Osten des ehemaligen Alexanderreiches an die Parther verloren, die damit die östlichen Teile der indischen und asiatischen Karawanenrouten sowie den Persischen Golf kontrollierten. Allerdings gelang es den Seleukiden, unter ihrem Regenten Antiochus III. (223–187 v. Chr.) diese Gebietsverluste auf Kosten Ägyptens, dem damals Ptolemaios V. Epiphanes (205–180 v. Chr.) vorstand, zumindest teilweise wieder auszugleichen. Denn nach ihrem Sieg in der Schlacht von Panion, dem späteren Caesarea Philippi am Südabhang des Hermongebirges, über das vom Feldherrn Skopas geführte ägyptische Heer im Jahr 200 v. Chr. hatten sie den Ptolemäern fast alle Besitzungen in Syrien und Kleinasien abgenommen und ihnen damit auch die Endstationen des Südarabienhandels an der syrisch-palästinensischen Mittelmeerküste wieder entrissen. Den Ptolemäern blieb immerhin die Kontrolle über die Schifffahrtswege im Roten Meer, über die der Handel mit Indien und Südarabien abgewickelt wurde. Zuvor, in frühptolemäischer Zeit, hatte dieser offensichtlich hauptsächlich in den Händen arabischer Kaufleuten gelegen, und es ist unklar, welche Rolle ptolemäische Händler in dieser Region spielten. Die Könige im fernen Alexandria, allen voran Ptolemaios II. Philadelphos (285–246 v. Chr.) und Ptolemaios III. Euergetes I. (246–221 v. Chr.), sorgten allerdings durch die Anlage von Hafenplätzen auf der afrikanischen und arabischen Seite des Roten Meeres für einen sicheren und gut organisierten Seeverkehr.

Voraussetzung für die zunehmend intensivere Nutzung des Roten Meeres als Verkehrsweg für die Warentransporte waren vor allem Fortschritte in der Segeltechnik, um den schwierigen Strömungsverhältnissen und tückischen Korallenriffen besser begegnen zu können. Auch die erfolgreiche Bekämpfung der Piraterie, unter welcher die Schifffahrt anfänglich wohl sehr zu leiden hatte, trug ihren Teil dazu bei, obwohl auf dem zuvor ausschließlich genutzten Landweg gleichermaßen stets die Gefahr von Überfällen durch räuberische Beduinen gegeben war.

Plinius (nat. VI 100 ff.) listet drei Schifffahrtsrouten auf, die Südarabien mit dem indischen Subkontinent verbanden. Die Erste nahm am Vorgebirge von Syagron (heute Ras Fartak) ihren Ausgang und endete in Patale an der Mündung des Indus, die Zweite führte vom selben Ausgangshafen nach Zigeros, dem heutigen Melizeigara südlich von Mumbai (ehemals Bombay), und auf dem dritten Weg gelangte man von Okelis am Bab el-Mandeb nach Muziris, dem wohl wichtigsten dieser drei Zielorte. Dank aktueller Grabungen indischer Archäologen kann Muziris jetzt mit allergrößter Wahrscheinlichkeit beim heutigen Pattanam nahe der Mündung des Flusses Penjar an der Malabarküste im indischen Bundesstaat Kerala lokalisiert werden.

Sicher trug zur Steigerung des Warenverkehrs auf dem Seeweg im späten Hellenismus entscheidend bei, dass man zwischenzeitlich das Geheimnis der Monsunwinde entschlüsselt hatte. Vereinfacht gesagt liegen dem Auftreten des Monsuns ähnliche thermische und klimatologische Ursachen zugrunde wie dem täglich zyklisch wechselnden Land-See-Wind. Bei Letzterem wärmt die Tagessonne das Festland schneller auf als das Wasser, sodass über dem Küstenboden die wärmere Luft nach oben aufsteigt und am Boden durch die kühlere, vom Meer kommende Luft ersetzt wird, was man als Wind verspürt. Nachts kann das Wasser die Restwärme besser speichern, als es das Festland tut, und so erfolgt derselbe Prozess der Luftströmungen in umgekehrter Richtung. Beim Monsun wirken in großem globalen Maßstab ganze Ozeane und weite Teile von Kontinenten im Bereich der Tropen und Subtropen, auf welche die Sonne im Wechsel der Jahreszeiten mit unterschiedlicher Intensität herabscheint, am Zustandekommen eines vergleichbaren Phänomens mit, nur dass sich dieses entsprechend träger, nämlich im jährlichen Zyklus, abspielt.

Wann die Entdeckung der Monsunwinde durch die Griechen genau erfolgte, ist zwar unbekannt, doch berichtet Strabo (II 5,12; XVII 1,13), dass die intensive Nutzung des Seewegs nach Indien erst zu seiner Zeit einsetzte. Demnach dürften die Griechen den zyklischen halbjährlichen Wechsel der Windrichtung – dem das Naturphänomen auch seinen Namen, der vom arabischen Wort »Mausim« für »Jahreszeit« abstammt, verdankt – am ehesten am Übergang vom 2. zum 1. Jahrhundert v. Chr. entdeckt und für ihre Handelsfahrten genutzt haben. Der von April bis November blasende Sommer- oder Südwestmonsun brachte die Schiffe von der Arabischen Halbinsel zum indischen Subkontinent, und im übrigen Zeitraum des Jahres ermöglichte der gegensätzliche Winter- oder Nordostmonsun wieder die Rückkehr. Den indischen und südarabischen Kaufleuten war dies zwar alles schon länger bekannt gewesen, doch als Entdecker für die Griechen gilt, wie dem »Periplus Maris Erythraei« (Peripl. 57) zu entnehmen ist, ein Seefahrer namens Hippalos, über den sonst nichts überliefert ist. Immerhin bezeichnet Plinius (nat. VI 100, 104) den normalerweise »Libonotos« genannten Monsun zu Ehren seines Entdeckers als Hippalos oder Hypalus; zudem stand dieser Pate für eine Reihe geografischer Bezeichnungen wie in der Erdbeschreibung des Ptolemaios (IV 7,41) für einen Abschnitt der Seeroute vor der afrikanischen Küste als »Hippalos-Meer« oder wiederum bei Plinius (nat. VI 172) für ein in derselben Region befindliches Vorgebirge.

Als Folge der Entdeckung und Nutzung der Monsunwinde durch die Griechen, wodurch die arabischen und indischen Seeleute ihr ertragreiches Wissensmonopol eingebüßt hatten, scheint der direkte Handel zwischen Ägypten und Indien – ebenso wie der Seeverkehr zwischen Somalia und den Häfen des Roten Meeres – in die Hände internationaler Kaufleute übergegangen zu sein, die ihren »Geschäftssitz« teils in Alexandria besaßen. So legt ein in Berlin aufbewahrter Papyrus Zeugnis ab vom Zusammenschluss von Handelsleuten verschiedener Nationalitäten zu einer Gesellschaft. Genauer gesagt handelt es sich um einen wahrscheinlich im frühen 2. Jahrhundert v. Chr. geschlossenen Schiffsdarlehensvertrag, den ein gewisser Gnaeus (aufgrund seines Namens sicher italischer Abkunft), wohl ein in Alexandria ansässiger Makler oder Bankier, eingefädelt hatte. Vertragspartner sind auf der einen Seite ein gewisser Archippos, Sohn des Eudemos, und auf der anderen Seite eine Gruppe von fünf Handelsleuten, die allesamt griechische Namen tragen, und die Produkte von der afrikanischen Ostküste, also dem Gebiet, das für die Lokalisierung des pharaonenzeitlichen Punt am ehesten infrage kommt, importieren. Als Bürgen für das Abkommen werden drei Heeresoffiziere und zwei Kaufleute, die aus Karthago bzw. Massalia stammen, bemüht.

Auf dem Festland hingegen blieben die Karawanenrouten aus Südarabien unbeeinflusst von den Seleukiden oder Ptolemäern in den Händen einheimischer Handelsleute. Im Nordabschnitt dieser Landwege waren dies im Westen die Nabatäer und im Osten die Gerrhäer. Die politisch teils chaotischen Verhältnisse im Gebiet Obermesopotamiens und der syrischen Wüste bewirkten, dass auch die Karawanen auf ihren Wegen zu den Häfen an der syrisch-palästinensischen Mittelmeerküste dort vielfach keine starken Partner antrafen, die ihnen Schutz bieten konnten. Dieses Machtvakuum bot im Westen den Nabatäern die Chance, den Handel mit Südarabien unter ihre Kontrolle zu bekommen und eine Art »Karawanenstaat« zu begründen, ähnlich wie es im Fall der Oase Tadmor/Palmyra im Osten erfolgt sein dürfte. Nabatäische Handelsleute ließen ihr Reich zum bedeutendsten Umschlagplatz für Produkte aus Indien und Südarabien aufsteigen und brachten fortan diese Waren durch die nordarabische Wüste an ihre Zielpunkte in Alexandria oder die Häfen der syrisch-palästinensischen Küste.

Parallel unternahm Ägypten unter den späten Ptolemäern den Versuch, den durch innere Wirren stark zurückgegangenen Handel mit Ostafrika, Arabien und

Indien durch Reaktivierung der Seeverbindungen mit diesen Ländern wieder zum Laufen zu bringen. Solange in frühptolemäischer Zeit Phönizien und Palästina mit ihren Exporthäfen an der Mittelmeerküste zum Reichsverband gehört hatten, war der direkte Handel mit Südarabien wirtschaftlich nur mäßig interessant gewesen, doch nach dem Verlust dieser Gebiete musste man sich umorientieren. Vor allem Ptolemaios VIII. Euergetes II. (145–116 v. Chr.), der bereits kurz nach Regierungsantritt die ägyptischen Truppen aus den letzten verbliebenen Stützpunkten der Ägäis abziehen musste, scheint bei der Wiederherstellung des alexandrinischen Außenhandels eine Schlüsselrolle gespielt zu haben. Aus seiner Regierungszeit, dem Jahr 130 v. Chr., ist ein Dokument (O.G.I. 132) belegt, das ein Schlaglicht auf seine Initiativen im und am Roten Meer wirft. Genannt wird dabei ein Offizier, der das Kommando sowohl über die Wüstenstrecken hatte, auf denen Weihrauch und andere Güter vom Roten Meer nach Koptos im Niltal transportiert wurden, als auch über einen kleinen Flottenverband auf dem Gewässer selbst, bei dem es sich um Patrouillenboote zum Schutz der hier verkehrenden Frachtschiffe gehandelt haben dürfte.

Außerdem sandte Ptolemaios VIII. Euergetes II. 117 v. Chr., ein Jahr vor seinem Tod, den Kapitän Eudoxos aus Kyzikos erstmalig auf eine Expedition nach Indien, die unter seinem Nachfolger Ptolemaios IX. Soter II. (116–107 v. Chr.) wenige Jahre später unter Führung desselben Mannes wiederholt wurde. Kenntnis von diesen Ereignissen verdanken wir dem Universalgelehrten Poseidonios von Apameia (ca. 135–51/50 v. Chr.) in seinem verloren gegangenen Werk über die Ozeane, das nur durch ein Zitat bei Strabo (II 3,4) überliefert ist. Umstritten ist, ob Kapitän Eudoxos in Anschluss daran – unfreiwillig, nämlich »als er vor [Ptolemaios IX.] Lathyros, dem König von Alexandria, flüchtete«, wie Nepos bei Pomponius Mela (III 90) angibt – die zweite Umsegelung des afrikanischen Kontinents gelungen ist. Möglicherweise war auch Hippalos, der Entdecker der Monsunwinde, ein Teilnehmer an einer oder den beiden dieser Erkundungsfahrten; zumindest chronologisch würde dies gut passen.

Durch das genannte Zitat aus der Meeresbeschreibung des Poseidonios von Apameia bei Strabo (II 3,4) sind wir zudem darüber informiert, dass auch die Ostküste des Arabischen Golfes mit ihrem wichtigsten Hafen Leuke Kome durch die Ptolemäer geschützt wurde. Dies dürfte anfänglich vor allem gegen nabatäische Piraten gerichtet gewesen sein, denen die Wiederaufnahme des Seehandels durch Alexandria ein Dorn im Auge war, weil er den eigenen wirtschaftlichen Interessen entgegenlief. So ist in den »Epitoma Historiarum Philippicarum«, die der spätantike Historikers Justinus aus den Aufzeichnungen des augustuszeitlichen Pompeius Trogus exzerpierte, überliefert (Iust. XXXIX 5,5–6), dass der Nabatäerkönig Aretas II. (ca. 120–96 v. Chr.) Raubzüge gegen die Ptolemäer und Seleukiden unternommen habe. Es gibt jedoch keinen Beleg für eine direkte militärische Auseinandersetzung zwischen Euergetes II. und den Nabatäern.

Welcher ptolemäische Herrscher Leuke Kome gegründet hat, ist ebenso umstritten wie die Lokalisierung des Hafenplatzes. Als nördlichste Möglichkeit gilt die Bucht von Aynuna beim heutigen Al-Churaybah, als südlichste der ehemalige (heute zum zweitwichtigsten Hafen Saudi Arabiens ausgebaute) Naturhafen von Yanbu (»Quelle«) auf Höhe des etwa 160 km östlich davon gelegenen Medina, des antiken Yathrib. Das unter seinem heutigen Namen von mittelalterlichen arabischen Historikern erwähnte Yabu erscheint bereits bei antiken Historikern als Iambia (Ptolemaios VI 7,3) bzw. Iambe (Plinius nat. VI 168). Sowohl Yanbu als auch Aynuna sind durch vorgelagerte Landzungen bzw. Korallenriffe und Inseln (vor Aynuna ist es das lang gestreckte Iotabe) geschützt und bieten somit gute Ankerplätze. Über noch günstigere natürliche Gegebenheiten verfügt das wenige Kilometer nördlich des modernen Hafens von Yanbu gelegene Sharm Yanbu, das mit der von Diodor (III 44.4–45.2) erwähnten Hafenstadt Charmuthas identifiziert werden kann. Deren rundes Seebecken mit einer Insel im Zentrum forderte den antiken Historiker zum Vergleich mit dem Cothon genannten Hafenbecken von Karthago heraus. Sowohl die genannte Insel wie auch das Festland verfügen überdies über gute und reichliche Süßwasservorkommen. Als weiterer möglicher Ort für die Lokalisierung von Leuke Kome gilt noch die durch die vorgelagerte Insel Hasani geschützte Bucht von Al-Haura etwa 100 Kilometer nördlich von Yanbu auf halbem Weg nach Al-Wajh. Bedauerlicherweise lässt sich keiner der in Frage kommenden Plätze mit sämtlichen Angaben der antiken Autoren in Einklang bringen: Es treten in allen Fällen, vor allem bei den Distanzangaben, Unstimmigkeiten auf, auch wenn Strabo (Geogr. XVI 4.23) konkret angibt, Leuke Kome wäre gegenüber der ägyptischen Hafenstadt Berenike gelegen. Einigkeit herrscht lediglich darüber, dass die lange Küstenlinie zwischen Aynuna im Norden und Al-Wajh im Süden aufgrund ihrer Wasserlosigkeit und des Fehlens geeigneter Anlegestellen für die Lokalisierung von Leuke Kome ausscheidet.

Aus den Angaben der antiken Autoren geht vor allem hervor, dass sich Leuke Kome unmittelbar an der Grenze des Nabatäerreiches befunden haben muss, da gleich südlich davon das Stammesgebiet der Kinaidokolpiten begann.

Nach den anfänglichen Auseinandersetzungen müssen sich die fremden Handelsleute schließlich mit den Nabatäern arrangiert haben, denn der »Periplus Maris Erythraei« (Peripl. XIX) gibt an, dass die auf dem Seeweg aus Südarabien herbeigebrachten Waren von den Nabatäern in Leuke Kome von den Schiffen wieder auf Kamele umgeladen und »zu Malichas, dem König der Nabatäer«, transportiert wurden und dass zum Schutz des Ankerplatzes in einer angegliederten Festung eine Heeresabteilung unter dem Oberbefehl eines nabatäischen Centurio stationiert war. Vor allem sollen im Hafen die örtlichen Behörden Abgaben in Höhe von 25 Prozent des Warenwerts erhoben haben.

Zu den Aktivitäten des alexandrinischen Herrscherhauses bezüglich des Seehandels passt darüber hinaus, dass der in Alexandria unter Ptolemaios VI. Philometor und Ptolemaios VIII. Euergetes II. wirkende Geograf und Historiker Agatharchides von Knidos (um 200 bis nach 130 v.Chr.) als Alterswerk eine fünfbändige Abhandlung »Über das Rote Meer« verfasste. Dieses Werk ist jedoch ebenso wie seine anderen großen historischen Arbeiten nur fragmentarisch in Zitaten anderer Autoren überliefert. Relativ umfangreiche Auszüge aus dem 1. und 5. Buch seines »Roten Meeres« haben sich bei Photios (Bibl. 250) und Diodor (III, 12–48) erhalten. Letztgenanntem Historiker verdanken wir auch Exzerpte aus seiner zehnbändigen »Geschichte Asiens«, darunter Teile seiner Beschreibungen Äthiopiens (Diodor III,2–10) und Arabiens (Diodor II, 49–54) sowie seiner Gedanken zu den Ursachen der alljährlichen Nilflut (Diodor I,32 ff.). Der Verlust schmerzt umso mehr, als es sich bei den Ausführungen Agatharchides' um sehr zuverlässige Angaben gehandelt haben dürfte; denn der Autor war Sekretär des Herakleides Lembos und zudem eng mit dem Haus des Kineas verbunden, besaß also beste Kontakte zu den beiden wichtigsten politischen Beratern von Ptolemaios VI. Philometor. Entsprechend hatte er Zugang zu den königlichen Hypomnemata, den offiziellen Expeditionsberichten der Ptolemäer, und konnte diese ebenso in seine Beschreibungen einfließen lassen wie die Schilderungen zeitgenössischer Augenzeugen oder die Angaben früherer Autoren wie Hekataios von Milet, Herodot oder Eratosthenes.

Auf Agatharchides wiederum scheint dann, zumindest was die Beschreibungen Äthiopiens und der afrikanischen Ostküste betreffen, Artemidoros von Ephesos zurückgegriffen zu haben. Dieser im 1. Jahrhundert v.Chr. lebende griechische Geograf, der zeitweilig – wie Strabo (XIV 1,26) verrät – seine Heimatstadt in Rom als Gesandter vertrat, hat dafür das von ihm ebenfalls beschriebene Rote Meer wohl selbst bereist und kann diesbezüglich als zuverlässiger Chronist eingestuft werden. Bedauerlicherweise ist sein Werk – darunter die in der Art eines Periplus abgefassten »Geographoúmena« in elf Bänden – nur in Auszügen überliefert, die der spätantike Geograf Marcianus von Herakleia im 1. Buch seines zweibändigen »Periplus des äußeren Meeres« (GGM I 574–576) zitiert. Außerdem wurden seine Aufzeichnungen von jüngeren Autoren wie Strabo und Plinius verwendet.

Der letzte männliche Regent in Alexandria, Ptolemaios XII. Neos Dionysos, Vater der berühmten Kleopatra VII., schloss die Entwicklung ab und führte, wahrscheinlich in den frühen 70er-Jahren des 1. Jahrhunderts v.Chr., das Amt eines »Strategen des Roten und Indischen Meeres« ein.

Der Feldzug des Aelius Gallus

100 Millionen Sesterzen jährlich sollen nach den Angaben von Plinius dem Älteren zu seiner Zeit, Mitte des 1. Jahrhunderts. n. Chr., aus dem Römischen Reich nach Indien und Arabien abgeflossen sein – für den Erwerb von Luxusgütern wie Gewürze und Aromata. Die Höhe dieses Betrages – eine Sesterz stellte damals annähernd das Grundgehalt eines Tagelöhners dar –, die Plinius wahrscheinlich nicht einmal sehr übertrieben hatte, macht deutlich, welch bedeutenden Wirtschaftsfaktor der Weihrauchhandel als wesentlicher Teil des Warengeschäftes gebildet hat.

So geriet »Arabia felix«, das »glückliche Arabien«, aufgrund seiner vermeintlichen Reichtümer in das Interesse der römischen Expansionspolitik, die der römische Kaiser Augustus eingeleitet hatte, nachdem er sich im blutigen Bürgerkrieg endgültig als Machthaber durchgesetzt hatte. Ungeachtet dessen, dass er als Folge der wieder gewonnenen politischen Stabilität die »Pax Augusta«, den »augusteischen Frieden«, hatte ausrufen lassen, rüstete er zu einer Reihe von Eroberungszügen, in deren Verlauf das Römische Reich erhebliche Gebietszugewinne verzeichnen konnte. Lediglich das Unterfangen, die Arabische Halbinsel dem Staatsgebiet einzuverleiben, misslang; und als Folge dieses Desasters versuchte nach Augustus auch kein weiterer römischer Kaiser mehr, das lukrative Geschäft mit dem Weihrauch unter römische Kontrolle zu bekommen. Ein weiterer Grund für den Feldzug dürfte auch darin zu suchen sei, dass das Reich von Saba das Bab el-Mandeb, die Meerenge am südlichen Ausgang des Roten Meeres, und damit den für den Gewürzhandel wichtigen Seeweg nach Indien kontrollierte.

Mit der Leitung der militärischen Unternehmung wurde Aelius Gallus beauftragt, der zu dieser Zeit das Amt des Präfekten von Ägypten ausübte, das er von seinem unglücklich agierenden Vorgänger Gaius Cornelius Gallus übernommen hatte. Seine in dieser Funktion gesammelte Erfahrung in einem weitgehend von Wüsten geprägten Land schien ihn für den Feldzug zu prädestinieren, bei dem er, wahrscheinlich 25/24 v. Chr., mit der Legio X Fretensis als Hauptstreitmacht nach Südarabien zog. Trotzdem griff man darüber hinaus auf die Unterstützung eines Mannes zurück, der spezielle Kenntnisse über die Arabische Halbinsel mitbrachte, nämlich des Nabatäers Syllaios. Dieser stammte wahrscheinlich aus Meda'in Saleh, dem südlichsten Außenposten des nabatäischen Reiches, und war unter dessen König Obodas III. zum Reichsverweser (»Epitropos«), dem zweitmächtigsten Mann nach dem Regenten, aufgestiegen. Er fungierte für die Römer als eine Art Militärberater, dürfte allerdings verständlicherweise nicht sehr motiviert gewesen sein, den Weihrauchhandel, dem sein eigenes Land seinen Wohlstand verdankte, in deren Hände zu geben. Jedenfalls führte die von ihm eingeschlagene Route in den Süden der Arabischen Halbinsel dazu, dass die römische Armee durch Wassermangel und Strapazen so stark dezimiert wurde, dass die überlebenden Soldaten bei der Ankunft in Marib nicht mehr in der Lage waren, die Stadt direkt einzunehmen oder zumindest erfolgreich zu belagern. Strabo als Hauptchronist der Ereignisse, der im 2., 16. und 17. Buch seines geografischen Werks auf den Feldzug eingeht, bezichtigt Syllaios deswegen offen des Verrats (XVI 4, 23 ff.); man muss seine Schilderung allerdings mit Vorbehalt betrachten, weil er mit Aelius Gallus, dem militärisch für das Scheitern verantwortlichen Leiter der Unternehmung, persönlich befreundet war und deswegen sicher eine parteiliche Position eingenommen hat. Strabos Bericht ist zu entnehmen, dass das römische Expeditionskorps eine Stärke von 10 000 Mann hatte, unter denen sich auch 500 jüdische Bogenschützen und 1000 nabatäische Kamelreiter befanden, die Herodes der Große von Judäa bzw. Obodas III. abgestellt hatten. Die Streitmacht wurde zunächst auf 80 eigens dafür gebauten Kriegs- und 130 weiteren Transportschiffen von Cleopatra (Clysma) am nördlichen Ende des Golf von Suez in den nabatäischen Hafen von Leuke Kome gebracht. Nach einer längeren Zwangspause zog das Heer zunächst durch das Gebiet des dem Obodas untergebenen Aretas und weiter durch das Reich von Ararene des Königs Sabos. Den Römern gelang es, den nördlichsten Außenposten des sabäischen Reiches, die Oase Nadschran, rasch einzunehmen, und in der Folge konnte neben weiteren Orten auch Yathill, das heutige Baraqisch, besetzt werden. Lediglich die Belagerung der Hauptstadt Marsiaba (Marib), die man sechs Monate nach dem Abmarsch aus Leuke Kome endlich erreicht hatte, brach man nach sechs Tagen erfolglos ab und kehrte auf einem deutlich kürzeren Weg, der nur mehr 60 Tage in Anspruch nahm, und ohne wesentliche weitere Verluste, wieder auf den sicheren Boden des nabatäischen Reiches zurück. Es sollen ohnehin nur sieben Römer bei Kampfhandlungen ums Leben gekommen sein; alle anderen Verluste an Menschenleben waren auf Krankheiten, Wassermangel oder Erschöpfung zurückzuführen.

Auch der jüdische Historiker Flavius Josephus (ant. XV 9,3) gibt an, dass die Römer nicht nur durch die Nabatäer unterstützt wurden, sondern auch durch Herodes den Großen. Er schildert auch die später ausgebrochene Feindschaft zwischen Syllaios und Herodes, zu der es kam, weil Letzterer sich weigerte, Ersterem seine Schwester Salome zur Frau zu geben. Nachdem daraufhin Syllaios sogar Rebellen gegen Herodes unterstützte, ging der Streit bis vor Augustus. Dieser ließ schließlich Syllaios hinrichten, nachdem zuvor auch noch im Nabatäerreich Obodas III. verstorben war und dessen Nachfolger Aretas IV. auf Distanz zu Syllaios gegangen war. Demzufolge hatte das Scheitern des Südarabienfeldzuges zunächst keine unmittelbaren Folgen für Syllaios gehabt. Anders bei Aelius Gallus: Er wurde nach dem militärischen Misserfolg der Expedition als Präfekt von Ägypten abberufen; zum Nachfolger wurde Publius Petronius ernannt, der ihn wahrscheinlich schon während seiner Abwesenheit vertreten hatte.

Augustus selbst listet in seinem Tatenbericht, den »Res Gestae Divi Augusti«, das letztendlich erfolglose Unternehmen nur kurz als eine seiner zahlreichen Aktivitäten auf und behandelt es zudem gemeinsam mit dem offensichtlich erfolgreicheren Feldzug gegen das Reich von Meroe am Oberlauf des Nils: »Auf meinen Befehl und unter meinen Auspizien wurden etwa gleichzeitig zwei Heere gegen Äthiopien [so die damalige Bezeichnung des heutigen Nordsudan] und Arabien, welches »eudaimon« genannt wird, geführt; und bei beiden Völkerschaften wurden gewaltige Scharen von Feinden in der Schlacht niedergestreckt und mehrere befestigte Plätze eingenommen. In Äthiopien gelangte man bis zur Stadt Napata, die der Meroe benachbart ist. In Arabien rückte das Heer vor bis ins Gebiet der Sabäer zu dem Ort Mariba.« Ein kurzes Schlaglicht auf den über Südarabien abgewickelten Indienhandel wirft auch Augustus' kurze Angabe: »zu mir wurden mehrfach Gesandtschaften der Könige Indiens geschickt, wie sie noch niemals zuvor bei einer der führenden Persönlichkeiten Roms gesehen worden waren.« Aus anderen Quellen lassen sich mindestens drei solcher Delegationen nachweisen, wobei die Erste, die 25 v. Chr., also annähernd gleichzeitig mit dem Feldzug des Aelius Gallus, ins Römische Reich gelangte, Augustus sogar bis nach Spanien nachreisen musste.

In der römischen Kaiserzeit betrieb dann vor allem der selbst aus einer bedeutenden Hafenstadt, nämlich dem libyschen Leptis Magna an der nordafrikanischen Mittelmeerküste, stammende römische Kaiser Septimius Severus (193–211 n. Chr.) eine aktive Arabienpolitik. Der Herrscher, unter dem die römische Reichsgrenze weiter nach Osten vorgeschoben worden war und der »Mesopotamia« als neue Provinz des Vorderen Orients geschaffen hatte, sicherte die Schifffahrt im Roten Meer nicht nur durch die Präsenz einer Flotte, sondern auch durch die Einrichtung vorgeschobener Militärstützpunkte auf der arabischen und der afrikanischen Seite des Gewässers. Als flankierende Maßnahme wurden Verträge mit den Anrainern geschlossen, sodass römische Kaufleute unter anderem in Adulis (der Hafenstadt des Königreiches von Axum) und in Muza (an der jemenitischen Westküste unweit nördlich von al-Moccha) präsent waren.

Die antiken Reiche Südarabiens

Die südarabischen Königreiche, die ihre wirtschaftliche Basis dem Karawanenhandel verdankten und auch dann, wenn ihr Territorium keine Boswelliasträucher beherbergte, zumindest vom Transport des Weihrauchs durch ihr Gebiet profitierten, bildeten sich im 1. Jahrtausend v. Chr. heraus. Doch ist deren Geschichte, vor allem was ihre Gründungsphase betrifft, noch in vielen Detailfragen ungeklärt. Die mittlerweile in zahlreichen Inschriften überlieferten Herrschernamen der diversen Einzelstaaten lassen sich nicht immer in eine gesicherte Abfolge bringen, vor allem weil des Öfteren die Enkel denselben Namen bekamen wie ihr Großvater, sodass auch Filiationsangaben wie »X Sohn des Y« nicht immer eindeutig sind. Noch schwieriger gestaltet sich der Versuch, Synchronismen zwischen den gleichzeitig existierenden Reichen herzustellen, denn die Beziehungen und ständig wechselnden Bündnisse und Abhängigkeitsverhältnisse der einzelnen Staaten untereinander sind oftmals verwirrend. In groben Zügen sind die historischen Abläufe jedoch bekannt, und zu den einheimischen südarabischen Quellen treten ergänzend die Angaben griechischer und römischer Historiker hinzu, die allerdings praktisch alle ihre Schilderungen aus zweiter oder dritter Hand bezogen und den Boden Südarabiens nie selbst betreten haben.

Das bekannteste dieser Königreiche ist sicherlich das von Saba, allein schon aufgrund des alttestamentlichen Berichtes, dem zufolge dessen nicht namentlich genannte Regentin zu König Salomo nach Jerusalem gezogen sein soll. Saba ist auch derjenige Staat, der mit den beiden in Sirwah aufgefundenen Tatenberichten seiner Könige Yitha'amar Watar I. und Karib'il Watar I. im ausgehenden 8. Jahrhundert v. Chr. die beiden frühesten datierbaren Dokumente zur Geschichte der altsüdarabischen Königreiche liefert. Dabei tritt Saba als Hegemonialmacht in dieser Region in Erscheinung, nachdem Yitha'amar Watar seine südöstlichen Nachbarreiche Qataban mit dessen Hauptstadt Timna und Ausan sowie danach die nordwestlichen Stadtstaaten im Wadi al-Dschauf, dort, wo sich später, wahrscheinlich im 6. Jahrhundert v. Chr., das minäische Reich etablieren sollte, unterworfen hatte.

Das Reich von Ausan mit seinem Machtzentrum Miswar erscheint dann im nachfolgenden Tatenbericht des Karib'il Watar als Hauptgegner der Sabäer und soll bei den kriegerischen Auseinandersetzungen vernichtet worden sein. Neben dem Reich von Qataban wird jetzt auch das Reich Hadramaut – dessen Hauptstadt zunächst Mayfa'at, dann Schabwa war – als den Sabäern gegenüber tributpflichtig genannt.

Aus der Tatsache, dass diese beiden bedeutenden historischen Inschriften nicht in Marib, zu seiner Blütezeit als Hauptstadt des Sabäerreiches auch die größte Ansiedlung im Süden der Arabischen Halbinsel, sondern im rund 40 km weiter westlich gelegenen Sirwah angebracht wurden, hat man die Vermutung geäußert, dass letztgenannte Stadt das ehemalige Machtzentrum war, das zu einem unbekannten Zeitpunkt von Marib in dieser Funktion abgelöst wurde.

Im 4. Jahrhundert v. Chr. konnte sich das minäische Reich, dessen bedeutendste Städte – wie Baraqisch und Ma'in – im Wadi al-Dschauf liegen, aus der Bevormundung durch die Sabäer befreien. Es stieg in der Folgezeit zu einem bedeutenden Machtfaktor in Südarabien auf, dessen Einfluss bis weit nach Norden ins heutige Saudi-Arabien reichte, wo Handelskolonien gegründet wurden, sodass das Reich von Ma'in schließlich die Kontrolle über weite Teile der Weihrauchstraße ausübte, die es aber permanent vor allem gegen die Sabäer verteidigen musste. Diese Auseinandersetzungen scheinen Saba so geschwächt zu haben, dass es nicht verhindern konnte, dass um 400 v. Chr. auch Qataban seine Unabhängigkeit erreichte und sein Reichsgebiet, auch auf Kosten von Saba, rasch vergrößerte.

In den beiden letzten Jahrzehnten vor dem Wechsel vom 2. zum 1. Jahrhundert v. Chr. gelangte Saba zu neuer Stärke und konnte das Minäerreich sowie weite Teile Qatabans erobern, sodass es wieder unangefochten das mächtigste Reich Südarabiens repräsentierte. Allerdings mussten sich im Verlauf des 1. Jahrhunderts v. Chr. die Sabäer wie auch die anderen südarabischen Weihrauchstaaten der von Nordarabien her in ihre Interessensphären eindringenden Stämme erwehren, die ihnen den Karawanenhandel streitig machten. Zudem fand in der Zeit nach Alexander dem Großen unter den ägyptischen Ptolemäern die Erschließung der Seerouten statt, sodass die traditionellen Landwege rasch an Bedeutung verloren und die südarabischen Reiche, auch wenn jetzt eine Epoche des intensiven kulturellen Austauschs mit der mediterranen Welt einsetzte, ihre Macht einbüßten und in wirtschaftliche Schwierigkeiten gerieten. Diese Schwächeperiode nutzen vor allem die Stämme des jemenitischen Berglandes aus, die mit ihrem Siedlungsgebiet jetzt den strategischen Vorteil besaßen, unter allen Konkurrenten den geringsten Abstand zur wichtig gewordenen Küste des Roten Meeres zu besitzen. Unter den rivalisierenden Bergstämmen stiegen in der Folgezeit die Himyariter zur neuen Großmacht auf, indem sie Teile des vormaligen Qataban und des sabäischen Reiches und damit entscheidende Schaltstellen des Weihrauchhandels unter ihre Kontrolle bringen konnten. Sie benannten sich nach dem Burgberg Raydan, der ihre Reichshauptstadt Zafar – östlich des heutigen Yarim – überragte. Ihre Rivalität mit den Königen von Marib wird am augenscheinlichsten daran deutlich, dass die Regenten beider Reiche jeweils mit dem doppelmonarchischen Titel »König von Saba und Dhu Raydan« die Gesamtherrschaft für sich beanspruchten.

Während der Auseinandersetzungen zwischen den Großmächten Saba und Himyar gelangten im jemenitischen Bergland kleinere Stammesgruppierungen, die ihre gegenseitigen Territorialansprüche mit Waffengewalt austrugen, zur Unabhängigkeit, was gewaltsame Auseinandersetzungen im gesamten Land zur Folge hatte.

In der zweiten Hälfte des 2. Jahrhunderts konnte Hadramaut die verbliebenen qatabanischen Gebiete erobern und stieg damit zum dritten Machtfaktor Südarabiens auf. Parallel dazu griff das abessinische Reich von Axum vom afrikanischen Kontinent auf die Arabische Halbinsel über und besetzte dort zunächst die Küstenebene der Tihama, stieß aber unter seinem König Scha'ir(um) Autar im ersten Viertel des 3. Jahrhunderts weit ins Hinterland vor. Dabei konnte es sogar dem Reich von Hadramaut eine empfindliche militärische Niederlage zufügen.

Um 270 n. Chr. hatten sich die Himyariter endgültig gegen Saba durchgesetzt. Der dadurch etablierte Staat wird als sabäo-himyaritisches Reich bezeichnet. Ihm gelang kurz vor 300 n. Chr. unter Schammar Yuhar'isch auch die Eroberung des Hadramaut, sodass jetzt ganz Südarabien zu einem großen Staat vereint war. Die Regenten in Zafar nannten sich fortan »Könige von Saba, Dhu Raydan, Hadramaut und Yamanat«. Seine Blütezeit und größte Ausdehnung erlebte das Reich im ersten Drittel des 5. Jahrhunderts unter dem legendären König Abu Karib As'ad, der in manchen Quellen als erster Herrscher genannt wird, der zum jüdischen Glauben konvertierte. Bei seinen Feldzügen, die ihn weit nach Norden ins heutige Saudi-Arabien führten, stieß er bis Yathrib, das heutige Medina, vor, wo er seinen Neffen Harith Ibn Amru als Statthalter einsetzte. Sein Sohn und Nachfolger Schurahbi'il Ya'fur erweiterte nicht nur die eigene Hauptstadt Zafar, sondern nahm auch in der Metropole des einstigen Rivalen, in Marib, Restaurierungen am Staudamm vor, wie seine in das Jahr 456 datierbare Stele vermerkt. In der Folgezeit schwächten Aufstände von Beduinen, die niedergeschlagen werden mussten, und vor allem die Expansion der äthiopischen Axumiten das Reich.

Die Auseinandersetzungen zwischen Himyaritern und Axumitern erreichten unter der 517 n. Chr. begonnenen Regentschaft des himyaritischen Königs Yussuf, der in der arabischen Überlieferung unter dem Namen Dhu Nawas firmiert, ihren blutigen Höhepunkt. Yussuf/Dhu Nawas war zum Judentum konvertiert und verfolgte in seinem Reichsgebiet vor allem die Anhänger des christli-

Abb. 15   Gerundete Außenmauer des Almaqah-Tempels von Sirwah.

chen Glaubens, der seit der ersten Missionierung um 420 n.Chr. viele Anhänger im Jemen gefunden hatte. Eine der bedeutendsten christlichen Gemeinden befand sich in der Oase Nadschran (heute nahe der jemenitischen Grenze zu Saudi-Arabien gehörend), die von Yussuf/Dhu Nawas nach längerer Belagerung erobert werden konnte. Nach seinem Sieg ließ er weite Teile der unterlegenen Bevölkerung töten, was die ebenfalls christlichen Axumiten auf den Plan rief. Sie unternahmen im Jahr 525 einen Rachefeldzug, in dessen Verlauf Yussuf/Dhu Nawas ums Leben kam, und machten sich nach ihrem Triumph ganz Südarabien tributpflichtig. Der letzte der einheimischen christlichen Statthalter, welche das Gebiet im Auftrag der Axumiter verwalteten, wurde vom axumitischen Feldherrn Abraha gestürzt, der sich von der afrikanischen Bevormundung loslöste. Die Inschriften aus seiner Regierungszeit, darunter auch wieder – wie zu Beginn des Sabäerreiches unter Karib'il Watar – ein großer Rechenschafts- und Tatenbericht, repräsentieren die letzten bekannten Dokumente, die in der altsüdarabischen Schrift abgefasst sind. Sie dokumentieren unter anderem für das

Jahr 548 n. Chr. umfangreiche Neubaumaßnahmen am Staudamm von Marib, der in seiner heute überlieferten Gestalt nach neuesten Bauforschungen des Deutschen Archäologischen Instituts auch tatsächlich erst auf Abraha zurückgeht. Umstritten bleibt hingegen weiterhin die Frage, wann und warum der Damm geborsten ist und damit die Großoase von Marib ihrer Lebensgrundlage beraubt war und danach rasch verfiel.

Wirtschaftlich geschwächt durch den erheblichen Rückgang des Handels entlang der Weihrauchstraße und der damit Hand in Hand gehenden Vernachlässigung der Bewässerungsanlagen blieb dem himyaritischen Reich unter König Saif Ibn Dhi Yazan zuletzt kaum eine andere Wahl, als im Kampf gegen die Axumiter Unterstützung durch die sassanidischen Perser zu erbitten. Mithilfe der Streitkräfte, welche deren König Chosrau I. (531–579 n. Chr.) zwischen 570 und 575 n. Chr. nach Südarabien entsandte, gelang zwar die Vertreibung der afrikanischen Okkupatoren, doch erfolgte dies zu einem hohen Preis: Die zu Hilfe gerufenen Perser blieben im Lande und 597/98 wurde der Jemen als Provinz in das Sassanidenreich eingegliedert. Nach dem Tod des Sassanidenkönigs Chosrau II. (590–628 n. Chr.) konvertierte dessen vormaliger Statthalter im Jemen, Badschan, zum Islam. Diesem Vorbild schlossen sich zunächst viele der südarabischen Stämme an, sodass die Region noch zu Lebzeiten Mohammeds praktisch kampflos zu einem Teil des rasch expandierenden moslemisch-arabischen Großreiches wurde.

Der Tatenbericht des Yitha'amar Watar

Bis zum Jahr 2005 galt der in Sirwa rund 30 km westlich von Marib auf monumentalen Steinblöcken angebrachte und dort im Tempel des Reichsgottes Almaqah (Abb. 15) aufgestellte Tatenbericht des Karib'il-Watar I. als »Gründungsurkunde« des sabäischen Staates, denn man hielt die unter diesem Regenten gemachten Eroberungen, die in der Inschrift aufgelistet waren, für den Beginn der Reichsbildung. Doch dann legten Archäologen des Deutschen Archäologischen Instituts im selben Heiligtum von Sirwa – der genannten Karib'il-Watar-Inschrift gegenüberstehend – einen ebenso monumentalen weiteren historischen Text frei, der ebenfalls über mehrere aneinandergefügte Steinquader verteilt in großformatigen Lettern von den Feldzügen eines bis dahin unbekannten Mukarrib, so der Herrschertitel, namens Yitha'amar Watar I., Sohn eines Yakrubmalik und mit hoher Wahrscheinlichkeit (allerdings nicht direkter) Vorgänger des Karib'il-Watar, kündete. Durch einen glücklichen Zufall könnten nämlich genau diese beiden Regenten auch auf assyrischen Keilschrifttafeln erwähnt sein, denn für das Jahr 715 v. Chr. berichten dort die Annalentexte, dass ein als »Itamru, der Sabäer« bezeichneter König, der wahrscheinlich mit Yitha'amar Watar identisch ist, dem Assyrerkönig Sargon II. Tribute brachte. Ähnliches vollzog dann 685 v. Chr. gegenüber dem Assyrerkönig Sanherib ein »Karibi-ilu, König von Saba«, der einem der Herrscher namens Karib'il-Watar, am wahrscheinlichsten dem ersten Träger dieses Namens, entspricht.

Natürlich gab es auch vor der Entdeckung der Monumentalinschrift des Yitha'amar Überlegungen, wer mit dem Tribut entrichtenden Itamra/Itamru in den schon länger bekannten Annalen Sargons gemeint sein könnte. Als geeignetster Kandidat bot sich Yitha'amar Bayyin I. an, der vor allem durch Bauinschriften belegt ist. Nach Ausweis dieser Dokumente gab er nicht nur Arbeiten an der Stadtmauer von Marib in Auftrag, sondern schickte auch Bautrupps zur Festung Ararat, dem heutigen al-Asahil, die auf dem Weg von Marib ins nordwestlich gelegene Wadi al-Dschauf eine offensichtlich wichtige strategische Stellung einnahm. Auch Yitha'amar Bayyin muss vor Karib'il Watar regiert haben, da in der Monumentalinschrift des Letztgenannten auch »die hllt [Ländereien?] des Yitha'amar« als Ortsbezeichnung in der Landschaft Dathina östlich von Beidha und Lawdar genannt werden.

Mit ihren Zahlungen wollten Yitha'amar Watar und Karib'il Watar offensichtlich erreichen, dass ihnen die expandierenden Assyrer aus Nordmesopotamien die Unabhängigkeit und damit die freie Ausübung des lukrativen Warenverkehrs entlang der Weihrauchstraße beließen.

Gleichzeitig betrieb der erstgenannte sabäische Regent seinerseits, wie seine in Sirwa neu entdeckte Inschrift deutlich macht, Eroberungsfeldzüge, die den Zugriff der Sabäer auf die Weihrauchstraße sichern sollten, denn die entgegengesetzten Stoßrichtungen seiner Unternehmungen nach Südosten und Nordwesten entsprechen genau den Regionen, aus denen der wertvolle Aromastoff kam und in die er nach Passieren des sabäischen Reiches weitertransportiert wurde. Der aufschlussreiche Bericht bedeckt einen mehr als 7 m langen und über 6 t schweren Kalksteinquader, der sich ursprünglich auf einem Podest im Tempel befand und später, wahrscheinlich als Folge eines Erdbebens, mit der Schriftseite nach unten in den Schutt gefallen war. Nach der Freilegung und Wiederaufrichtung des Blockes waren die sieben jeweils über die gesamte Quaderbreite laufenden Schriftzeilen mit ihren gut 8 cm hohen Buchstaben – die aneinander gereiht somit ein fast 50 m langes Textband ergeben – wieder sichtbar und entpuppten sich als bislang größte Inschrift, die je bei einer Ausgrabung im Jemen zutage getreten war.

Den Schilderungen des Yitha'amar zufolge unterwarf er zunächst das Reich von Qataban, dessen Bevölkerung bei ihm nach ihrem Hauptgott Amm als »Aulad Amm«, »Söhne des [Gottes] Amm« bezeichnet werden. Dahinter verbirgt sich die antike Vorstellung, dass die jeweiligen Stammesgötter den Schutz ihrer irdischen Untertanen übernehmen, und wenn dort eine Gruppierung im Kampf unterliegt, dann hat sich auch ihr Gott gegenüber dem der siegreichen Gegner als schwächer erwiesen. Nach der Einnahme der rund 70 km südöstlich von Marib an der Mündung des Wadi Bayhan gelegenen qatabanischen Hauptstadt Timna setzte Yitha'amar seinen Eroberungszug zunächst in den südwestlichen Territorien des Reiches von Qataban fort, namentlich Radman, Ru'ayn und Yahir, um dann den nächsten Staat, das Reich von Ausan mit seiner Zentralregion Wusr zu attackieren. In der entgegengesetzten Stoßrichtung nach Norden stellte vor allem der Stadtstaat Kaminahu im Wadi al-Dschauf das Angriffsziel dar. In diesem Trockental, in welchem im 6. Jahrhundert v. Chr. das Reich von Ma'in entstehen sollte, existierten seinerzeit mehrere voneinander unabhängige Stadtstaaten, neben Kaminahu, dem heutigen Kamna, vor allem Haram und Naschschan. Letztgenannter Kleinstaat war vor dem Feldzug Yitha'amars durch Kaminahu annektiert worden und gewann, gemeinsam mit dem ebenfalls besetzten benachbarten Manhiyat, durch die Militäraktion der Sabäer seine Unabhängigkeit zurück. Die Angaben Yitha'amars werden bestätigt durch die Widmungsinschrift auf einen von ihm in Naschschan gestifteten und dort aufgefundenen Bronzealtar. Abschließend will der siegreiche Sabäerkönig die gegnerische Hauptstadt Kaminahu selbst erobert haben.

Allerdings hat sich Naschschan für die Befreiung durch die Sabäer in späterer Zeit wenig dankbar gezeigt, denn im Tatenbericht des Karib'il Watar erscheint es, gemeinsam mit dem benachbarten Naschq(um), als dessen Gegner. Dafür erfuhr der Sabäerkönig diesmal – in genauer Umkehrung der damaligen Koalitionen – Unterstützung durch das von seinem Vorgänger unterworfene Kaminahu und den ebenfalls im Wadi al-Dschauf beheimateten Stadtstaat von Haram. Deren Herrscher Ilsama' von Kaminahu und Yadhmurmalik von Haram stellten für den Feldzug gegen Naschschan sogar Truppen zur Verfügung, wobei das Hilfskontingent des letztgenannten Königs dem Kommando eines Generals namens Hanbas unterstand. Wie sich Karib'il Watar ihm gegenüber für seinen Einsatz erkenntlich zeigte, ist nicht überliefert; zumindest wurde sein Bündnispartner Ilsama' zum Dank von Karib'il Watar mit einem vormalig zum besiegten Naschschan gehörigen Bewässerungskanal entlohnt. Den zahlreichen Inschriften des Ilsama' nach zu schließen scheint Kaminahu unter seiner Herrschaft, trotz der sabäischen Bevormundung, seine Blütezeit erlebt zu haben; es ist sogar möglich, dass er der Bauherr oder Restaurator der Stadtbefestigung des unterlegenen Naschq(um) war.

Die genannten Stadtstaaten im Wadi al-Dschauf wurden vom minäischen Königreich annektiert, das später, wahrscheinlich im Verlauf des 6. Jahrhunderts v. Chr., in diesem Territorium entstand und dessen Hauptstadt Qarnawu (heute Ma'in) in nur 6 km Entfernung von Haram lag.

Der Tatenbericht des Karib'il Watar

Der zweite Schlüsseltext für die Konsolidierungsphase der altsüdarabischen Königreiche liegt in Gestalt des Tatenberichts des sabäischen Königs Karib'il Watar, Sohn des Dhamar Ali, vor. Die aus zwei Teilen bestehende monumentale Inschrift befindet sich im Hof des Almaqahtempels von Sirwah auf beiden Seiten zweier übereinanderliegender Monolithen von jeweils 6,9 m Länge, 47 cm Dicke und einer gemeinsamen Höhe von etwa 2 m. Die rund 8 cm hohen Lettern sind dabei auf den zusammen rund 9 t wiegenden Schriftträgern bustrophedon (also mit abwechselnder Leserichtung, wie es für die ältesten sabäischen Texte üblich ist) zu lesen. Im Katalog der altsüdarabischen Inschriften, dem »Répertoire d'Épigraphie Sémitique« (RES), ist der mit acht langen Zeilen kürzere der beiden Texte unter der Nummer 3946 veröffentlicht, der umfangreichere 20-zeilige trägt dort die Nummer 3945. Ursprünglich waren die beiden Inschriften als »Gl. 1000 A & B« – nach ihrem Entdecker, dem Südarabienforscher Eduard Glaser – inventarisiert. Dieser hatte zwar bei seiner Reise nach Marib 1888 Sirwah nicht persönlich erreichen können, doch instruierte er erfolgreich einen befreundeten Stammesangehörigen, ihm einen Papierabklatsch des umfangreichen Textes von den Quadern, soweit sie damals aus dem Boden herausragten, abzuformen. So wurde der Wortlaut dieses bedeutenden historischen Dokuments der Wissenschaft nahezu vollständig schon im ausgehenden 19. Jahrhundert bekannt.

Karib'il Watar I. trug – wie sein Vorgänger Yitha'amar Watar I. – den Titel eines »Mukarrib«, das mit seiner üblichen Übersetzung »Priesterfürst« impliziert, dass der Regent sowohl die weltliche wie auch die religiöse Macht auf sich vereint hätte; doch de facto ist immer noch ungeklärt, welche Macht und Befugnisse der Inhaber dieses Amtes beanspruchte; eventuell war damit die politische Komponente nicht genügend abgedeckt, denn Karib'il Watar führte zudem als erster sabäischer Regent den Königstitel. Im kürzeren Abschnitt seines zweiteiligen Tatenberichts listet er seine baulichen Aktivitäten – darunter die Errichtung seines Palastes Salch und Arbeiten an den Bewässerungsanlagen von Marib – und die nichtmilitärischen Leistungen auf, während der ausführlichere die im Verlauf von insgesamt acht Feldzügen erfolgte Eroberung und Unterwerfung der benachbarten Staaten, vor allem desjenigen von Ausan, der dabei eliminiert wurde, zum Thema hat. Die Abfolge der dabei genannten Örtlichkeiten, die sich in vielen Fällen lokalisieren lassen, macht es möglich, den Verlauf der militärischen Kampagnen zumindest in groben Zügen nachzuvollziehen. Als Erstes wurde das Gebiet südlich des heutigen Taizz erobert, die folgenden drei Unternehmungen galten der Niederwerfung von Ausan, wobei die Sabäer bis zur Südküste vordrangen. Die Stoßrichtung der beiden sich anschließenden Attacken verlief entgegengesetzt nach Nordwesten in den Dschauf, also die Region des nachmaligen minäischen Reiches, genauer gesagt gegen Naschschan, das heutige as-Sawda, und seine nordwestlich benachbarte Schwesterstadt Naschq(um) im Wadi Madhab. Beide konnten erst nach dreijähriger Belagerung eingenommen werden. Dem König von Naschschan, Sumhuyafa, wurden nach seiner Niederlage zwar große Teile seines Territoriums und die Kontrolle über die Bewässerungsanlagen – zu Gunsten der benachbarten sabäerfreundlichen Könige Adhmurmalik von Haram und Nabat'ali von Kaminahu – entrissen, er durfte jedoch als Vasall von Saba im Amt bleiben. Karib'il Watar siedelte zur Absicherung seiner Macht im unterworfenen Naschschan sabäische Kolonisten an, für die ein eigener Almaqahtempel ent-stand. Außerdem wurden die Stadtmauern geschleift und der Palast niedergebrannt; darüber hinaus scheint es keine nennenswerten Zerstörungen gegeben zu haben. Im Gegenzug wurde Naschq(um) durch eine neue Ummauerung zu einem sabäischen Stützpunkt ausgebaut. Während sich die vermutlich im jemenitischen Bergland befindlichen Ortschaften des siebten Feldzuges nicht genau lokalisieren lassen, führte der achte und letzte, nachdem einige Ortschaften für die Tötung von Sabäern zur Verantwortung gezogen worden waren, nach Norden gegen die Oase Nadschran und die in ihr und um sie herum lebenden Stämme der Muha'mir und Amir. Hier konnten die sabäischen Truppen Karib'il Watars große Mengen an Vieh, darunter Kamele und Rinder, erbeuten.

Abb. 16   Mauerzüge in Schabwa, der Hauptstadt des Hadramaut.

Abb. 17 Hafenbucht und Burgberg Husn al-Ghurob des antiken Qana, heute Bir Ali.

Da, wie bereits erwähnt, in assyrischen Annalen für das Jahr 685 v. Chr. ein südarabischer Herrscher namens Karibilu genannt wird, der dem Assyrerkönig Sanherib (705–681 v. Chr.) anlässlich der Grundsteinlegung des »Bit akitu« genannten Neujahrs-Festhauses in Assur Geschenke überbrachte und mit hoher Wahrscheinlichkeit mit Karib'il Watar gleichgesetzt werden kann, lassen sich die geschilderten acht Feldzüge seines Tatenberichtes in die Zeit kurz nach 700 v. Chr. datieren.

Als das Dokument im Jahr 1992 durch das Deutsche Archäologische Institut vollständig freigelegt wurde, zeigte es sich, dass die beiden beschrifteten Monolithe noch auf einem Quadersockel ruhten. Der untere Teil des Textes war, da er unter den Schutt einer islamischen Besiedlung innerhalb des ummauerten Tempelgeländes geraten war, fast unversehrt erhalten; hingegen wies die von Eduard Glaser veröffentlichte obere Partie bereits tiefe Risse im Gestein auf, da sie den klimatischen Schwankungen und Tierexkrementen schutzlos ausgesetzt war und zudem Zerstörungen durch Feuer und mechanische Einwirkung erlitten hatte. So gehörte zu den wichtigsten Rettungsmaßnahmen, die die Archäologen auszuführen hatten, die Härtung der Gesteinsoberfläche, um ein weiteres Abplatzen der Inschriften zu verhindern.

Die Tatsache, dass die beiden bedeutendsten Monumentalinschriften zur frühen Geschichte des Sabäerreiches in Sirwah und nicht in Marib aufgestellt waren, hat zur Vermutung geführt, dass Sirwah die erste Hauptstadt gewesen sein könnte, die erst später von Marib in dieser Funktion abgelöst wurde. Doch gibt es für diese Annahme keinerlei weitere Hinweise.

Das Königreich Hadramaut

Die Mehrzahl der antiken Autoren, allen voran Plinius, lassen die eigentliche »Weihrauchstraße« in Schabwa, der Hauptstadt des Reiches von Hadramaut, beginnen; doch der kostbare Rohstoff hatte bereits zuvor die Wegstrecke zwischen dieser Stadt und seinem natürlichen Vorkommen im Trockenbett des Wadi Hadramaut oder noch weiter entfernt im Dhofargebirge im heutigen Südoman zurückgelegt. So erscheinen konsequenterweise in den antiken Quellen die Bewohner des Reiches Hadramaut als östlichstes Volk von »Arabia felix«. Strabo (XVI 4) nennt sie »Chadramotitai«, bei Plinius erscheinen sie mehrfach und mit unterschiedlichen Schreibungen, in einer Passage (nat. VI 161), in welcher sie wegen ihrer exzellenten Bewaffnung gerühmt werden, ebenfalls als »Chatramotiter«. Kurz zuvor (nat. VI 155) spricht Plinius – in Zusammenhang mit ihrer auffällig peripher im Westen des Reiches gelegenen Hauptstadt Schabwa(t) – von den »Atramitae, deren Hauptstadt Sabota 60 Tempel in ihren Mauern umschließt«. Allerdings war Schabwa (Abb. 16) nicht immer Machtzentrum, sondern dürfte zu einem unbekannten Zeitpunkt die Stadt Mayfa'at in dieser Funktion abgelöst haben. Diese mutmaßlich frühere Hauptstadt lässt sich mit dem heutigen Naqb al-Hadschar unweit von Azzan identifizieren, dank der namentlichen Nennung auf der dreizeiligen Hauptinschrift am Südtor des antiken Ruinengeländes. Bemerkenswert ist, dass die beiden einzigen Stadttore, die ins Innere der ummauerten Ansiedlung von etwa 150 mal 300 m² Ausdehnung führten, nicht verschlossen werden konnten; zumindest ließen sich keinerlei entsprechende Installationen wie Türangelsteine oder Verankerungen für Türriegel auffinden. Seine Bedeutung verdankte der Ort, der von Ptolemaios (VI 7,10) »Maipha Metropolis« genannt wird, seiner Lage an der Handelsstraße vom Hafen Qana an der Südküste der Arabischen Halbinsel nach Schabwa bzw. Beyhan und von dort weiter nach Innerarabien. Darauf verweist auch indirekt die Angabe von Plinius über die Hadramauter: »Sie beherrschen einen Meerbusen von 94 [Meilen Umfang], voll von Wohlgerüche hervorbringenden Inseln.«

Der genannte Hafen von Qana, in antiken Quellen auch Kane genannt und von Ptolemaios (VI 7,10) als »Emporion« klassifiziert, erstreckt sich über einer Landzunge in der Bucht des heutigen Dorfes Bir Ali (Abb. 17). Den Angaben des »Periplus Maris Erythraei« (XXVII 9,8) aus dem 1. Jahrhundert n. Chr. zufolge wurde »aller im Land angebauter Weihrauch nach Kane zur Lagerung gebracht«. Die seit 1985 durch russische Archäologen freigelegten Häusergrundrisse (Abb. 18) werden von einem steilwandigen Burgberg, dem antiken Urr Mawiyat und heutigen Husn al-Ghurab (»Krähenfestung«), überragt. Die Schlüsselrolle als Umschlagplatz für den Weihrauch auf dem Seeweg spiegelt sich unter anderem darin wider, dass in den sabäischen Texten, vor allem aus der ersten Hälfte des 3. Jahrhunderts n. Chr., der Ort vor allem als Streitobjekt erscheint, das die Hadramauter gegen Saba zu verteidigen hatten. Schließlich konnte das sabäo-himyaritische Reich Qana unter seine Kontrolle bringen. Eine monumentale zehnzeilige Inschrift (CIH 621), die man beim Aufstieg auf die Festung passiert, berichtet von Reparatur- und Wiederaufbaumaßnahmen, die unter Scharahbi'il, dem Sohn des Simyafa Aschwa (Esimphaios), als Folge der Kämpfe zwischen den neuen Herren und den expandierenden Axumiten aus Äthiopien nach 525 n. Chr. notwendig geworden waren. Gerade in dieser Zeit bis zur Aufgabe von Qana im frühen 7. Jahrhundert n. Chr. belegen Keramikfunde einen intensiven Handelskontakt mit der Levante. Für vier Fünftel aller gefundenen Amphorenscherben lässt sich aufgrund ihrer typischen gerippten Oberfläche eine Herkunft aus der südpalästinensischen Region zwischen Gaza und Aila(na) (heute Eilat/Aqaba) ermitteln. In ihnen wurden überwiegend Wein, Öl, Nüsse und Früchte angeliefert.

Die nach Mayfa'at zweite hadramautische Hauptstadt Schabwa liegt in mehr als 1000 m ü. d. M. am äußersten Oberlauf des Wadi Hadramaut. Sie verfügt über zwei Mauerringe, von denen der innere einen regelmäßigen Grundriss aufweist, während sich der äußere in annähernder Gestalt eines großen Dreiecks über die Kämme der umgebenden Hügel hinzieht. Auch hier sind die Schreibungen der antiken Autoren uneinheitlich, nämlich Sabbatha bei Ptolemaios, Sabota bei Plinius und Saubatha im »Periplus Maris Erythraei« (Peripl. 27), wobei die letztgenannte Quelle auch noch den Namen des damaligen Herrschers wiedergibt, nämlich »Eleazos (Illaz), König der (H)atramitai«. Nahezu alle bekannten eigenen hadramautischen Königsinschriften stammen entweder aus Schabwa oder dem rund 20 km westlich davon gelegenen Felsen am Fuß des Dschebel Uqlah (Abb. 19). An diesem seinerzeit Anwad genannten Ort setzten nach Ausweis der zahlreichen Felsinschriften (Abb. 20) die Könige des Hadramaut die Würdenträger feierlich in ihre Ämter ein.

Eventuell gab auch die Tatsache, dass unweit von Schabwa Salzstöcke (Abb. 21) existierten, die einen weiteren wertvollen Rohstoff lieferten, den Ausschlag für die Ortswahl des neuen Machtzentrums. Trotz dessen peripherer Lage innerhalb des hadramautischen Reiches liefen hier mehrere Karawanenwege zusammen. So schreibt Plinius (nat. XII 63): »Der gesammelte Weihrauch wird auf Kamelen nach Sabota gebracht, wo ein einziges Tor für ihn geöffnet wird. Vom Wege abzuweichen, ist ein Staatsverbrechen, das die Könige mit der Todesstrafe ahnden. Dort beanspruchen die Priester für einen Gott, den sie Sabis nennen, den zehnten Teil nach dem Volumen, nicht nach dem Gewicht; vorher aber darf nichts verkauft werden. Davon werden die öffentlichen Kosten bestritten; denn der Gott unterhält auch großzügig Gäste an einer bestimmten Zahl von Tagen.«

Der aus dem Karawanenhandel resultierende Reichtum Schabwas zeigt sich nicht nur im Aufbau der Felsengräber in den Hängen des östlich der Stadt gelegenen Qarat al-Firan und der Reste von Grabbeigaben, die von den Plünderern übersehen und dort Mitte der 1970er-Jahre bei Ausgrabungen entdeckt wurden; auch in den Siedlungsruinen selbst wurden beachtliche Architekturgrundrisse und Bauplastiken freigelegt. Das mit rund 39 mal 57 m Fläche größte Gebäude fungierte wahrscheinlich als Palast (Abb. 22). Es bestand aus einem zentralen Trakt, an den sich nach Norden hin ein Hof mit dreiseitig umgebenden Säulenhallen und rückwärtigen Räumen anschloss. Dabei waren die zum Hof gerichteten Fenster durch Säulen mit Rankendekor zweigeteilt, deren Doppelkapitelle einen Greif mit einem gehörnten Löwenkopf aufwiesen (Abb. 23).

Abenteuerliche Fabelwesen und Schilderungen von Gefahren gehörten auch zum Bild, das die antiken Autoren im Zusammenhang mit dem Geheimnis der Weihrauchvorkommen vom Wadi Hadramaut vermittelten. Spätestens in frühislamischer Zeit ist der in altsüdarabischen Inschriften mit der Konsonantenfolge HDRMT wiedergegebene Name, der im botanischen Werk des Theophrast (hist. plant. IX 4) vokalisiert als »Hadramuta« erscheint, zu arabisch Hadramaut, »Land des Brandes«, umgedeutet worden.

Das namengebende eigentliche Wadi Hadramaut, das sich in teils engen Schluchten tief in das Kalksteinhochplateau des Dschol eingeschnitten hat, beginnt unweit der Ruinen des antiken Schabwa in der Sandwüste Ramlat Sabatayn bzw. Sayhad – dem Sandgebiet, das sich östlich an die Oase von Marib anschließt – und verläuft zunächst über eine Strecke von fast 200 km (Abb. 24) bis etwa Qabr Hud parallel zur arabischen Südküste und in etwa 170 km Abstand von dieser. In diesem Abschnitt liegen neben antiken Fundplätzen, wie dem von russischen Archäologen ausgegrabenen Raybun (Abb. 25) oder dem Tempel von Hureyda, der ersten überhaupt im Hadramaut untersuchten archäologischen Stätte, auch das später entstandene und zum UNESCO-Weltkulturerbe zählende Schibam (Abb. 26).

Hinter Qabr Hud wendet sich das Trockental als Wadi Masilah nach Südosten der Küste zu, die es westlich von Sayhut erreicht. Während das Wadi Hadramaut in nur geringer Tiefe Grundwasservorkommen besitzt, fehlt dieses im Wadi Masilah, das deswegen unfruchtbar ist. Das antike Reich Hadramaut beherrschte jedoch außer dem gleichnamigen Trockental und dessen Einzugsgebieten auch die dem Dschol vorgelagerte Küstenregion von Bir Ali über Ras Fartak hinaus nach Osten bis in den heutigen Südoman.

Auch das Hochplateau nördlich des Wadi Hadramaut bis hin zum Südrand der Wüste Rub al-Chali war in der Antike von Stammesgruppen besiedelt. Hier saßen nach Angaben des Ptolemaios (VI 7,24) unter anderem die Zeeritai, die ihrerseits die Dacharenoi und

Blouliaioi als Nachbarn hatten. Die Zeeritai werden noch im 10. Jahrhundert n. Chr. vom arabischen Historiker al-Hamdani als Sai'ar erwähnt. Seinen Angaben zufolge gehörten sie zum Stamm der Sadaf, der sich seinerseits mit der in südarabischen Inschriften aus der Mitte des 4. Jahrhunderts n. Chr. als SDFN erscheinenden Volksgruppierung identifizieren lässt.

Da die Herrscher des Hadramaut nur wenige eigene Inschriften hinterlassen haben, lässt sich die Geschichte ihres Reiches über weite Teile nur aus sabäischen Quellen und den Angaben der antiken griechischen und römischen Historiker erschließen. Als ersten Regenten des Hadramaut, der mit einem eigenen Dokument belegt ist, nennt eine kurze Votivinschrift auf einer kleinen Stierfigur, die in Bayhan gefunden wurde und aus dem 6./5. Jahrhundert v. Chr. stammt, einen »Yada'ab Gaylan, Sohn des Sumhuriyam, Mukarrib des Hadramaut«. Zuvor erscheint Hadramaut unter seinem König Yada'il erstmals im Tatenbericht des Sabäerkönigs Karib'il Watar als dessen Vasall. Zu dieser Zeit, um 700 v. Chr., dürfte sich die Hauptstadt noch in Mayfa'at befunden haben, und Hadramaut besaß auch noch keinen direkten Zugriff auf die Weihrauchvorkommen im Dhofar im heutigen

Abb. 18 Blick vom Husn al-Ghurob hinunter auf die Hausgrundrisse der antiken Hafenstadt Qana.

Südoman. Stattdessen bezog es das kostbare Baumharz – wegen der dazwischenliegenden Wüste bevorzugt auf dem Seeweg entlang der Südküste – zunächst selbst von dort, um es danach weiter zu handeln. Alle Karawanen, die aus dem Osten oder von der Südküste entlang der Weihrauchstraße nach Norden zogen, passierten dabei zwangsläufig hadra-mautisches Gebiet. Mit der Abschüttelung der sabäischen Bevormundung nach 400 v.Chr. und der Einnahme des südomanischen Weihrauchlandes, wo der Hafen von Sumhuram (heute Khor Rhori) gegründet wurde, wuchs die wirtschaftliche Bedeutung des Reiches rasch an. Besonders enge Handelskontakte wurden seinerzeit mit den Minäern, dem nördlichsten der südarabischen Staaten, gepflegt. Zeitweilig unterhielten beide Reiche Karawanenwege, die das Staatsgebiet des zwischen ihnen liegenden Reiches der Sabäer weiträumig umgingen. Diese wehrten sich daraufhin gegen die Abkoppelung von den Handelsverbindungen mit militärischen Mitteln. In dieser Phase dürfte die Verlegung der Hauptstadt nach Schabwa – an den Rand des Reiches, jedoch nahe an den sabäischen Gegner – stattgefunden haben. Im späten 2. Jahrhundert v.Chr. endete der Konflikt mit der Eroberung des Minäerreichs durch die Sabäer.

Abb. 19 Der von einem Gebäude bekrönte und mit Inschriften übersäte Felsen von Al-Uqla bei Schabwa.

Das Reich von Hadramaut musste sich einen neuen Verbündeten suchen, den es zunächst in Qataban fand. Allerdings wechselten die Koalitionen ständig, und in der ersten Hälfte des 2. Jahrhunderts n. Chr. unternahm Hadramaut unter seinem König Yada'ab Gaylan sogar einen Feldzug gegen seinen einstigen Partner und zerstörte dabei dessen Hauptstadt Timna. In der Folgezeit eroberte es dann den verbliebenen Teil von Qataban, das zuvor schon erhebliche Gebietsverluste an die Sabäer hatte hinnehmen müssen. Dadurch erlebte Hadramaut seine größte räumliche Ausdehnung und beherrschte ein Reich, das den gesamten heutigen Jemen und Dhofar im heutigen Südoman umfasste. In der letztgenannten, damals Sa'akalan genannten Region wurde am Fuß des Dschebel Akhdar, des »Grünen Berges«, mit Sumhuram rund 40 km östlich von Salalah, ein befestigter Außenposten an einem Naturhafen am Ausgang des Wadi Dharbat angelegt (Abb. 27). Der Festungsbau in rund 1000 km Entfernung von der eigenen Hauptstadt erfolgte, worauf die beiden noch heute in situ befindlichen Bauinschriften am Eingangsportal von Sumhuram hinweisen (Abb. 28), vornehmlich mit dem Ziel, der allmählichen Expansion der persischen Sassaniden im Süden der Arabischen Halbinsel Einhalt zu gebieten. Aktuelle Ausgrabungen durch italienische Archäologen ergaben jedoch, dass der strategisch günstig gelegene Platz bereits vor der Anlage der hadramautischen Festung, wahrscheinlich schon seit dem 4. Jahrhundert v. Chr., besiedelt war.

Die Beziehungen Schabwas zum sabäischen Reich scheinen in der Folgezeit wechselhafter Natur gewesen zu sein. Gemäß einer Inschrift (Iry. 13) bereitete der sabäische König Scha'ir(um) Autar 217/18 n. Chr. in einer Schlacht dem Reich von Hadramaut eine schwere Niederlage, nahm dessen Regenten Il'azz Yalut gefangen, ließ die gegnerischen Adeligen hinrichten und zerstörte Schabwa, nachdem er es geplündert hatte. Auf der anderen Seite ist eine dynastische Verbindung zwischen Malikhalik, der Schwester des genannten sabäischen Herrschers, mit eben diesem hadramautischen König belegt.

Es dürfte dann um 300 n. Chr. der sabäo-himyaritische König Schammar (Schamir) Yuhar'isch gewesen sein, der mit seinem Sieg über Hadramaut dessen Ende als eigenständige Macht herbeiführte. Jedenfalls nehmen ab der ersten Hälfte des 4. Jahrhunderts n. Chr. die expandierenden himyaritischen Könige als Manifestation der Unterwerfung ganz Südarabiens auch diesen Zugewinn im Osten in ihre Herrschertitulatur auf und nennen sich fortan »König von Saba, Dhu Raydan, Hadramaut und Yamanat.«

Das Reich von Ausan

Das geringste Wissen verfügt man immer noch über das Königreich von Ausan, das im Tatenbericht des sabäischen Königs Karib'il-Watar als etablierter Staat und dessen mächtigster Gegner in Erscheinung tritt. Sein als Wusr in den Texten erscheinendes Kernland befand sich in der bergigen Region oberhalb der Dathinaebene um das Wadi Bayhan, das Wadi Marcha und Nisab, doch nicht einmal seine Hauptstadt ist eindeutig zu ermitteln. Die Textquellen erlauben die Schlussfolgerung, dass diese Funktion vom mehrfach belegten Miswara – unter diesem Namen erscheint zuminest der Palastbezirk – wahrgenommen wurde. Für das Machtzentrum von Ausan wurde immer wieder das Ruinengelände von Hadschar en-Nab im Wadi Marcha in Erwägung gezogen, jedoch wird es neuerdings mit dem auf Luftaufnahmen entdeckten antiken Siedlungshügel von Hadschar Yahirr im Süden des Wadi Bayhan und des Wadi Chaura identifiziert. Hier erstreckt sich am Fuß der einst bewohnten Anhöhe ein weitläufiges, heute längst verfallenes, doch aus der Höhe noch gut auszumachendes Bewässerungssystem aus Kanälen und Schleusen, das von der vormaligen Bedeutung des Platzes zeugt.

Unbekannt ist ebenso die genaue Ausdehnung des Reiches. Im Landesinneren grenzte es an Qataban, dem es über viele Jahrhunderte hindurch tributpflichtig gewesen zu sein scheint. Entlang der Küste dürfte es sich vom Bab el-Mandeb, der strategisch wichtigen Meerenge am südlichen Ende des Roten Meeres, nach Osten hin bis etwa Ahwar erstreckt haben. Die lang gezogene Küstenlinie – die selbst noch im »Periplus Maris Erythraei«,

Abb. 20 Inschriften auf dem Felsen von Al-Uqla.

Abb. 21   In antiker Zeit abgebauter Salzstock in Schabwa.

welcher ein halbes Jahrtausend nach dem Untergang des Reiches entstand, als »ausanisches« Gestade bezeichnet wird – weist kaum natürliche Hafenplätzen auf. So dürfte das auf einer von einem erloschenen Vulkankrater gebildeten kleinen Halbinsel gelegene heutige Aden der Haupthafen von Ausan gewesen sein, wobei der aus dem Meer ragende Kraterrand eine gut geschütze natürliche Bucht bildete. So erscheint der Ort im »Periplus Maris Erythraei« unter dem Namen »Arabia eudaimon« als »Ortschaft am Meeresufer, die zum Reiche Karibaels gehört und komfortable Anker- und Anlegeplätze hat« und wird dort als Umschlagplatz einer langen Liste von Handelswaren aus Ägypten und Indien geschildert. Bis in die jüngste Vergangenheit hinein musste die Stadt als Schauplatz von Bürgerkriegen und innerjemenitischen Auseinandersetzungen immer wieder schwere Zerstörungen erleiden. Aus der Antike kennt man beispielsweise eine während der kurzen Regentschaft des römischen Kaisers Macrinus (217–218 n.Chr.) durchgeführte Flottenexpedition, in deren Gefolge Aden so gründlich zerstört wurde, dass es Jahrzehnte dauerte, bis sich die Stadt von den Kriegsschäden erholt hatte. So haben sich dort heute so gut wie keine vorislamischen Relikte mehr erhalten. Die einzige Ausnahme bilden wohl die von den Briten – welche ihre Kronkolonie Aden erst 1963 in die Unabhängigkeit entlassen hatten – als »Tanks« bezeichneten Sammelbecken für das Regenwasser, welche über viele Jahrhunderte die einzige Versorgungsmöglichkeit für die Stadt mit Wasser darstellten und deren Bau man im Allgemeinen in die Zeit der altsüdarabischen Königreiche setzt. Es fehlen jedoch historische Inschriften, die über die Entstehungszeit oder gar die Baumeister der Anlage Auskunft geben würden, auch wenn die ausanischen Herrscher oder eventuell ihre sabäischen oder noch später himyaritischen Nachfolger auf die Erstellung dieses ausgeklügelten Speichersystems hätten stolz sein können. Die »Tanks« bestehen aus einer Abfolge von insgesamt 17 gestaffelten offenen Zisternenbecken, die durch Kanäle und Überläufe miteinander in Verbindung stehen und zusammen etwa 45 Millionen l Wasser aufnehmen können. Die Kette dieser Reservoire zieht sich abwärts an dem Hangeinschnitt von Tawila an der nördlichen Innenwandung des bis 517 m ü.d.M. aufragenden Dschebel Schamsan, des längst erloschenen Vulkankraters, der noch heute den historischen Stadtkern von Aden birgt. Deswegen trägt seit der britischen Besatzungszeit dieses Viertel den Namen »Crater«. Die mutmaßlich antiken Baumeister haben für die Abfolge der Wasserbecken eine Stelle herausgesucht, die einen möglichst großen Einzugsbereich hatte, sodass in ihnen die optimale Menge an Regenwasser zusammenfloss. Als die Speicher ihre Funktion eingebüßt hatten und nicht mehr unterhalten und regelmäßig gereinigt wurden, verschwanden sie bald unter Geröll und Abfällen und sind erst 1856 von den Engländern wiederentdeckt und freigelegt worden. In Erinnerung daran benannte man das am tiefsten gelegene und gleichzeitig größte der Becken – sein Fassungsvolumen beträgt 13 Millionen l – nach dem seinerzeit verantwortlichen englischen Offizier Playfair.

Ausan scheint in seiner Frühphase nur geringfügig am Weihrauchhandel beteiligt gewesen zu sein, doch bot die Lage des Reiches an der Peripherie Südarabiens die Gelegenheit, wirtschaftliche Kontakte mit der afrikanischen Ostküste und ihren vorgelagerten Inseln bis hinab nach Pemba und Sansibar zu pflegen. So dürften die Ausaner die ersten südarabischen Außenposten im heutigen Eritrea und Somalia gegründet haben. Als Zubringer innerafrikanischer Güter konnte sich Ausan offensichtlich in den Karawanenhandel der anderen südarabischen Reiche einklinken und dadurch als bedeutende Wirtschaftsmacht in Erscheinung treten.

Doch fand diese erste Blütezeit bereits zu der Zeit, in der die ersten historischen Quellentexte Südarabiens in Gestalt der Tatenberichte des Yitha'amar Watar und des Karib'il Watar einsetzen, ein gewaltsames Ende. Wurde Ausan bereits vom erstgenannten Sabäerkönig attackiert, so gelang seinem späteren Nachfolger kurz nach 700 v.Chr. die endgültige Unterwerfung des damals von König Martawa (Muratta) beherrschten Reiches. Nach seinem Sieg, der für mehrere Jahrhunderte das Ende der ausanischen Unabhängigkeit bedeutete, ließ Karib'il Watar die Mauern und Tempel der ausanischen Hauptstadt Miswara einreißen und schleifen und deren gesamte Oberschicht hinrichten. Ein ähnli-

Abb. 22 Mauerzüge des Palastes in Schabwa.

Abb. 23   Greifenkapitell aus dem Palast von Schabwa.

Afrikahandel selbst abwickeln zu können, und schlugen das Hinterland dem Reich von Qataban zu, das ihnen zu jener Zeit tributpflichtig war.

Den Ausanern muss es jedoch gelungen sein, die qatabanische Oberhoheit im 1. Jahrhundert v. Chr. noch einmal abzuschütteln. Dafür spricht ein heute im Museum von Aden befindliches Ensemble von drei durch Einheimische an unbekannter Stelle im Wadi Marcha aufgefundenen Alabasterstatuen, die aus stilistischen Gründen in der fraglichen Zeit entstanden sind. Sie zeigen nach Ausweis ihrer Inschriften auf der Frontseite der Statuensockel jeweils ausanische Könige, die einander als Vater, Sohn und Enkel im Amt folgten. Nicht nur, dass man daraus auf eine Erbmonarchie schließen kann; es zeigt sich an diesen Bildwerken vor allem der rasche Wechsel innerhalb von drei Generationen vom traditionellen altsüdarabischen Stil hin zu einer stark vom Mittelmeerraum beeinflussten Kunst und Ikonografie, wie sie für die späthellenistische Zeit an vielen Stellen in Südarabien zu beobachten ist. Alle Herrscher sind formal identisch wiedergegeben, nämlich in aufrechter Körperhaltung mit nebeneinander stehenden Füßen und mit nach vorn ausgestreckten Unterarmen. Das älteste der Bildwerke stellt König Yasduq'il Fari'um, den Sohn des Ma'd'il, dar (Abb. 29), der wahrscheinlich erste Regent nach der wiedergewonnenen Unabhängigkeit. Sein Gesicht besitzt einen Schnurrbart und wird von bis über die Schultern herabhängenden langen Haaren gerahmt, die Augeneinlagen sind noch in Spuren vorhanden. Die gedrungenen Proportionen der Figur spiegeln sich in den Maßen von 70 cm Höhe und 31 cm Breite wider. Die zweite, mit 88 cm Höhe und 28 cm Breite deutlich schlankere Statue zeigt »Ma'd'il Salhan, Sohn des Yasduq'il, König von Ausan.« Bei ihm reicht das Haupthaar nur bis zum Nacken und über Backen und Kinn verläuft ein kurzer Bart, dessen Stoppeln durch viele kleine Bohrlöcher, die mit dunkler Paste ausgefüllt sind, angedeutet sind. Die letzte Statuette stellt Yasduq'il Faram Scharahat dar (Abb. 30), dessen Regierung wohl schon in die ersten Jahre nach der Zeitenwende fällt und der zudem aus Votivinschriften bekannt ist, die von der Stiftung von Altären im Tempel des ausanischen Staatsgottes, des Mondgottes Wadd, in

ches Schicksal erfuhren die ausanischen Städte Datinat (heute Dathina) und Tafid (heute Abyan), die Ortschaften entlang der Küste und die Vasallenstädte Dahas (heute Yafa'a) und Tubanaw (heute Lahedsch). Insgesamt sollen die Sabäer nach ihrem Sieg 16 000 Menschen ermordet und 40 000 als Kriegsgefangene verschleppt haben. Nach der Zerschlagung von Ausan hielten die Sabäer die Küstenebene besetzt, um den lukrativen

Na'man berichten. Ähnlich seinem Großvater trägt er Schnurrbart und langes, üppiges Haar, das die Schultern bedeckt; doch ist seine Lockenpracht fülliger und erheblich weniger stilisiert wiedergegeben als bei seinem Vorfahren. Am deutlichsten lässt sich der stilistische Wandel über die drei Generationen hinweg an der Gestaltung des knöchellangen Gewandes, das alle Herrscher tragen, erkennen: Fällt dieses bei den beiden älteren Figuren in althergebrachter Manier noch glatt aus und wird jeweils von einem in flachem Relief angedeuteten Gürtel gehalten, so verläuft die Bekleidung des jüngsten Regenten – über einem glatten Untergewand mit langen Ärmeln – in Art einer römischen Toga in breiten gestaffelten Falten quer über den Körper.

Die drei Statuen stammen wahrscheinlich aus den bislang nicht wieder lokalisierten Königsgräbern von Ausan. Sie waren Anfang des 20. Jahrhunderts durch den begüterten, in Aden ansässigen Sammler Kaiky Muncherjee erworben worden und nach dessen Tod ins dortige Archäologische Museum gelangt. Gleichzeitig mit diesen Skulpturen kaufte er den Einheimischen auch eine Reihe weiterer aus den dortigen Herrschergräbern stammender Fundstücke ab. Darunter trugen mehrere

Abb. 24 »Zeugenberge« im Wadi Hadramaut östlich von Schabwa.

Abb. 25 Gebäude mit steinernem Mörserbecken in Raybun / Wadi Hadramaut.

Alabastergefäße sowie ein goldenes Siegel den Namen eines bis dahin ebenfalls unbekannten Königs namens Amyatha Ghalan, der nicht lange nach den drei genannten Regenten, wahrscheinlich ebenfalls noch im 1. Jahrhundert n. Chr., an der Macht war.

Das Reich von Qataban

Von der Zerstörung des Reiches von Ausan konnte vor allem Qataban profitieren. Der in den griechischen Quellen Kattabania genannte Staat nahm nach einem bei Strabo (XVI 4,4) überlieferten Zitat des Eratosthenes zu dessen Zeit im 3. Jahrhundert v. Chr. das gesamte Gebiet südlich von Saba bis zum Bab el-Mandeb ein. Dessen Bewohner nennt er Kattabaneis, bei Ptolemaios (VI 7,24) erscheinen sie als Kottabanoi und bei Plinius (nat. VI 153) als Catapani. Trotz dieser weiten Ausdehnung des Staates sind dessen eigene Textzeugnisse bislang nur im Stammland im Wadi Bayhan zutage getreten.

Auch bei den Qatabanern ist unklar, wann sich ihr Reich herausbildete. Bei ihrer ersten historischen Erwähnung, dem Tatenbericht des sabäischen Regenten Yitha'amar Watar I., treten sie, ebenso wie Ausan, als etabliertes südarabisches Königreich in Erscheinung, das vom genannten Sabäerkönig bei seinem ersten Feldzug unterworfen wird. Qataban durfte als eigenständiges, aber den Sabäern tributpflichtiges Reich weiter existieren, und nachdem der sabäische König Karib'il Watar I. um 700 v. Chr. das Reich von Ausan zerschlagen hatte, überließ er den Qatabanern das vormalig ausanische Hinterland und beschränkte seinen direkten Zugriff auf die Küstenregion.

Die Angaben der antiken Autoren beleuchten die Geschichte des Reiches nur schlaglichtartig. Zur Zeit des antiken Naturforschers Theophrast, um 325 v. Chr., stand das Reich weiterhin oder erneut unter der Oberhoheit der Sabäer. Immerhin beanspruchte im 4. Jahrhundert v.Chr. Yadi'ab Dhubyan, Sohn des Schahr, auch den Königstitel für sich, während sich seine Vorgänger lediglich als Mukarrib (»Priesterfürst«) bezeichnet hatten. Als letzter Träger des Königstitels lässt sich Nabat Yuhan'im ermitteln, wobei aber vieles darauf hindeutet, dass die Staatsoberhäupter nicht mit absoluter Macht ausgestattet waren, sondern sich mit den diversen Stammesführern arrangieren mussten. Im 3. Jahrhundert v.Chr. beschreibt dann Eratosthenes Qataban als eine den Sabäern gleichwertige Staatsmacht. Da das qatabanische Reich zum Zeitpunkt seiner größten Ausdehnung im 3. und 2. Jahrhundert v.Chr. bis zum Bab el-Mandeb reichte, gehörte auch der dort gelegene Hafen von Ocelis, der wohl mit dem nahe bei der Insel Perim befindlichen heutigen Küstenstädtchen Schech Said identifiziert werden kann und mehrfach in antiken Quellen erwähnt wird, zu dessen Herrschaftsgebiet. Unter anderem erscheint die Hafenstadt bei Plinius (nat. VI 104; XII 88) unter dem Namen Ocilia und wird zudem bei Ptolema-

Abb. 26 Die Lehmziegel-Hochhäuser von Schibam, dem »Manhattan der Wüste«; davor verläuft das Trockenbett des Wadi Hadramaut.

ios (VI 7,7; VIII 22,7) und im »Periplus Maris Erythraei« (Peripl. 25) erwähnt.

Kurz vor der Zeitenwende setzte der Niedergang des qatabanischen Reiches ein. Zunächst war es zwei ehemaligen qatabanischen Teilgebieten, nämlich Himyar und Radman, mit Unterstützung durch die Sabäer gelungen, die Unabhängigkeit zu erlangen. Dieser Verlust wichtiger Gebiete, vor allem in der Küstenregion, schwächte Qataban wirtschaftlich und politisch. Dann fiel die Hauptstadt Timna, wahrscheinlich als Folge eines sabäischen Feldzuges, einem Großbrand zum Opfer, und spätestens im ausgehenden 2. Jahrhundert n. Chr. ging Qataban, das zuvor auch durch das Reich von Hadramaut entscheidend geschwächt worden war, endgültig im Sabäerreich auf.

Die Überreste der qatabanischen Hauptstadt Timna befinden sich auf dem heute Hadschar Kochlan genannten Ruinenfeld am Ausgang des Wadi Bayhan, dort, wo einst das Teilstück der Weihrauchstraße zwischen Sabota bzw. Sabbatha (Schabwa) und Mariaba (Marib), den Hauptstädten des Hadramaut bzw. der Sabäer, vor-

Abb. 27   Mauern der Hafenstadt Sumhuram, heute Khor Rhori, im Süden des Oman.

Abb. 28 Eine der Gründungsinschriften am Stadttor von Sumhuram.

beiführte. Damit profitierte Timna bereits in der Zeit der Mukarribe davon, dass das südlich davon gelegene konkurrierende Miswara, die Hauptstadt des Reiches von Ausan, durch Karib'il Watar zerstört worden war. Im Alten Testament (Gen. 36,10; 1 Chron. 1,51) erscheint die qatabanische Hauptstadt, in der Amm als Hauptgott verehrt wurde, unter ihrem Namen Timna; Strabo (XVI 768) nennt sie Tamna.

Am augenscheinlichsten schildert Plinius (XII 64) die strategisch günstige Lage der Stadt, die bei ihm Thomna heißt: »Ausgeführt werden kann der Weihrauch nur durch das Gebiet der Gebbaniter, und daher zahlt man auch ihrem Herrscher eine Abgabe. Ihre Hauptstadt Thomna ist von der an unserer Küste in Judäa gelegenen Stadt Gaza 2 437 500 Schritte entfernt, eine in 65 Kamelraststätten eingeteilte Strecke. Auch an die Priester und Schreiber der Könige werden bestimmte Anteile abgeführt. Außerdem beanspruchen einiges davon auch Wächter, Gefolge, Türhüter und Diener. Überhaupt: Wo auch immer der Weg durchführt, muss man bald hier für Wasser, bald dort für Futter oder für Herbergen und für verschiedene Durchgangszölle zahlen, sodass sich die Ausgaben pro Kamel bis an unsere Küste auf 688 Denare belaufen, und überdies wird auch noch an die Zolleintreiber unseres Reiches gezahlt.« Diese antiken Distanzangaben decken sich auch mit heutigen Berechnungen, denen zufolge die Kamelkarawanen der Antike die rund 2750 km lange Strecke zwischen Schabwa und Gaza in einem Zeitraum zwischen 69 und 88 Tagen zurücklegen konnten.

Die wirtschaftliche Bedeutung der Stadt erschließt sich auch aus der berühmten Marktordnung des qatabanischen Königs Schahr Hilal, die auf einer Stele eingemeißelt in ihren Mauern aufgestellt war. Bei den Ausgrabungen wurden auch Tempel- und Palastgrundrisse (Abb. 31, 32) freigelegt. Bemerkenswert ist, wie stark in Timna zutage getretene qatabanischen Funde vom griechischen Einfluss geprägt waren, der sogar das Geldwesen erfasste, indem man Zahlungsmittel prägte, welche die athenischen Eulenmünzen imitierten. Erkennbar werden die mediterranen Vorbilder auch bei einem Paar von bronzenen Löwinnen, auf deren Rücken jeweils ein Knabe reitet (Abb. 33). Laut Beischrift der Stifter Yuwaibum und Aqrabun wurden die beiden Bildwerke anlässlich der Einweihung ihres Hauses geschaffen, das sich nahe dem südlichen Stadttor (Abb. 34) befunden hat.

Das Reich der Sabäer

Das bedeutendste der altsüdarabischen Weihrauchländer, das dort auch über viele Jahrhunderte als Hegemonialmacht auftrat, ist unbestritten das Reich der Sabäer, das oftmals sogar als Synonym für den gesamten Süden der Arabischen Halbinsel steht. Dies trifft bereits für die Erwähnungen in der Bibel zu, wo die Sabäer mehrfach (z. B. Jer. 6,20; Jes. 60,6) als Weihrauchlieferanten in Erscheinung treten; das bekannteste alttestamentliche Ereignis ist sicherlich der angebliche Besuch der anonymen »Königin von Saba« bei Salomo (1 Kön. X 1–13), wobei schon im Neuen Testament (Matth. 12,42; Luk. 11,31) der weibliche Staatsgast des Jerusalemer Königs nur mehr als »Königin des Südens« bezeichnet wird und keine genaueren Herkunftsangaben aus deren südarabischer Heimat mehr vorgenommen werden.

Saba (Sbʼ) wird, wie mehrfach erwähnt, schon in den Annalen mehrerer assyrischer Könige wie Tiglatpileser III. (745–727 v. Chr.), Sargon II. (722–705 v. Chr.) und Sanherib (705–681 v. Chr.) genannt, wobei die beiden letztgenannten Herrscher durch ihre Kontakte zu den sabäischen Regenten Yithaʼamar Watar und Karibʼil Watar wichtige Synchronismen mit der altsüdarabischen Geschichte bieten.

Die erste antike Quelle, die »Saba« als Herkunftsland von Weihrauch und Myrrhe nennt, ist die »Naturgeschichte der Gewächse« (IX 4,2) des griechischen Autors Theophrast von Eresos (ca. 371–287 v. Chr.). Die Vormachtstellung des Sabäerreiches mit seiner Hauptstadt Marib innerhalb Südarabiens findet in zahlreichen Erwähnungen der antiken Historiker und Geografen ihren Niederschlag, so bei Strabo (XVI 4,2) als »Sabaioi«

Abb. 29   König Yasduqʼil Fariʼum von Ausan.

mit der Residenz »Mariaba«; Ptolemaios (VI 7,25) gibt das Machtzentrum als »Sabe« an; Ähnliches findet sich in der fünfbändigen, nur auszugsweise erhalten gebliebenen Beschreibung des Roten Meeres (»De Mari Erythraeo«) durch Agatharchides von Knidos (ca. 208–132 v. Chr.), der zufolge der Name des Reiches und der Hauptstadt »Sabe« bzw. »Sabai« identisch seien.

Laut Plinius sind »die Sabaier ... wegen des Weihrauchs die berühmtesten Araber« (nat. VI 154), und an anderer Stelle (nat. XII 81) behauptet er noch, dass im sabäischen Reich Weihrauch in solchem Überfluss vorhanden sei, dass man damit sogar die Speisen zubereiten würde; außerdem (nat. VI 161) zitiert er den römischen Feldherrn Aelius Gallus, der mit seinem Heer unter Augustus bis Marib vorgestoßen war, wonach »die Sabäer ... die wohlhabendsten durch den Reichtum der Wälder an Räucherwerk, durch Goldgruben, Bewässerung ihrer Ländereien und die Gewinnung von Honig und Wachs« seien.

Deutlich überschwänglicher beschreibt hingegen rund ein halbes Jahrhundert früher Diodor im dritten Teil seines 40-bändigen Geschichtswerks (III 46–47) den sagenhaften Reichtum dieses Königreiches innerhalb des »glücklichen Arabien«: »Dieser Stamm übertrifft nicht nur alle seine arabischen Nachbarn, sondern auch alle anderen Völker an Wohlstand, ja Verschwendung ... Sie haben getriebene Kelche ... aus Silber und Gold, Liegen und Dreifüße haben silberne Füße, und all ihr anderes Mobiliar ist von unvorstellbarer Kostbarkeit. Ihre Betten sind von starken Säulen umgeben, die zum Teil vergoldet sind, andere wiederum tragen Silberfiguren auf ihren Kapitellen. Ihre Decken und Türen sind in Paneele und Kassetten unterteilt, diese Zierfelder bestehen aus Gold, sind mit kostbaren Steinen besetzt und aneinandergereiht. So erweckt die Ausstattung ihrer Häuser, wohin man auch blickt, Bewunderung durch ihre Kostbarkeit, denn einiges besteht aus Silber und Gold, anderes aus Elfenbein und sehenswerten Edelsteinen oder aus anderen Materalien, wenn sie nur hoch im Kurs stehen.« Allerdings können, wie Diodor zu wissen glaubt, die sabäischen Könige ihren Reichtum nur unter dem Schutz der Mauern des Palastes genießen, den sie nicht verlassen dürfen, »weil sonst das Volk, einem anderen Götterspruch zufolge, sie steinigen würde.«

Die Anfänge der sabäischen Geschichte

Mit den beiden in Sirwah aufgefundenen Tatenberichten der sabäischen Könige Yitha'amar Watar und Karib'il Watar treten die Sabäer im ausgehenden 8. Jahrhundert

Abb. 30   Dessen Enkel König Yasduq'il Faram Scharah'at von Ausan.

Abb. 31   Umgestürzte Pfeiler des Tempels von Timna.

v. Chr. abrupt ins Rampenlicht der Geschichte. Die Texte vermitteln das Bild eines bereits gut durchorganisierten und von einem »Priesterfürsten« (Mukarrib) geleiteten Staatswesens; allerdings sind die Vorstufen, aus denen sich der sabäische Staat entwickelt haben muss, bislang noch nicht durch historische Texte belegt. Immerhin traten bei archäologischen Grabungen zahlreiche dingliche Hinterlassenschaften der proto-sabäischen Periode ans Tageslicht. Nach Ausweis dieser Befunde könnten die wichtigsten Städte der Region schon im ausgehenden 3. Jahrtausend v. Chr. ummauert gewesen sein, und auch die Anfänge der komplizierten Wasserrückhalt- und Bewässerungsanlagen reichen wahrscheinlich bis in diese Periode zurück. Die älteste, aus Lehmziegeln errichtete Stadtmauer der späteren Sabäerhauptstadt Marib, die bereits eine Dicke von 7 m aufwies, wollen die Archäologen aufgrund von Radiocarbon-(C 14)-Analysen sogar bereits in die Zeit um 2700 v. Chr. datieren. Allerdings sind die für diese Messmethode notwendigen organischen Materialien nicht an der fraglichen Mauer selbst, sondern in Ablagerungen des Wadi Dhana entnommen worden, deren Höhenniveau dem der frühesten Stadtumwallung entspricht.

Herausgebildet hat sich der sabäische Zentralstaat dann aus einem Zusammenschluss mehrerer Stämme, und unter seinen ersten historisch fassbaren Herrschern expandierte er durch Unterwerfung seiner Nachbarstaaten Ausan, Qataban und Hadramaut rasch zu einem Großreich, unter dessen Oberhoheit bald darauf noch die Minäer gelangten. Vermutlich zwei Generationen nach Karib'il Watar erscheint Yada'il Darih als Bauherr der drei großen Almaqahtempel im sabäischen Reichsgebiet: Auf ihn gehen der Awwamtempel von Marib (auch Mahram Bilqis genannt) (Abb. 35, 36) sowie die Heiligtümer in Sirwah und al-Masagid, dem 27 km von Marib entfernten antiken Marabum, zurück. Im Stadtgebiet von Marib sowie an mehreren anderen Orten des Reiches befanden sich weitere Kultbauten, bei denen teils die darin verehrten Götter und/oder die Bauherren durch Inschriften überliefert sind. Oftmals sind die Kultbauten aber auch Steinraub zum Opfer gefallen. So wurden in der Moschee von Marib die Achtkantpfeiler eines anonymen Tempels verbaut (Abb. 37).

In der zweiten Hälfte des 6. Jahrhunderts v. Chr. nennen zwei Inschriften (CIH 622 und 623) die beiden als Vater und Sohn einander im Amt folgenden Regenten Sumuhu'ali Yanuf II. und Yita'amar Bayyin II. als Bauherren des Staudammes von Marib; allerdings muss es sich um eine Vorstufe des heute vorhandenen Sperrwerks gehandelt haben, denn dieses geht, wie eine erst kürzlich dort aufgefundene Stele belegt, in seiner überkommenen Gestalt (Abb. 38–40) erst auf den äthiopischen Vizekönig Abraha in der Mitte des 6. Jahrhunderts n. Chr. zurück. Ein weiterer Tatenbericht (RES 3943), der wahrscheinlich im Auftrag des letztgenannten Herrschers erstellt wurde, gibt an, dass sich sein Reich von Nadschran bis zum Indischen Ozean erstreckt, dass aber zu dessen Zusammenhalt Aufstände seiner Vasallen niedergeschlagen werden mussten. In diesem Zusammenhang werden auch erstmals die Minäer genannt.

In der Mitte des 1. Jahrtausends v. Chr. schloss sich eine Phase der Reichsausdehnung über die durch das Meer gesetzten Grenzen Südarabiens hinaus an, als die Sabäer jenseits des Roten Meeres auf dem afrikanischen Kontinent, auf dem Boden des heutigen Äthiopien, Kolonien anlegten. Doch schon im nachfolgenden 4. Jahrhundert v. Chr. fand diese Blütezeit der Sabäer als allein beherrschende südarabische Großmacht ein vorläufiges Ende, als sich zunächst die Qatabaner mit Waffengewalt erhoben, Hadramaut seine Unabhängigkeit erkämpfte und rasch zu einem bedeutenden Reich aufstieg und die Minäer die Kontrolle über weite Teile der Weihrauchstraße erlangen konnten. In den folgenden Jahrhunderten gelang es Saba jedoch durch erneute Unterwerfung der Minäer und Schmälerung des hadramautischen Reiches seine Vormachtstellung wieder zurückzuerobern.

Das minäische Reich (Reich von Ma'in)

Das nordwestlich an die Sabäer anschließende Volk der Minäer bezeichnete seinen Staat selbst – so erstmals im eben erwähnten Text RES 3943 – zumeist als Königreich von Ma'in. Die Bezeichnung »minäisches Reich« hat sich heute unter anderem deswegen durchgesetzt, um besser zwischen dem gesamten Staatsterritorium und dessen Hauptstadt Ma'in (Abb. 41), die jedoch in der Antike Qarnawu (Karna) genannt wurde, unterscheiden zu können. Qarnawu/Ma'in hatte Yathul, das heutige Baraqisch, zu einem unbekannten Zeitpunkt in dieser Funktion abgelöst.

Wieder ist es vor allem Plinius, der zu den Minäern (bei ihm »Minaier«) einige Angaben macht. Diese fallen allerdings recht knapp aus: »An die Adramiter schließen sich im Landesinneren die Minaier an«, heißt es an einer Stelle (nat. VI 155), und wenig später (nat. VI 161) zitiert er die Feststellung des römischen Feldherrn Aelius Gallus, »die Minaier hätten fruchtbares Land mit Palmbaumpflanzungen, ihr Reichtum bestehe aus Viehherden«. Skurril ist seine Aussage, die Minäer seien aufgrund der Namensähnlichkeit »ihrer Meinung nach Abkömmlinge des Königs von Kreta, Minos« (nat. VI 157). Als Weihrauchproduzenten erscheinen sie zudem noch in seinem 12. Buch (nat. XII 54) und werden zu-

Abb. 32 Nischengegliederte Außenmauer des Palastes von Timna.

dem noch von Strabo (XVI 768 & 776) und Ptolemaios (VI 7,23) erwähnt. Außerdem treten sie in einem ungewöhnlichen Textdokument des 2. Jahrhunderts v. Chr. in Erscheinung, nämlich der bereits 1908 veröffentlichten griechisch-minäischen Bilingue, die auf der Insel Delos aufgefunden wurde. Diese Inschrift befindet sich auf einem Altarsockel, den dort zwei Minäer ihrem Mondgott Wadd gestiftet haben.

Fragwürdig ist der Versuch, die Minäer mit den Meunitern in Verbindung zu bringen, die an mehreren Stellen des Alten Testaments genannt werden: Israeliten vom Stamm Simeons »erschlugen die Meuniter, die sie dort fanden« (1 Chron. IV 41); »danach zogen die Moabiter und Ammoniter mit einer Anzahl von Meunitern zum Krieg gegen Joschafat heran« (2 Chron. XX 1); »Gott stand ihm [dem israelitischen König Usija] bei ... gegen die Meuniter« (2 Chron. XXVI 7). Denn aufgrund der übrigen topografischen Angaben in den genannten Textpassagen können sich die geschilderten Ereignisse nur unweit südlich des Toten Meeres im Seirgebirge auf dem Boden des ehemaligen Edom abgespielt haben.

Die Geschichte des Minäerreiches ist in weiten Zügen unbekannt. Zwischenzeitlich konnten 22 Herrschernamen ermittelt werden, wobei die Ermittlung der Abfolge durch den Umstand erleichtert wurde, dass bei den Minäern – offensichtlich als Einzige – in der Regel eine offizielle Korregenz zwischen dem jeweiligen König und dem designierten Thronfolger stattfand. Ein Synchronismus erlaubt es, den Herrscher Abyada Yata in die Zeit um 343 v. Chr. zu datieren. Demzufolge dürfte sich das Königtum um die Mitte des 6. Jahrhunderts v. Chr. herausgebildet haben, auch wenn die zeitlichen Ansätze einiger Wissenschaftler davon um Jahrhunderte abweichen. Gegen 125 v. Chr. fand das Reich sein Ende durch die Übernahme durch die Sabäer oder Qatabaner, deren Vasallen sie zuletzt zumindest waren.

Das minäische Reich ging aus einem kleinen Kerngebiet im Wadi al-Dschauf und seinem Einzugsgebiet – darunter vor allem das wasserführende Wadi Madhab – hervor, wo sich heute noch die antiken Stätten in dichter Folge drängen. Am weitesten talaufwärts liegen in enger Nachbarschaft die Ruinenfelder von al-Beidha und südöstlich davon as-Sawda. Sie können wohl mit den beiden alten Schwesterstädten Naschq(um) (Naskos) und Naschschan (Nestum) identifiziert werden, die schon im Tatenbericht des Karib'il Watar um 700 v. Chr. als dessen Gegner erwähnt werden und von ihm erst nach dreijähriger Belagerung eingenommen werden konnten. Die vor einigen Jahren durch französische Archäologen untersuchte Stadtruine von al-Beidha mit den mutmaßlichen Überresten des antiken Naschq(um) zählt mit ihrem nahezu kreisförmigen Stadtgrundriss von fast 1600 m Umfang zu den eindrucksvollsten archäologischen Stätten des Jemen. Die mit 58 Türmen bewehrte Umfassungsmauer ist an ihrer Außenseite mit sorgfältig geglätteten Quadern errichtet und weist innen einen Kern aus ungebrannten Ziegeln auf.

Abb. 33 Eine der beiden bronzenen Figuren eines Knaben auf einem Löwen aus Timna.

Abb. 34 Überreste des Stadttores von Timna.

Im Bericht des Karib'il Watar werden als Profiteure seines Feldzugs die sabäerfreundlichen Könige der beiden weiter talabwärts gelegenen Orte erwähnt, nämlich Nabat'ali von Kaminahu, das bei Plinius (nat. VI 160) als Caminacum erscheint, und Adhmurmalik von Haram (HRM), dessen Ruinen sich unweit des heutigen Hauptortes al-Hazm erstrecken. Zwischen diesen beiden Plätzen befindet sich noch die Ortschaft al-Ghail. Karib'il Watars Schilderung zeigt deutlich, dass das Wadi al-Dschauf damals unter einer Reihe rivalisierender Stadtstaaten aufgeteilt war und sich das geeinte Reich der Minäer dort erst später herausbildete.

Weiter talabwärts liegen schließlich die Überreste der damaligen minäischen Hauptstädte Qarnawu (heute Ma'in) und deren Vorläuferin Yathil (heute Baraqisch). Der letztgenannten Stadtruine (Abb. 42) liegt südlich im Wadi al-Fardah das Dorf Medschzir gegenüber, in dessen Namen sich noch seine antike Bezeichnung Magusum verbirgt. Dieses erscheint in der Auflistung des Plinius (VI 160), wo diejenigen Orte genannt sind, die der römische Feldherr Aelius Gallus auf seinem Südarabienfeldzug zerstört haben will.

Erstaunlich ist, wie weit sich, trotz seines kleinen Stammlandes, das minäische Reich zu seiner Blütezeit ausdehnte. Eine Inschrift vom Ende des 1. Jahrhunderts n. Chr. (CIS IV 609) belegt die Anwesenheit der Minäer in Schu'ub, eine weitere (RES 3992) in al-Dschiras, die beide nur wenig von Sana'a entfernt sind. Vor allem gründeten die Minäer im Hedschas – weit ab nördlich von ihrer Heimat – entlang der Route der Weihrauchstraße zwei Handelskolonien, die eine in Dedan, dem heutigen Chraibeh im Tal von al-'Ula, dem Zentrum des späteren Königreiches Lihyan, und die andere in dem etwas weiter nördlich gelegenen Hegra (al-Hidschr). Damit kontrollierten sie monopolartig weite Teile der Weihrauchstraße, bevor dort die Nabatäer auf den Plan traten.

Frühe südarabisch-äthiopische Wechselbeziehungen

Schon seit geraumer Zeit war bekannt, dass sich das sabäische Reich in seiner Expansionsphase, die durch die Feldzüge der Könige Yitha'amar Watar und Karib'il Watar, eingeleitet worden war, nicht nur auf Gebietszugewinne in Südarabien beschränkte, sondern auch über das südliche Rote Meer hinweg auf den nordostafrikanischen Raum im heutigen Nordäthiopien, Eritrea und Südostsudan übergriff. Allerdings haben erst in den letzten Jahren Ausgrabungen vor allem in Äthiopien das Ausmaß dieses südarabischen Kultureinflusses sichtbar gemacht. Auch wenn die Forschung mittlerweile von der Vorstellung abgerückt ist, dass sich dort sogar die damalige einheimische semitische Sprache des Geez aus dem Südarabischen entwickelt habe, könnten doch zahlreiche der archäologischen Funde dieser Region nahezu identisch auch in Südarabien ans Tageslicht getreten sein.

Für den Zeitraum um 1000 v. Chr. lässt sich jedenfalls im genannten Teil Nordostafrikas eine einheimische kuschitische Bevölkerung ermitteln, die von Ackerbau, Viehzucht und Jagd lebte, ohne dass sie nachweisbare staatliche Strukturen oder größere politischen Einheiten geschaffen hätte, und die kulturgeschichtlich noch der Jungsteinzeit zuzuordnen ist. Als es dann in der ersten Hälfte des 1. Jahrtausends v. Chr. zur Bildung städtischer Ballungszentren kam, wurden diese deutlich von Südarabien geprägt, sodass der Verdacht naheliegt, dass es die Zuwanderer von jenseits des Roten Meeres waren, auf die der Urbanisierungsprozess überhaupt zurückging. Vor allem tauchten jetzt auch Bronze- und Eisenwerkzeuge auf, sodass das heutige Nordäthiopien durch die südarabischen Invasoren wahrscheinlich direkt von der Stein- in die Eisenzeit, unter Überspringung der bronzezeitlichen Kulturstufen, katapultiert wurde. Auf jeden Fall sind Architektur, Kunst, Schrift und Religion altsüdarabisch, in diesem Fall sabäisch, geprägt. So hat sich im nordäthiopischen Yeha der vollständigste sabäische Tempel überhaupt erhalten, der, anders als die entsprechenden Kultbauten im südarabischen Mutterland, kaum Steinraub zum Opfer gefallen ist. Neben einer ganze Reihen altsüdarabischer Inschriften in Nordostafrika, denen zu entnehmen ist, dass die Region zumindest temporär als »D'mt« (»Damot«) bezeichnet wurde, belegen auch nahezu identische Gebrauchsgegenstände wie Weihrauchbrenner oder Kunstwerke – was am anschaulichsten die »sabäische« Sitzfigur einer Frau aus Haweltī bei Axum zeigt – die engen Verknüpfungen zwischen den genannten Regionen beiderseits des Roten Meeres.

Allerdings ist immer noch umstritten, in welchem genauen Zeitraum das sabäische Reich dem nordostafrikanischen Raum seinen Stempel aufdrückte und wieweit die engen, auf kulturellem Gebiet nachweisbaren Kontakte ihre Entsprechung auf machtpolitischer Ebene besessen haben: Gab es also nur einzelne, an strategisch besonders günstigen Plätzen gelegene sabäische Handelsstützpunkte, deren Bewohner sich mit den Ortsansässigen arrangierten oder eine flächenübergreifende sabäische Fremdherrschaft, bei der die einheimische Bevölkerung gar zur Verehrung des sabäischen Staatsgottes Almaqah gezwungen wurde?

Da sich trotz vermeintlicher sabäischer Dominanz auch einheimisch-afrikanische Elemente nachweisen lassen, handelt es sich um eine Mischkultur, die als äthio-sabäisch bezeichnet wird. Als Beispiel lässt sich ein altsabäischer Inschriftenfund aus dem Almaqahtempel bei Wuqro 50 km nördlich der äthiopischen Provinzhauptstadt Mekelle heranziehen. Der Text aus der ersten Hälfte des 1. Jahrtausends v. Chr. (wahrscheinlich um 700 v. Chr.) stammt von einem großen Altar, den der bislang nicht belegte Regent Wa'ran Haywat anlässlich seiner Ernennung zum Oberpriester des Almaqahtempels von Yeha gestiftet hatte. Der genaue Fundort, der bislang südlichste der äthio-sabäischen Kultur, ist Meqaber Ga'ewa, rund 7 km südwestlich von Wuqro, der erstmals in der ersten Dezemberhälfte 2007 bei Notgrabungen der Tigray Tourism and Cultural Commission (TCC) untersucht wurde. Allein schon der bereits dabei aufgedeckte Altar mit der allseitig umlaufenden Widmungsinschrift und seinen vollständigen Kultinstallationen (Opferbecken, Abflussöffnungen in Stierkopfgestalt, eine meterlange Ablaufrinne am Boden; damit

Abb. 35 Die seit den Ausgrabungen von Wendell Phillips wieder größtenteils verschütteten Pfeiler des großen Tempels von Marib.

das besterhaltene Ensemble seiner Art überhaupt, da man aus Südarabien bislang nur Altartrümmer kennt) sowie weitere zutage getretene Relikte erwiesen sich als so bedeutsam, dass es seit 2008 zu jährlichen Grabungskampagnen durch das Deutsche Archäologische Institut kommt. Dabei stellte sich bislang heraus, dass der dem sabäischen Gott Almaqah geweihte Tempel auf älteren, noch größeren und bisher nur teilweise untersuchten Fundamenten aufsitzt.

Die genannte Widmungsinschrift auf dem Altar lautete: »Wa'ran, der König, der [die Feinde] niederwirft, Sohn des Radi'um und der Schachchatum, der Gefährtin, hat dem Almaqah [diesen Altar] neu errichtet, als er zum Herrn des Tempels des Almaqah in Yeha berufen wurde, auf Weisung des Attar und des Almaqah und der Dat Hamyim und der Dat Ba'dan.« (Übersetzung nach Nebes).

Damit bietet der Text die älteste Erwähnung des Gottes Almaqah in Äthiopien sowie die früheste Nennung des rund 80 km Luftlinie nordwestlich von Wuqro liegenden Yeha, das der Inschrift zufolge seinen antiken Namen über zweieinhalb Jahrtausende hinweg bis in die Gegenwart beibehalten hat. Der hier erstmals belegte König Wa'ran verwendet inhaltliche Elemente, die im südarabischen Raum bislang nicht belegt sind, aber afrikanische Parallelen besitzen: zum einen die Formulierung »der die Feinde niederwirft«, zum anderen die Nennung seiner beiden Elternteile. In Südarabien beschränkt man sich bei Filiationsangaben auf den Vater; in Nordostafrika ist hingegen die Rolle der Mutter auch in anderen Bereichen deutlich prominenter.

Wuqro und Yeha bildeten seinerzeit lokale Zentren innerhalb des Reiches von Damot, das sich als äthiosabäischer Staat im Hochland von Tigray etwa zwischen Mekelle im Süden über Adigrat an der heutigen Grenze zu Eritrea rund 80 km weiter im Norden hinaus bis an die eriträische Küste des Roten Meeres erstreckte. Allerdings scheint dieses politische Gebilde nach Ausweis der Quellen sehr kurzlebig gewesen zu sein und nur im 8./7. Jahrhundert v. Chr. existiert zu haben. Immerhin kennt man vier Herrscher dieses Reiches, die sich zumeist als »Mukarrib von Damot und Saba« (dies ist sicher nur in Anspielung auf die beiden unterschiedlichen Ethnien, die in ihrem Herrschaftsgebiet präsent waren, und nicht als Machtanspruch auf Südarabien zu verstehen) bezeichnen, und in den bislang in Äthiopien gefundenen sabäischen Inschriften wird es fast ein Dutzend Mal erwähnt.

Yeha, das etwa 35 km östlich von Axum im westlichen Hochland der nordäthiopischen Provinz Tigray, in einer Gegend mit besonders fruchtbaren Böden, in rund 2150 m ü. d. M. liegt, scheint die Reichshauptstadt gewesen zu sein. Hier hat sich der vollständigste sabäische Tempel (Tempel 1), der dem sabäischen Reichsgott Almaqah geweiht war, erhalten. Seine Steinmauern, die an einigen Stellen noch bis zum ursprünglichen Dachansatz in 14 m Höhe anstehen, erheben sich auf einer Grundfläche von 18,5 mal 15 m. Nicht mehr vorhanden, aber nachweisbar ist der aus sechs Pfeilern gebildete Propylon als monumentaler Vorbau der Eingangsfassade. Die Steinmetztechnik ist bezüglich der Oberflächenbearbei-

Abb. 36 Inschrift im großen Tempel von Marib.

tung und Schichtung der bis zu 3 m langen Quader weitgehend identisch mit derjenigen der sabäischen Tempel aus der Mitte des 7. Jahrhunderts in Saba und Sirwah; dass tatsächlich Facharbeiter aus Saba am Tempelbau von Yeha beteiligt waren, beweist eine dort gefundene Votivinschrift eines Steinmetzen aus Marib für die Götter Athar und Almaqah.

Die Ausgrabungen des Deutschen Archäologischen Instituts erbrachten unweit dieser Kultstätte auch die Überreste eines heute Grat Beal Gebri genannten weiteren Monumentalgebäudes, das laut Radiocarbon-Messungen aus dem Übergang vom 9. zum 8. Jahrhundert v.Chr. stammt und ebenso eine Parallele im südarabischen Mutterland besitzt: Mit seinem Grundriss, bei dem sich an einen Mittelgang seitliche Nebenräume anschließen, und seiner Fassadengestaltung mit Eckrisalithen weist es Entsprechungen mit dem annähernd zeitgleichen sogenannten »Fünf-Pfeiler-Gebäude« in Sirwah auf.

Rund 400 m von den Kultgebäuden entfernt konnte zudem eine Nekropole mit bislang sechs leider bereits geplünderten Schachtgräbern aufgedeckt werden. Von den Grabräubern übersehene oder als zu wenig wertvoll liegen gelassene Bronzesiegel beweisen dabei rein einheimische Bräuche, da es für diese Objekte keine südarabischen Parallelfunde gibt. 2009/10 durchgeführte Oberflächenuntersuchungen führten darüber hinaus zur Entdeckung eines weiteren peripher gelegenen Tempels sowie von großflächiger Wohnbebauung.

Weitere antike Bauteile wie Steinquader mit Steinbockfriesen und sabäisch beschriftete Altarblöcke, sind in einer nahe gelegenen, der Überlieferung nach auf Abba Aftse zurückgehenden Kirche verbaut bzw. werden in ihr aufbewahrt. Abba Aftse gehörte den »Neun Heiligen« an, die im 6. Jahrhundert das Christentum aus Byzanz nach Äthiopien gebracht haben sollen.

Man nimmt an, dass es nach dem Zerfall des Reiches von Damot im Bergland der heutigen äthiopischen Provinz Tigray zur Herausbildung kleinerer Nachfolgestaaten gekommen ist, über die jedoch keinerlei Kenntnisse vorliegen, auch nicht aus Quellen Südarabiens, von dem sich Äthiopien zugunsten einer eigenständigen Entwicklung abgelöst hatte. Wahrscheinlich gelang es kurz vor der Zeitenwende einem dieser Nachfolgestaaten, nämlich dem Reich von Axum, die Oberhoheit über die konkurrierenden Kleinreiche zu gewinnen und sich zur dominanten Macht zunächst in Nordostafrika aufzuschwingen.

Wann genau und in welcher Weise sich der Übergang von der prä-axumitischen Zeit zur Bildung des Reiches von Axum abgespielt hat, ist noch weitgehend ungeklärt. Hier sind durch die 2011 gestarteten französischen Ausgrabungen in Wakarida (Distrikt von Awena), im Nordosten des Hochplateaus von Tigray und damit in Richtung Rotes Meer gelegen, für die Zukunft neue Aufschlüsse zu erwarten, da dort die beiden genannten Perioden vertreten sind.

Das Reich von Axum

Die früheste Erwähnung von Axum erfolgt im »Periplus Maris Erythraei«, dessen Verfasser in der zweiten Hälfte des 1. Jahrhunderts n.Chr. in Zusammenhang mit der axumitischen Hafenstadt Adulis als dortigen zeitgenössischen Herrscher einen gewissen Zoskales angibt. Sein Reich soll »von den Moschophagoi (»Kalbsessern«) bis zu den übrigen Barbaren« gereicht haben. Der Regent wird dabei zwar einerseits als kultiviert und der griechischen Sprache mächtig, aber auf der anderen Seite als geldgierig und nur auf die Vermehrung seines Wohlstands bedachte Person geschildert. Bereits Henry Salt hatte, bevor er als britischer Generalkonsul in Ägypten wirkte und sich als Sammler pharaonischer Kunst einen Namen machte, 1816 in der Beschreibung seiner Reise durch Äthiopien (»A Voyage through Abyssinia«) die Theorie geäußert, jener Zoskales könnte mit dem König Za Haqala identisch sein, dem in der äthiopischen Königsliste 13 Regierungsjahre zugewiesen werden und der zwischen Za Zalis und Za Dembalé an der Macht war. Allerdings ließ sich diese Identifikation mangels Quellen noch nicht zweifelsfrei belegen.

Da der Periplus Adulis als »Metropole der sogenannten Axumiten« bezeichnet, müssen sowohl das Reich als

Abb. 37 In der Moschee von Marib verbaute Achtkantpfeiler eines sabäischen Tempels.

auch die zugehörige Hafenstadt bereits gut etabliert gewesen sein, was voraussetzt, dass sie sich schon seit geraumer Zeit zuvor entwickelt haben müssen.

Allerdings ist Adulis noch nicht eindeutig identifiziert, auch wenn es sich mit großer Wahrscheinlichkeit am Ort des heutigen Zula im gleichnamigen Golf rund 40 km südlich von Massawa am Fluss Habas befunden hat. An diesem aufgrund seiner geschützten Lage prädestinierten Ort fanden mehrfach kurze Ausgrabungen statt, bei denen unter anderem aus Aqaba vom nördlichen Ende des Roten Meeres stammende Weinamphoren gefunden wurden. Antike Quellen beschreiben Adulis, das acht Tagesreisen von Axum entfernt lag, als Hauptausfuhrhafen von Luxusgütern aus dem Inneren Afrikas, allen voran Elfenbein und gelegentlich auch lebende Elefanten. Es dürfte spätestens in der Ptolemäerzeit als Handelsniederlassung gegründet worden sein. Zumindest überliefert der aus Ägypten stammende christliche Kaufmann und Reisende Kosmas Indikopleustes, der in der Mitte des 6. Jahrhunderts n.Chr. Ostafrika, Arabien und vielleicht sogar den Indischen Subkontinent und Sri Lanka (Ceylon) besuchte und nach dem Eintritt in ein Kloster seine Reiseerlebnisse in zwölf Bänden festgehalten hat, den Wortlaut von heute nicht mehr existenten Inschriften aus Adulis, die von einem der beiden Regenten namens Ptolemaios Euergetes stammten. Dabei kann es sich entweder um Ptolemaios III. (246–222 v. Chr.) oder um den auch als Bauherrn mehrerer nubischer Tempel wie Daqqa und Debod belegten Ptolemaios VIII. (170–116) handeln. Der Erklärung des Plinius (nat. VI 172), wonach »die Stadt Aduliton ... von ihren Herren entlaufene Sklaven der Ägypter gegründet« haben sollen, liegt die griechische Ethymologie »á doulos«, was »ohne Sklaven« bedeutet, zugrunde.

Das Reich von Axum, das sich wahrscheinlich um die Zeitenwende im Norden des heutigen Äthiopien – in der Provinz Tigray nahe der Grenze zur 1993 unabhängig gewordenen vormaligen Provinz Eritrea – gründete, dehnte rasch seinen Einflussbereich bis an die Küste des Roten Meeres aus und nahm dabei auch die wichtige Hafenstadt Adulis in seinen Besitz. Damit kontrollierte Axum den Handel mit den innerafrikanischen Gütern. Als im letzten Viertel des 2. Jahrhunderts n. Chr. ein Abkommen, über das die Inschrift CIH 308 berichtet, zwischen dem sabäischen König Alhan Nahfan und Gadarat, dem »Negus von Axum«, geschlossen wurde, hatte das Reich des Letzteren seine Macht bereits über das Rote Meer hinweg ausgedehnt und beherrschte weite Teile der Tihama, der südarabischen Küstenebene.

Die einstige gleichnamige Hauptstadt Axum, das »30 Tagesreisen südlich von Elephantine« in 2130 m Höhe ü. d. M. gelegene Axomis der byzantinischen Quellen, ist vor allem durch seine an ägyptische Obelisken erinnernden rund 130 Stelen aus Trachyt, die wahrscheinlich als Grabmonumente fungierten, bekannt. Anders als ihre vermeintlichen Vorbilder vom Nil besitzen sie jedoch eine durch Nischenarchitektur gegliederte Oberfläche, wie sie sich auch auf altsüdarabischen Denkmälern findet, die ihnen das Aussehen von turmartigen Hochhäusern vermittelt. Das größte Exemplar mit einer Höhe von 33,3 m und rund 520 t Gewicht liegt heute zerbrochen in Axum, das besterhaltene ließ Mussolini 1937 nach dem Abessinienkrieg nach Rom abtransportieren und dort auf der Piazza di Porta Capena aufstellen. Seit 2005 befindet sich das 23 m hohe und 170 t schwere Denkmal wieder in Äthiopien, nachdem es die Italiener nach Restaurierungsarbeiten in vier Teile zerlegt per Frachtflugzeug dorthin zurückgebracht haben. Seit 1980 zählt Axum zum UNESCO-Weltkulturerbe.

Nach den Glaubensvorstellungen der äthiopisch-orthodoxen Kirche wird in der Kathedrale von Axum die Heilige Bundeslade mit den Tafeln der Zehn Gebote aufbewahrt, wodurch Axum zum religiösen Zentrum des äthiopisch-orthodoxen Glaubens avancierte. Denn gemäß der äthiopischen Version der Legende vom Besuch der Königin von Saba (die in der äthiopischen Überlieferung den Namen Maketa trägt) bei König Salomon wurde während der Begegnung ein Sohn, Menelek I., gezeugt. Dieser soll nicht nur das Original der Bundeslade gegen eine Kopie ausgetauscht und das echte Kultobjekt nach Äthiopien entführt haben; er gilt auch als Begründer des äthiopischen Herrscherhauses, was zur Folge hatte, dass selbst noch der 1974 gestürzte letzte Monarch Hailie Selassie I. seinen Stammbaum auf Salomon und die Königin von Saba zurückführte und deswegen den Herrschertitel »Löwe von Juda« trug.

Der christliche Glaube, dem Hailie Selassie anhing und der, trotz mittlerweile muslimischer Bevölkerungsmehrheit im Land, immer noch Staatsreligion ist, kam im 4. Jahrhundert n. Chr. zur Blütezeit des Reiches von Axum ins Land. Seinerzeit wurde der Handel mit Elfenbein und Gold aus Innerafrika exklusiv über Axum und seinen Hafen Adulis abgewickelt, nachdem durch einen Feldzug der Axumiten bzw. der mit ihnen verbündeten nomadischen Blemmyer kurz vor 300 n. Chr. das Reich von Meroe am Nil, der bedeutendste wirtschaftliche Rivale, ausgeschaltet worden war. Für den Eigenbedarf importierte man Metallwaren und Textilien aus Ägypten und Indien, zudem wurden in Adulis Gewürze und Seidenstoffe, die aus China und Indien über den Golf von Aden kamen, umgeschlagen und Richtung Mittelmeerraum weiterverschifft.

Im Verlauf des 3. Jahrhunderts n. Chr. konnte das Reich von Axum die Machtverhältnisse bezüglich Südarabien umkehren: Im Gegenzug zu den vorausgegangenen sabäischen Kolonialgründungen auf seinem Territorium konnte Axum jetzt seinerseits auf der Arabischen Halbinsel Fuß fassen. Zugute kam den Äthiopiern dabei, dass das sabäische Reich seit dem 1. Jahrhundert n. Chr. durch heftige Kämpfe mit den erstarkenden Himyaritern und den übrigen nach Unabhägigkeit strebenden und expansionswilligen Nachbarstaaten geschwächt war.

Der Aufstieg des Reiches von Himyar

Das Reich von Himyar tritt als Letzter der altsüdarabischen Karawanenstaaten auf den Plan und bestimmte danach die Geschichte der Region bis zum Beginn des Islam. Diese historische Rolle erklärt, warum »Himyar« lange Zeit praktisch als Synonym für das gesamte antike Südarabien verwendet wurde. Sollte, wie gelegentlich gemutmaßt wird, ein himyaritisches Kleinreich bereits im 5. Jahrhundert v. Chr. im südlichen Bergland des Jemen westlich von Habban existiert haben, müsste es zu jener Zeit in einem Vasallenverhältnis zu seinem mächtigen Nachbarn Qataban gestanden haben, denn sein Stammland befindet sich auf dessen einstigem Territorium. Danach hätten die Himyariter ihr Gebiet auf Kosten ihrer ehemaligen Oberherren sukzessive vergrößert. Das

Abb. 38   Teils aus Spolien errichtete Außenmauer an der Nordschleuse des Staudammes von Marib.

Manko, dass sich das Reichsgebiet abseits der Landverbindungen der Weihrauchstraße befand, glich man durch Gebietserweiterungen in Richtung Rotes Meer aus, wo man mit der Herrschaft über dessen südlichen Abschnitt inklusive der Zufahrt am Bab el-Mandeb den zunehmend bedeutender werdenden Handel auf dem Seeweg kontrollieren konnte. Hauptstadt des seit dem 1. Jahrhundert v. Chr. expandierenden unabhängigen himyaritischen Reiches wurde Zafar (Abb. 43), das in der Naturgeschichte des Plinius unter dem Namen Sapphar erscheint, mit der Königsburg Raydan, 14 km südöstlich des heutigen Yarim. Die Himyariter selbst werden in den antiken Quellen zumeist in der latinisierten Namensform als Homeritae bezeichnet. Ihre früheste Erwähnung stammt aus dem zweiten Viertel des 1. Jahrhunderts v. Chr. Allerdings ist die entsprechende Originalquelle, die einstmals mindestens fünf Bücher umfassende »Arabika« des Uranios, nicht überliefert, sondern nur aus bruchstückhaften

Abb. 39   Der später durch Verschlammung erhöhte doppelte Auslass der Nordschleuse am Staudamm von Marib.

Zitaten bekannt. Diese wiederum finden sich im »Periplus Maris Erythraei« (Peripl. 21 f.) ebenso wie in der Naturgeschichte des Plinius, der von den »Homeriten mit der Stadt Mesala« (VI 158) spricht und wenig später (VI 161) Aelius Gallus zitiert, der sie als das größte Volk auf der südlichen Arabischen Halbinsel bezeichnet. Ihre eigene Zeitrechnung setzt – allerdings nach Auskunft von datierten Textzeugnissen, die erst dem 1. Jahrhundert n. Chr. entstammen – mit dem Jahr 115 v. Chr. ein, ohne dass bekannt ist, welches historische Ereignis den Beginn ihrer Chronologie markiert. Eventuell war es das Datum ihrer Unabhängigkeit. Es scheint im frühen 1. Jahrhundert n. Chr. eine friedliche Koexistenz, wenn nicht gar Einheit mit dem sabäischen Reich gegeben zu haben, allerdings endete das gute Einvernehmen um 140 n. Chr. Anschließend bestimmten offene Feindschaft und militärische Auseinandersetzungen den Umgang der beiden Staaten miteinander.

Im frühen 3. Jahrhundert n. Chr. waren die Sabäer unter ihren Königen Alhan Nahfan und Scha'ir Awtar noch die dominierende Macht, eventuell auch weil sie und ihre Nachfolger in zunehmendem Maße beduinische Kamel- und später Pferdereiter als Söldner bei ihren Kämpfen einsetzten. Scha'ir Awtar ist nach heutigem Wissen (Inschrift Ja. 635) auch der erste sabäische Regent, der seine Truppen nach Zentralarabien bis nach Qaryat Dhu Khal (das heutige Qaryat al-Faw), der Hauptstadt des Reiches der Kinda und Qahtan, führte.

Die beiden letzten bedeutenden Vertreter der sabäischen Dynastie stellten die Könige Ilscharah Yahdib und Ya'zil Bayyin dar, die in der Mitte des 3. Jahrhunderts n. Chr. als Koregenten die Macht ausübten und große Teile des Jemen unter ihre Kontrolle brachten, nachdem sie ihren himyaritischen Widersacher in der Schlacht in der Ebene von Hurmatum im Jahr 363 der himyaritischen Ära (248/49 n. Chr.) besiegt hatten. Im Awwamtempel der Hauptstadt Marib wurde eine ganze Reihe von Inschriften entdeckt, in denen die beiden Herrscher ihre militärischen Erfolge schildern, unter denen die Gefangennahme eines Königs namens Malikum (Ja. 576), Feldzüge gegen Nadschran und die Vertreibung der Axumiter (Ja. 577) die wichtigsten Ereignisse bildeten.

Doch schon zwei Jahrzehnte später unterlag Saba endgültig den Himyaritern und hörte auf, als eigenständiges Reich zu bestehen. Ab jetzt spricht man vom sabäo-himyaritischen Reich, dessen Machtzentrum die vormalige Himyariterhauptstadt Zafar blieb. Die neuen Herrscher führten den doppelmonarchischen Titel »König von Saba und Dhu Raydan«, wobei für den letzteren Begriff die zur einstigen himyaritischen Hauptstadt Zafar gehörige Festung Dhu Raydan Namenspate stand. Dieser Doppeltitel der neuen Machthaber führte dazu, dass die vormalige Bezeichnung Sabäer in den Aufzeichnungen antiker und arabischer Autoren zunehmend durch die Begriffe Homeritae bzw. Himyar verdrängt wurde. Um ihre Nachfolge in der Tradition des sabäischen Reiches zu legitimieren, ließen die himyaritischen Könige ihre Dedikationstexte vornehmlich im Awwamtempel von Marib, der dem sabäischen Reichsgott Almaqah geweiht war, anbringen und nur in geringem Umfang in einem der Heiligtümer in ihrer eigenen Hauptstadt Zafar, von wo vor allem Bauinschriften stammen.

Den Grundstein für Himyar als neues südarabisches Großreich legte dann im vorletzten oder letzten Jahrzehnt des 3. Jahrhunderts n. Chr. der himyaritische König Schammar Yuhar'isch mit der Eroberung des Hadramaut, womit der gesamte Jemen unter himyarischer Herrschaft vereinigt war. Fortan trugen die Herrscher den Titel »König von Saba, Dhu Raydan, Hadramaut und Yamanat«.

Die umkämpfte Tihama

Mit der Verlagerung der Handelsrouten von der Landstrecke auf den Seeweg über das Rote Meer gewann die Tihama, die südarabische Küstenebene, an strategischer Bedeutung und war entsprechend umstritten, einerseits innerarabisch zwischen Sabäern und Himyaritern, aber auch zwischen den beiden Meeresanrainern auf der arabischen und afrikanischen Seite.

Wie geschwächt die Zentralmacht des sabäischen Reiches damals war, belegen unter anderem römische

Quellen, denen zufolge der sabäische König Karib'il – bei dem es sich aus chronologischen Erwägungen am ehesten um Karib'il Watar Yuhanim, Sohn des Damar Alay Bayyin, handeln dürfte – in der Tihama Unterkönige tolerieren musste.

Die südarabische Küstenebene wird in einheimischen Texten Ma'afiran (M'FRN) genannt, und ihr Name wirkt in frühen islamischen Quellen wie beim Geografen al-Hamdani als Ma'afir nach. Bei Ptolemaios (VI, 7,25) erscheint die Bevölkerung als Maphoritai, die dort als Nachbarn der Homeritae »oberhalb« der Sappharitai und Radinai geschildert werden. Der »Periplus Maris Erythraei« (Peripl. 22) gibt die Landschaftsbezeichnung als Mapharitis bzw. Mophareitis wieder und nennt als deren bedeutendste Zentren den Haupthafen Muza und die Residenzstadt Saue, eine Verballhornung des altsüdarabischen Sawwa(m), in der seinerzeit ein Fürst (»Tyrannos«) namens Cholaibos residierte.

Der im Periplus (Peripl. 6, 10, 12 f., 16) wie auch bei Ptolemaios (VI 7,7; VIII 22,6) mehrfach erscheinende Hafen Muza (»Mouza Emporion«) wird von Plinius (nat. VI 104) neben Ocelis und Kane (Qana) als einer der südarabischen Anlegeplätze aufgeführt, die von den arabischen Weihrauchhändlern auf ihrer Fahrt vom ägyptischen Berenike nach Indien angelaufen wurden. Er lag nahe der Ausfahrt in den Indischen Ozean nördlich von al-Moccha wahrscheinlich an der Stelle des heutigen al-Musche, zu dem auch eine weiter landeinwärts gelegene gleichnamige Ansiedlung (Mauza'a) gehörte. Dem archäologisch nicht mehr nachweisbaren Hafenort kam zugute, dass das konkurrierende Aden unter Macrinus (217/18 n.Chr.) zerstört worden war. Der Aufenthalt römischer Händler war sowohl in Muza wie auch in Adulis, dem Haupthafen von Axum auf der gegenüberliegenden afrikanischen Seite des Roten Meers, vertraglich geregelt.

Dem Periplus (Peripl. 16,31) ist zudem zu entnehmen, dass der »Tyrannos« Cholaibos auch über Teile des himyaritischen Kolonialgebietes in Äthiopien herrschte, das Azania genannt wurde und als Provinzhauptstadt Rhapta besaß. Denn um 75 n.Chr., also etwa zur Abfassungszeit des Periplus, hatte der Himyariterkönig Yasir Yuhasdiq den Sabäern, die bislang unangefochten und fast ohne Unterbrechung die Tihama kontrolliert hatten, selbige entrissen.

Doch Himyar verlor die Tihama um 190 bis etwa 280 an die Axumiten, die von der Küstenregion aus, zum Teil im Verbund mit Kleinfürstentümern, die sich ebenfalls aus der sabäischen und himyaritischen Bevormundung befreit hatten, immer wieder ins jemenitische Bergland vorstießen. Dabei konnten sie dort zeitweilig sogar wichtige Städte wie Zafar und Nadschran besetzen. Die Könige von Axum nahmen die Herrschaft über Jemen schließlich in ihre Titulatur auf.

Zu den textlichen Quellen des Konfliktes zwischen Südarabern und Axumiten zählt in der Mitte des 3. Jahrhunderts n.Chr. auch das sogenannte »Monumentum Adulitanum II«, eine einst in der axumitischen Hafenstadt Adulis befindliche verschollene Inschrift, deren Wortlaut nur durch ein Zitat des christlichen Historikers Kosmas Indikopleustes aus dem 6. Jahrhundert überliefert ist. Darin wird erwähnt, dass ein namentlich nicht genannter König von Axum jenseits des Erythräischen Meeres bis zum Land der Sabaioi Krieg geführt habe.

Einigen militärischen Niederlagen zum Trotz konnten die axumitischen Könige, zu denen ADBH (Azeba?), DTWNS (Datawnas) und ZQRNS (Zaqarnas) zählten, durch geschicktes Lavieren zwischen den konkurrierenden Mächten ihre jemenitischen Zugewinne bis ins 3. Jahrhundert hinein halten. Am Übergang vom 2. zum 3. Jahrhundert n.Chr., zur Zeit des Sabäerkönigs Scha'ir Awtar, gehörte die Mapharitis noch zum Reich von Axum, doch im Verlauf des 3. Jahrhunderts wurde sie wieder unter südarabische Kontrolle gebracht. Dies erfolgte entweder unter dem himyaritischen König Schammar Yuhar'isch II., der aus den sabäisch-himyaritischen Auseinandersetzungen siegreichhervorgegangen war, oder unter seinem (wohl unmittelbaren) Nachfolger Kariba'el.

Schammar Yuhar'isch II. war als Mitregent seines Vaters um 270 n.Chr. auf den Thron gekommen und regierte etwa vier Jahrzehnte. Nachdem er die Kleinfürsten unterworfen hatte, konnte er auch das Reich von Hadramaut zurückdrängen und unter seine Kontrolle bringen, zumindest beansprucht er in seinen Texten neben der Herrschaft über »Saba, Dhu Raydan und Yamnat« auch den Titel »Köng des Hadramaut«. Er schickte sogar eine Gesandtschaft an den sassanidischen Hof nach Ktesiphon am Tigris, wohin die Hauptstadt von Firuzabad verlegt worden war. Selbst in der islamischen Tradition galt er noch als Kriegsheld, der weite Feldzüge in der damals bekannten Welt unternahm. Nach seinem Tod um 310 n. Chr. konnte seine Familie die Herrschaft noch eine Weile ausüben, bevor die Macht auf einen vormaligen Unterkönig überging.

Dieser neuen Dynastie, die aus der Gegend um Dhamar zwischen Sana'a und Taizz stammte, gelang vor der Mitte des 4. Jahrhunderts die endgültige Vereinigung von Jemen und Hadramaut, sodass ihr Imperium von der Ostküste des Roten Meeres bis zur Grenze des sassanidisch-persischen Reiches im östlichen Oman reichte.

Abb. 40   Die auf den Felsen am Fuß des Dschebel Balaq al-Awsat verankerte Südschleuse des Staudammes von Marib; dahinter verläuft das Wadi Dhana.

Das Vordringen des Christentums

Nachdem im Römischen Reich unter Konstantin dem Großen (306–337 n.Chr.) das Christentum seinen Siegeszug angetreten hatte, kam es bald auch zur Missionierungstätigkeit in den benachbarten Ländern. Nach Angaben des spätantiken Kirchenhistorikers Philostorgius (III 4–6), der in den drei Jahrzehnten vor und nach 400 n.Chr. lebte, gelangte der von der Insel Dibous (wahrscheinlich Sokotra) im Indischen Ozean stammende und als Geisel am byzantinischen Hof Konstantins zum arianischen Christentum erzogene Theophilos als offizieller byzantinischer Gesandter in die Gebiete um das Rote Meer. Im Auftrag von Kaiser Constantius II. überbrachte er dem in Tapharon (Zafar) residierenden Herrscher der Homeriten (Himyar) umfangreiche Geschenke, darunter 200 kappadokische Pferde. Allein schon deren Antransport erforderte mehrere Frachtschiffe, sodass die gesamte Mission offensichtlich groß angelegt war. Theophilos soll durch Wundertaten den Widerstand der ansässigen Juden gegen die christliche Missionierung gebrochen haben, sodass ihm der zum Christentum konvertierte Regent, dessen Name jedoch unerwähnt bleibt, erlaubt haben soll, in drei wichtigen Städten Kirchen zu errichten, nämlich in der Hauptstadt selbst, in der wichtigsten Hafenstadt Aden, dem »Emporion der Römer«, und in Mercium Persarum bzw. Persepoliskon.

Allerdings ist man mittlerweile von der Vorstellung abgekommen, dies sei der endgültige Durchbruch des Christentums im himyaritischen Reich gewesen. Einerseits liefern auch byzantinische Quellen abweichende Daten für die Ereignisse, wie der spätantike Kirchenhistoriker Theodor Lector (II 58), der in der ersten Hälfte des 6. Jahrhunderts wirkte. Seinen Angaben zufolge hätten sich die Himyariter zur Zeit des Kaisers Anastasius (491–518) vom Heidentum abgewandt und einen Bischof erhalten, eventuell Silvanus, der als »Episcopus Homeritarum« erwähnt wird. Andererseits vermitteln auch südarabische und äthiopische Texte ein anderes Bild. Zeitgenossen des Theophilos und seines Auftraggebers Constantius II. waren die beiden himyaritischen Könige Damar'ali Yuhabirr und Ta'ran Yuhan'in, die beide noch mit Dedikationsinschriften für Almaqah im Awwamtempel von Marib vertreten sind. Dass das Christentum sogar aktiv bekämpft wurde, belegt die Hinrichtung des christlichen Priesters Azqir aufgrund seiner Missionierungstätigkeit in Nadschran, die unter dem himyaritischen König Surahbi'il Yakkaf, der um 475 regierte, stattgefunden hat.

Unbestritten ist, dass um die Mitte des 4. Jahrhunderts offensichtlich in ganz Südarabien innerhalb kurzer Zeit das traditionelle polytheistische Spektrum zugunsten eines einzigen Gottes, der zumeist Rahmanan (»der Barmherzige«) genannt wird, weitgehend verschwindet. Doch hat dieser neue Monotheismus neuen Forschungen zufolge keine christlichen, sondern jüdische Wurzeln. Außerdem spielte sich der Besuch der byzantinischen Delegation vor dem Hintergrund des persisch-römischen Dauerkonfliktes ab und besaß neben der vordergründig religiösen vor allem eine politische und wirtschaftliche Komponente. Das byzantinische Reich, das bereits gute Kontakte mit Axum pflegte, hoffte, seinen wichtigsten Gegenspieler, das persische Sassanidenreich, dadurch schwächen zu können, indem es die den Persern nahestehenden Himyariten auf seine Seite zog. Immerhin war die sassanidische Hauptstadt Ktesiphon am Tigris unter König Schammar Yuhar'isch II. (ca. 270–310) bereits das Ziel einer himyaritischen Gesandtschaft gewesen.

Im Reich von Axum hatte die christliche Missionierungstätigkeit Erfolg und führte zur Errichtung von Kirchen in der Hauptstadt und in Adulis. Wie sowohl Eusebios in seiner »Historica Ecclesiastica« (I, 9) als auch äthiopische Kirchenhistoriker übereinstimmend berichten, soll die neue Religion in der Mitte des 4. Jahrhunderts durch die beiden aus dem phönikischen Tyros stammenden und nach einem Schiffbruch bei Adulis an die äthiopische Küste verschlagenen Christen Frumentios und Aidesios in das Land gekommen sein. Der von ihnen bekehrte axumitische König schickte daraufhin Frumentios nach Alexandria, um bei Patriarch Athanasius einen Bischof für Axum zu erbitten, mit dem Ergebnis, dass Frumentios selbst mit diesem Amt betraut wurde.

Der axumitische Regent, unter dem das Christentum in seinem Reich Einzug hielt, war Ezana. Sein um

Abb. 41 Tempelreste in der ehemaligen Minäerhauptstadt Ma'in.

333 erfolgter Religionwechsel ist nicht nur durch eine axumitische Inschrift gesichert, sondern fand auch in der Münzprägung ihren Niederschlag: denn fortan wurde auf den Zahlungsmitteln von Axum die Mondsichel über den Herrscherbüsten als Attribut des axumitischen Gottes Mahrem durch das christliche Kreuz ersetzt.

Eine abweichende Überlieferung zur axumitischen Missionierung bietet die Kirchengeschichte (KG X 9 f.) des Mönchs Rufinus, der in der zweiten Hälfte des 4. Jahrhunderts wirkte und sich bei seinen Schilderungen nach eigenen Angaben auf den Bericht des Aidesios stützte. Ihm zufolge soll Frumentios als junger Mann auf der Heimfahrt von Indien in Gefangenschaft geraten, dann aber am fremden Hof zu Ehren gekommen sein. Athanasios soll ihn in Alexandria zum Bischof geweiht haben, damit er anschließend in Indien die neue christliche Gemeinde leiten solle. Demzufolge wäre Frumentius erst posthum zum Missionar Äthiopiens und des Reiches von Axum erklärt worden. Die Existenz des Frumentius in Axum ist jedoch gesichert; denn im Jahre 356 forderte der der arianischen Glaubensrichtung verpflichtete byzantinische Kaiser Constantius II. vergeblich bei Ezana die Auslieferung des Frumentius als vermeintlicher Ketzer.

Mit der Abspaltung der Kopten von der byzantinischen Reichskirche auf dem Konzil von Chalkedon (heute der Stadtteil Kadiköy auf der asiatischen Seite von Istanbul) im Jahre 451 n. Chr. schlossen sich auch die axumitischen Christen der monophysitischen Glaubensrichtung an, die von den beiden Patriarchaten in Antiochia und Alexandria propagiert worden war, jedoch im Gegensatz zur offiziellen Lehre der byzantinischen Reichskirche stand. So kam es zur Abspaltung der altorientalischen Kirchen, denen neben der äthiopischen auch die armenische, syrische und koptische angehören. Wichtig für die weitere Ausbreitung des neuen Glaubens waren die als Monophysiten vor der Verfolgung durch die byzantinische Reichskirche aus Syrien nach Äthiopien geflohenen »Neun römischen Heiligen«, die um 500 wirkten. Ihnen wird unter anderem die Gründung der neun äthiopischen Klöster zugeschrieben, die jeweils den Namen ihrer Stifter tragen. Die koptische und die äthiopische Kirche blieben bis fast in die Gegenwart hinein eng verwoben, denn bis 1959 ein eigener Patriarch und Katholikos ernannt wurde, unterstand die äthiopische Reichskirche dem in Ägypten amtierenden koptischen Metropoliten.

Jüdisch-christliche Konflikte und der Sieg des Islam

Schon vor der christlichen Missionierung war in Südarabien das Judentum als monotheistische Religion präsent. Es gibt die Vermutung, dass bereits zu den Zeiten, als Salomo auf dem Roten Meer Expeditionen in das sagenhafte Goldland Ophir aussandte, die ersten Juden nach Südarabien gelangten und dort verblieben sind. Es sind aber sicher sowohl bei der Zerstörung des ersten Tempels unter Nebukadnezar als auch des zweiten Tempels während der römischen Besatzungszeit viele jüdische Flüchtlinge zumindest nach Nordarabien gekommen. Die drei wichtigsten jüdisch-arabischen Stämme, die Banu-Nadhir, die Banu-Kuraiza und die Banu-Bachdal, gaben von sich selbst an, mit der letztgenannten Zuwanderungswelle ihre arabischen Wohnsitze eingenommen zu haben. Diese und weitere kleinere jüdische Gruppierungen lebten in der und um die Stadt Yathrib, das spätere Medina, im Hedschasgebirge. Der Überlieferung nach waren sie zunächst die einzigen Siedler dieser Region, die sich lediglich vereinzelten Übergriffen von Beduinen zu erwehren hatten. Erst um 300 sollen zwei nichtjüdische arabische Stämme, die Banu-Aus und Chazrag, zugewandert sein, mit denen sich die jüdische Bevölkerung dann mehr oder minder arrangieren musste. Die Region Chaibar nördlich von Yathrib war sogar durchgehend jüdisch besiedelt gewesen, wobei diese Juden bereits unter Nebukadnezar dorthin gekommen sein sollen. Gegen räuberische Beduinen verteidigten sie sich durch die Anlage zahlreicher Festungsbauten. Im weiter südlich gelegenen Mekka, das bereits in vorislamischer Zeit ein bedeutender arabischer Kultort gewesen ist, scheinen hingegen nur wenige Juden gewohnt zu haben.

Eine starke jüdische Präsenz bestand auch in Südarabien, auch wenn dort die Juden, anders als im Hedschas, offensichtlich nicht in größeren geschlossenen Stammesverbänden siedelten, sondern in kleineren Gruppierungen inmitten der nichtjüdischen Araber. Nachdem neue Forschungen wahrscheinlich gemacht haben, dass der monotheistische Gott Rahmanan, der seit der Mitte des 4. Jahrhunderts die traditionellen Astralgottheiten zurückdrängte, auf jüdische Glaubensvorstellungen zurückgeht, verwundert es nicht, dass im 5. Jahrhundert der himyaritische König Abu Kariba als Angehöriger dieses Glaubens in Erscheinung tritt. Wahrscheinlich wollte er sich damit auch auf religiöser Ebene von der christlichen Achse Byzanz-Axum distanzieren. Sein Sohn Yussuf Asar Yathar Dhu Nawas ließ sogar Kirchen zerstören und Christenverfolgungen durchführen, in deren Folge 525 n.Chr. in Nadschran, das noch als letzter Posten von den Axumiten auf arabischem Boden gehalten wurde, eine große Anzahl Christen (die Angaben schwanken in den antiken Quellen von 340 bis über 2000 Opfer) getötet wurde. Dies provozierte einen Gegenfeldzug der weiterhin christlichen Axumiten unter ihrem König Ella Asbeha (auch Elasbaas, Elesbaa; in Quellen auch unter seinem Geburtsnamen Kaleb aufgeführt), der beim justinianischen Hofchronisten Prokopius in der gräzisierten Schreibung als Hellestheaios erscheint. Mit Unterstützung einer byzantinischen Flotte (angeblich sollen 60 byzantinische Handelsschiffe aus allen Häfen des Roten Meeres für den Krieg akquiriert und in Adulis zusammengezogen worden sein) und des Samu Yafa' (bei Prokop Esimiphaios genannt), der das Amt des äthiopischen Vizekönigs ausübte, konnte er Dhu Nawas nach zwei Kriegen besiegen und 525 töten.

Um 535 n.Chr. wurde Esimiphaios, der Statthalter des axumitischen Königs Elasbaas, durch Abraha(m) gestützt.

Abb. 42 Die nahezu vollständig erhaltene antike Stadtmauer von Baraqisch.

Der Sieger der Revolte, der dem christlichen Glauben angehörte und nach dem Zeugnis des byzantinischen Hofchronisten Prokopius (Prok. I 20) ein ehemaliger Sklave eines Römers aus dem äthiopischen Adulis gewesen sein soll, schwang sich zum König des Reiches von Himyar auf, wobei er nach seiner Machtübernahme zwar formell die axumitische Oberherrschaft anerkannte, de facto aber eine weitgehend eigenständige Politik betreiben konnte, die vor allem durch freundschaftliche Kontakte zu Byzanz geprägt war. Er verlegte die Hauptstadt nach Sana'a und residierte dort im legendären, angeblich zehngeschossigen und spektakulär von einer monolithischen Marmorplatte überdachten Palast al-Ghumdan; dort ließ er eine große, in arabischen Texten »al-Qalis« (wahrscheinlich von griech. »Ekklesia« abgeleitet) genannte christliche Basilika errichten, die bald Mekka den Rang als bedeutendstes arabisches Heiligtum abzulaufen drohte. Zumindest führten die Pilgerströme nach Sana'a zu einem deutlichen Rückgang der Besuche in Mekka. Diese religiösen Rivalitäten sollen in einem allerdings erfolglosen Feldzug des Abraha gegen Mekka kulminiert sein, der in der arabisch-islamischen Überlieferung von zahlreichen Legenden umwoben ist und auf den sogar im Koran (Sure 105, »Der Elefant«)

Abb. 43   Zafar, die ehemalige Hauptstadt des himyaritischen Reiches, vor Beginn der neuen Ausgrabungen.

angespielt wird. Allerdings ist die exakte Datierung dieses Ereignisses noch umstritten.

Ein anlässlich der von Abraha initiierten Reparaturmaßnahmen am Staudamm von Marib und einer dort erfolgten Kircheneinweihung niedergeschriebener Text aus dem Jahr 547/48 n. Chr. berichtet, dass er neben Gesandten des äthiopischen Königs und des byzantinischen Kaisers auch Delegationen der Araber und der Perser an seinem Hof empfing. Eine 2002 durch das Deutsche Archäologische Institut im Schutt der nördlichen Kanalschleuse von Marib aufgefundene weitere Stele des Abraha aus demselben Jahr ergänzt die bisher bekannten Fakten um detaillierte Angaben zu Umfang und Personalaufwand der Restaurierungs- bzw. Neubaumaßnahmen am Staudamm von Marib, der schließlich kurz nach 600 n. Chr. endgültig gebrochen sein dürfte.

Nach dem Tod Abrahas konnten sich, beginnend mit Yaksum, seine Söhne, für die er das Prinzip der Erbmonarchie durchgesetzt hatte, an der Macht halten. Doch 575/76 erlitt einer davon, der Vizekönig Masruk, eine Niederlage gegen den von den Sassaniden unter Chosroe I. unterstützten Himyariten Saif ibn Dhi Yazin und wurde vertrieben. Dadurch fand die Herrschaft der formell den Axumiten unterstehenden Vizekönige ihr Ende und Südarabien kam de facto unter die Herrschaft der Perser; gleichzeitig wurde der Klerus dem nestorianischen Katholikos im persischen Seleukaia/Ktesiphon unterstellt. Als der letzte persische Statthalter 634 n. Chr. zum Islam übertrat, begann auch für das südliche Ende der Arabischen Halbinsel mit dem Glaubenswechsel eine neue Epoche, die bis in die Gegenwart hinüberreicht.

Zentral- und Nordarabien

Im Süden der Arabischen Halbinsel hatten sich aus Siedlungsplätzen, in denen teilweise ein Überleben nur dadurch möglich war, dass sich die lokale Bevölkerung – teils wohl schon im 3. Jahrtausend v. Chr. – zur Durchführung ausgeklügelter und aufwendiger Bewässerungsprojekte zusammengeschlossen hatte, die genannten Königreiche herausgebildet, die sich im Laufe ihrer Geschichte den Anbau und die Distribution von Weihrauch friedlich teilten, sofern sie nicht in kriegerische Auseinandersetzungen untereinander verwickelt waren. Hingegen gab es weiter im Norden von »Arabia felix«, auf heute saudi-arabischem Staatsgebiet, zwar durchaus größere Ansiedlungen, die als Handelsstützpunkte fungierten; aber diese Orte entwickelten sich bis zum Beginn des Islam nie zum Mittelpunkt nennenswerter Staatsgebilde.

Im Norden der Arabischen Halbinsel standen die Stämme dann zumeist unter dem kulturellen und politischen Einfluss der benachbarten Großreiche der Griechen und Römer sowie im heutigen Iran der Achämeniden, Parther und zuletzt Sassaniden. Zu diesen anfänglich peripheren Gebilden, die sich über die Randgebiete der Arabischen Halbinsel ausdehnten, ist auch das Reich der Nabatäer zu zählen, das im 4. Jahrhundert v. Chr. im Nordwesten erstarkte. In nachchristlicher Zeit konsolidierten sich arabische Fürstentümer um solche Orte als Kern, an denen jeweils mehrere Handelsstraßen zusammentrafen, wie Hatra im heutigen Irak oder die Oase Palmyra, das antike Tadmor im heutigen Syrien; außerdem formierten sich die Lachmiden und die aus der jemenitischen Tihama zugewanderten Ghassaniden zu lokalen Machtgebilden. Dem Propheten Mohammed gelang es dann, bis zu seinem Tod im Jahre 632 n. Chr. die gesamte Arabische Halbinsel zu unterwerfen und dem Islam zuzuführen. Dadurch wurde seine Geburtsstadt Mekka religiöses Zentrum und temporär Hauptstadt des ersten geeinten arabischen Großreiches.

Nadschran

Die bei Ptolemaios (VI 7,37) »Nagara Metropolis« und bei Strabo (XVI 781 f.) »Polis Negranon« genannte Oase Nadschran ist zwar traditionell eng mit dem Jemen verknüpft, befindet sich aber heute – nach einem dem Jemen aufgezwungenen »Pachtvertrag« – auf saudi-arabischem Territorium. Um 410 v. Chr., dem Zeitpunkt, zu dem die ersten Nachrichten über sie vorliegen, gehörte sie zum Stammesgebiet der Muha'mir.

Der Oase kam vor allem zugute, dass sie mit dem Ghail Marwan als nahezu einziger Ort Südarabiens über einen kontinuierlich aus den Bergen herabfließenden Wasserlauf verfügt (nur das Wadi al-Dschauf mit dem antiken Ma'in besitzt mit dem Ghail Kharid noch ein vergleichbares Naturphänomen).

Nadschran war nicht nur bedeutende Zwischenstation an der Weihrauchstraße, sondern es nahm von hier aus auch ein Karawanenweg, der quer über die Arabische Halbinsel in Richtung Mesopotamien führte, seinen Anfang. Während in den altsüdarabischen Inschriften der Name »Nagran« die gesamte Großoase bezeichnet, deren Hauptstadt damals wohl das nahe gelegene Ragmat gewesen ist, übertrug sich die Bezeichnung zur Zeit der römischen Schriftsteller auf die heute noch Nadschran lautende Ortschaft. Deren antike Überreste präsentieren sich nunmehr als eingezäuntes Ruinenfeld, das von den Einheimischen »al-Uchdud« (»Graben«) genannt wird. Die hier gemachten Funde zeigen teils mediterranen Einfluss, wie der Kopf eines Löwen aus Bronze (Abb. 44).

Abb. 44   Kopf eines Bronzelöwen aus der Oase Nadschran.

Die Oase und ihr Hauptort waren aufgrund ihrer bedeutenden strategischen Lage zu allen Zeiten Schauplatz blutiger Kämpfe, so auch 24 v. Chr. beim Arabienfeldzug der Römer unter Aelius Gallus, und entsprechend ist die Stadt immer wieder zerstört und erneut aufgebaut worden. Im 5. und 6. Jahrhundert n. Chr. hing deren Bevölkerung der – von der byzantinischen Reichskirche bekämpften – monophysitischen Glaubensrichtung des Christentums an, und die Stadt bildete als Sitz eines entsprechend orientierten Bischofs ein wichtiges religiöses Zentrum in Südarabien. Viele der Christen erlitten den Märtyrertod durch Verbrennen, als der zum jüdischen Glauben konvertierte himyaritische König Dhu Nawas 520 n. Chr. das Gebiet eroberte. Daraufhin besetzten, unterstützt von Byzanz, die aus Äthiopien übergesetzten Axumiter die Oase unter dem Vorwand, ihren verfolgten christlichen Glaubensbrüdern zu Hilfe eilen zu müssen. Damit gelangte Nadschran bis zur Eroberung durch die persischen Sassaniden 570 n. Chr. unter die Kontrolle der Byzantiner. Zuletzt eroberte die arabische Streitmacht Mohammeds die Oase, deren Bewohner allmählich den neuen Glauben der Sieger annahmen. Anfänglich soll sich die Bevölkerung jedoch das Recht erkauft haben, weiterhin ihren christlichen Glauben zu praktizieren. Dafür lieferte sie alljährlich 2000 Bahnen Stoff ab und versprach, bei militärischen Auseinandersetzungen Kettenpanzer, Pferde und Kamele zur Verfügung zu stellen. Nach dem Tod Mohammeds im Jahre 632 n. Chr. setzte dann jedoch dessen übernächster Nachfolger, Kalif Omar, die angeblich im Testament des Religionsstifters festgelegte Bestimmung, wonach in Arabien kein Platz für eine andere Religion außer für den Islam sei, gewaltsam durch und vertrieb im Jahre 638 n. Chr. die Christen aus der Oase.

Östlich von Nadschran wird der Übergang in die Rub al-Chali durch die Sandwüste von al-Garra gebildet. Die hier aus dem Sand ragenden und mit dunkler Patina, dem sogenannten »Wüstenlack«, überzogenen Felsen sind in großer Zahl von altsüdarabischen und jüngeren arabischen Graffiti und Felsinschriften bedeckt.

Quer über die Arabische Halbinsel nach Gerrha

Während der Kenntnisstand über die Nabatäer mittlerweile recht fundiert ist und ihre Hauptstadt Petra heute das wichtigste touristische Reiseziel Jordaniens darstellt, besitzt man nur geringes Wissen über ihr »Gegenstück« im Nordosten der Arabischen Halbinsel, nämlich das in antiken Quellen mehrfach erwähnte Königreich der Gerrhäer am nördlichen Ende des Persisch-Arabischen Golfes, das ebenfalls eine bedeutende Rolle im Fernhandel spielte. Nicht einmal die Hauptstadt Gerrha – laut Strabo 200 Stadien, also etwa 100 km, von der Küste entfernt im Landesinneren gelegen – und der ihr über diese große Distanz angeschlossene gleichnamige Hafen, der vornehmlich dem Indienhandel seine Bedeutung verdankte, konnten bislang mit Sicherheit lokalisiert werden. Möglicherweise handelt es sich beim heutigen Thaj und dem Küstenort Dschubail um die beiden Örtlichkeiten.

Die von Sand bedeckten Ruinen von Thaj erstreckten sich innerhalb einer Umfassungsmauer in der Form eines Parallelogramms über eine Länge von rund 1,5 km entlang des Südufers eines heute zu einem Salzsumpf (»Sebha«) ausgetrockneten Sees. In den Häusern der heutigen Ansiedlung sind mehrere Spolien mit altsüdarabischen Inschriften verbaut. Grabungen dänischer Archäologen im Frühjahr 1968 ergaben, dass der Ort nur eine einzige, rund vier Jahrhunderte umfassende Besiedlungsphase besaß. Dicke Ascheablagerungen in den obersten Schichten sprechen dafür, dass er ein gewaltsames Ende fand. Seit 2011 wird durch die saudische Altertümerverwaltung in Al-Dafi 14 km außerhalb von Dschubail ein rund 6 Meter hoher Siedlungshügel ausgegraben, der eine ummauerte hellenistische Ansiedlung erbrachte, bei der es sich um den Hafen von Thaj handeln könnte.

Gerrha wurde über eine Karawanenroute erreicht, die in der Großoase Nadschran nahe der jemenitisch-saudischen Grenze von der Weihrauchstraße abzweigte und quer über die Arabische Halbinsel nach Nordosten verlief. Dieser Handelsweg führte zunächst nach Qaryat al-Faw, die Hauptstadt des Reiches der Kinda.

Qaryat al-Faw

Die weitläufigen Ruinen von Qaryat al-Faw, die sich in Nord-Süd-Richtung mehr als 2 km und von Osten nach Westen knapp 1 km weit ausdehnen, sind in den 1940er-Jahren von Mitarbeitern der Erdölgesellschaft ARAMCO bei Erkundungsflügen aus der Luft entdeckt worden. Ausgrabungen begannen jedoch erst 1972 durch Abdul Rahman al-Ansary von der Universität Riyadh. Nach dem Ausweis von Münzfunden und epigraphischen Zeugnissen war der Ort vom 2. Jahrhundert v. Chr. bis ins 5. Jahrhundert n. Chr. besiedelt. Dies deckt sich in etwa mit der Dauer des vorislamischen Weihrauchhandels, der schon vor der Ausbreitung der neuen Religion zurückging, als nämlich die heidnischen Kulte mit ihren Räucheropfern durch den Aufstieg des Christentums zurückgedrängt wurden und dadurch die Nachfrage nach dem aromatischen Baumharz dramatisch abnahm.

Im Umland des eigentlichen Stadtgebietes von Qaryat al-Faw befanden sich einst ausgedehnte Areale, die durch den Anbau von Dattelpalmen, Weinstöcken, Harz liefernden Sträuchern und Getreidefeldern landwirtschaftlich genutzt wurden, was man sich heute angesichts der Lage des Ortes inmitten der Wüste kaum mehr vorstellen kann. Die Ausgrabungen erbrachten 17 Brunnen, außerdem zahlreiche Zisternen und mehrere unterirdische Wasserkanäle. Knochenfunde und bildliche Darstellungen belegen die Anwesenheit von Jagdwild und Haustieren. Der Ort besaß einen, wenn auch nur verhältnismäßig kleinen Tempel von wahrscheinlich nur regionaler Bedeutung, einen Palast als Herrschersitz und vor allem, wie es für eine Handels- und Karawanenstadt zu erwarten ist, ein umfangreiches Marktgelände in Gestalt eines Souqs, der den kommerziellen Mittelpunkt des Gemeinwesens darstellte. Die Handelsverbindungen reichten dabei bis zu den Nabatäern, da neben entsprechender Keramik auch eine nabatäische Inschrift gefunden wurde.

Dieser Souq, der in markanter Position auf einem rund 8 m hohen Hügel liegt, stellt die am besten ausgegrabene Partie der Stadt dar. Auffällig ist die extrem dicke Umwallung, die den inneren Hof oder Marktplatz

Abb. 45 Wandmalerei aus Qaryat al-Faw, ht. Nationalmuseum Riyadh.

umgibt. Die Ausgräber nehmen an, dass die Umwallung den ältesten Teil des Gebäudes bildet, welches ursprünglich als Fluchtburg für die Bevölkerung im Gefahrenfall fungierte, und dass es erst später, als der Ort prosperierte und Bauten um die Zitadelle herum entstanden waren, zur Nutzung des Innenhofs als Souq mit dessen Aufteilung in Läden und dazwischen verlaufende Gehwege kam. Die von sieben Türmen in ihren Mauerzügen geschützte Zitadelle wies ursprünglich nur einen einzigen schmalen Zugang im Westen auf. Im inneren Souq befinden sich ein eindrucksvoller tiefer Brunnen und ein Abflusskanal, die beide mit Steinen gefasst sind. Der Brunnen ist am östlichen Ende des schmalen Innenhofes dreiseitig von Häusern, Lagerhallen, Läden und Werkstätten eingerahmt, die nach Ausweis von Treppenresten oftmals mehrgeschossig und zudem unterkellert waren, und deren aus sorgfältig behauenen Steinquadern errichtete Mauern sich teils bis 2 m Höhe erhalten haben. Es gibt auffällig viele Waschgelegenheiten mit Abflüssen für das Schmutzwasser, das wohl noch zu Bewässerungszwecken weitergenutzt wurde. Außerhalb der Zitadelle existieren im Norden, Westen und Süden weitere Marktgebäude, die teils noch ihrer Freilegung harren. In den beiden letztgenannten Himmelsrichtungen erstreckte sich auch das Regierungsviertel, das ebenfalls nur teils ergraben ist. Außerdem befinden sich dort mehrere große Karawansereien von jeweils 18 mal 28 m Umfang, welche die Rolle der Stadt als Handelszentrum unterstreichen.

Vor allem im Tempelareal traten zahlreiche rundplastische, zumeist aus Bronze gefertigte Figuren zutage. Neben Füßen, Händen oder einzelnen Fingern – den Überresten mehrerer in Hohlgusstechnik hergestellter Großbronzen – wurden auch viele kleinere, komplett erhaltene Stücke von teils hoher künstlerischer Qualität gefunden. Es gab eine einzelne Darstellung eines Delfins, häufiger vertreten waren hingegen Figürchen von Kamelen und Steinböcken. Zwei Löwenköpfe mit Ringen in ihren Mäulern bildeten wohl die Enden der Armlehnen eines Thronsessels. Ägyptischen Einfluss weist die Statuette eines geflügelten und mit einem Füllhorn in seinem linken Arm versehenen Knaben auf, der mit seiner pharaonischen Doppelkrone und dem Finger am Mund als Harpokrates (altägyptisch »Hor-pa-chered« = »Horus-das-Kind«) ausgewiesen ist. Griechisch-römisch inspiriert ist hingegen ein 19 cm großes Figürchen des Herakles, der das Fell des nemäischen Löwen über seinem Arm trägt. Zur Identifizierung des Ortes trug entscheidend ein kleiner dekorierter Dreifuß bei, der die Darstellung der in Qaryat al-Faw auch an anderer Stelle mehrfach belegten Gottheit Kahl – mit erhobenen Armen und einer Krone auf dem Haupt – aufweist. Denn andere altsüdarabische Inschriften, unter anderem aus Saba, erwähnen Dhat Kahl im Staat der Kinda. Es ist in diesem Zusammenhang von Expeditionen und Überfällen gegen die »Stadt von [d.h. der Gottheit] Kahl«, die bis dahin unidentifiziert war und jetzt mit Faw gleichgesetzt werden kann, die Rede.

In den Häusern traten neben unzähligen Kleinfunden aus Silber, Alabaster, Bein und Holz zahlreiche Getreidemahlsteine ans Licht. Den wichtigsten Handwerkzweig stellte offensichtlich das Weben hochwertiger Textilien, von denen viele Fragmente aus Leinen bei den Grabungen aufgefunden wurden, dar. Die Leinenweberei ist sogar auf den Wandfresken, die im Palast aufgefunden wurden, dargestellt. Dieser Herrscherbau besteht aus zwei unterschiedlich großen Haupträumen, wobei die Decke des größeren von zwei Pfeilern getragen wurde und ein Bankett die inneren Wände umlief. In seiner Mitte wurden zahlreiche herabgefallene Putzbrocken aufgelesen, welche die durch den trockenen Wüstensand hervorragend erhaltenen Wandmalereien in Schwarz, Rot und Ocker trugen. Sechs Szenen zu je 40 mal 50 cm, die zu einer Serie von Bildfeldern entlang der Palastwände gehört haben müssen, konnten wieder zusammengesetzt werden. Die Motive zeigen in einem Fall Kamele und Weinlaub, ein andermal Hufe und Beine von Pferden, die durch Wasser laufen, in dem sich Fische tummeln, und an wieder anderer Stelle die Teile einer cupido-ähnlichen Gestalt, welche die Zügel eines unsichtbaren Wagens hält, mit flatternden Bändern. Als interessantestes Bild erwies sich ein Männerkopf mit Lockenhaar und Bart, bekränzt und geschmückt von zwei kleineren Frauenfiguren. Dieses Männerbildnis stellt das Porträt eines gewissen Zky dar, dessen Name in proto-arabischen Buchstaben, dem sogenannten »Musnad«, in schwarzer Schrift beigeschrieben ist (Abb. 45).

Es wurden mehrere Knochen, hauptsächlich Schulterblätter von Kamelen und Rindern, gefunden, die in demselben Musnad mit rötlicher Tinte beschriftet waren. Diese Knochen stellen den einzigen Schriftträger des Ortes dar, in welchem bislang keine Papyri oder Pergamentrollen aufgetaucht sind. Aus der Hadith, der Lebensbeschreibung des Propheten Mohammed, war theoretisch bekannt, dass Koranverse auf diesem Material sowie auf den Mittelrispen von Palmwedeln festgehalten worden waren. Doch jetzt war dieser Befund erstmals im Original aufgetaucht.

Zur Ortschaft gehörte auch eine Nekropole mit Grabinschriften. Die Bestattungen waren schon im Altertum beraubt worden, nur wenige Objekte sind von den Plünderern übersehen oder als wertlos erachtet worden. Dazu zählen bemalte Holzstücke, die eventuell von Särgen stammen, ebenso wie qualitätvolle Phialen und Flaschen aus Glas und Bergkristall.

Unter den Bestattungen ragen das Grab eines Königs Muawiya Bin Rabia, der wahrscheinlich im 2. Jahrhundert n. Chr. regierte, und diejenigen zweier Adeliger hervor. Die Grabinschrift des einen Würdenträgers, die ähnliche Drohungen aufweist wie sie aus Meda'in Saleh bekannt sind, lautet: »Ijl Bin Hafam hat dieses Grab errichtet für seinen Bruder Rabil Bin Hafam, für sich selbst, seinen Sohn, seine Frau, seine Enkel und Urenkel und deren gesetzlich freie Frauen der al-Ghalwan und erbittet für sie den Schutz von Kahl, Lah und Athar-Aschraq, um sie vor aller Not, Schwäche und Bosheit zu schützen; gleichermaßen ihre Frauen, für immer von allem Schaden, ansonsten möge der Himmel Blut regnen und die Erde möge verbrennen.«

Stümpfe von Lehmziegeltürmen in der Umgebung sind wohl als Grabtürme zu deuten. Außerdem befinden sich an mehreren Stellen Felsritzungen und -inschriften.

Gerrha

Die Karawanenroute nach Gerrha setzte sich jenseits von Qaryat al-Faw zunächst durch das Wadi Dawasir mit der Oase von Sulaiyil in seinem Verlauf fort. Dieses mehrere Kilometer breite Tal bildet einen Einschnitt quer durch das Gebirgsdach von Tuwayq, welches sich wiederum in Nord-Süd-Richtung durch den überwiegenden Teil Zentralarabiens zieht. Rund 210 km nördlich von Sulayil, wobei der Weg durch eine nur mit flachen Dünen versehene Sandwüste führt, erstreckt sich die Oase Leyla mit ihrem Bewässerungssystem aus unterirdisch verlaufenden Leitungen, sogenannten »Afladsch« (Singular: »Faladsch«). Hier sind senkrechte Schächte, die in mehr oder minder regelmäßigen Abständen in den Boden eingetieft worden sind, durch waagrechte Stollen miteinander verbunden, durch die das Wasser – oftmals über mehrere Dutzend Kilometer – von der Quelle bis zu den zu bewässernden Arealen geführt wird.

Der Weg führt dann in die Jamana, den an Quellen und Oasen reichen und deswegen relativ fruchtbaren Landstrich südlich der heutigen Landeshauptstadt Riyadh, der als das Herz der Provinz Nadschd gilt. Die bedeutendste Oase dort ist Chardsch (Kharj), rund 335 km nördlich der Oase Leyla. Von hier aus geht es schließlich durch den nordwestlichen Ausläufer des Sandmeeres der Rub al-Chali bis in die Oase Hufhuf, das vormalige Hadschar. Diese größte Oase Ostarabiens, von der aus es noch rund 60 km bis zur Küste des Persisch-Arabischen Golfes sind, stellt eher eine Ansammlung zahlreicher durch Sandfelder voneinander getrennter bewässerter Flächen dar als ein zusammenhängendes Siedlungsgebiet. Sicherlich handelte es sich hierbei um die unter anderem von Plinius (nat. VI 32, 148) erwähnte Landschaft Attene, die nach dessen Angaben in 50 Meilen Entfernung von der Küste auf Höhe der ihr vorgelagerten Insel Tylos (das heutige Bahrain) lag. Von Hufhuf/Attene aus erreichte man schließlich Gerrha. Wiederum über diese Stadt hinaus gelangte man weiter nach Mesopotamien. So erwähnt Eratosthenes gerrhäische Kaufleute, die auf dieser Route Weihrauch und Gewürze ins Zweistromland brachten.

Neben der genannten Karawanenstraße, die Gerrha mit »Arabia felix« verband, nahm von Gerrha noch eine weitere Handelsroute ihren Anfang, die über Dumat-al-Dschandal und Tayma in die Nabatäerhauptstadt Petra führte. Nach einem Zeugnis des Agatharchides (De Mari Erythraeo 87) traten die Gerrhäer in Petra als Konkurrenten der Sabäer beim Weihrauch- und Gewürzhandel in Erscheinung.

Ihrer Lage am Schnittpunkt mehrerer Handelsstraßen verdankte Gerrha einen in der Antike legendären Reichtum. Davon legt ein durch Strabo überliefertes Zitat des Artemidoros Zeugnis ab: »Durch den Weihrauchhandel ... sind die Leute von Gerrha der reichste aller Stämme geworden und besitzen große Mengen von Gegenständen aus Gold und Silber, wie zum Beispiel Liegebetten, Dreifüße, Becken, Trinkgefäße. Hinzufügen müssen wir die kostbare Pracht ihrer Häuser, denn die Türen, Wände und Dächer sind bunt von eingelegtem Elfenbein, Gold, Silber und Edelsteinen.«

Nach den Angaben von Aristobulos und Eratosthenes (bei Strabo XVI 766) ist das altarabische Reich von Gerrha – als Folge der Eroberung Babyloniens durch die Perser unter Kyros II. im Jahre 539 v.Chr. – von chaldäischen Flüchtlingen gegründet worden. Der strategisch günstig gelegene Platz, an dem Gerrha entstand, dürfte jedoch bereits vorher besiedelt gewesen sein. Möglicherweise ist er, wie erstmals Hermann von Wissmann vermutet hat, identisch mit dem Tamlih (»Salzland«) in der wahrscheinlich aus dem 5. Jahrhundert v.Chr. stammenden Hierodulenliste von Ma'in. Damit gäbe es für die Stadt bereits ein erstes Zeugnis aus der Zeit der Minäer. In den Beschreibungen antiker und frühislamischer arabischer Autoren werden die Hauptstadt im Landesinneren und der knapp 100 km von ihr entfernte Seehafen gelegentlich durcheinandergebracht.

Merkwürdigerweise fehlt bei dem Bericht, den Arrian vom geplanten Feldzug Alexanders des Großen zur Eroberung Arabiens und von den vorbereitenden Schifffahrten entlang der Küste gibt, jegliche Erwähnung von Gerrha.

Plinius (nat. VI 32, 147) listet bei seiner Beschreibung der Ostküste der Arabischen Halbinsel von Norden nach

Abb. 46 Ruinen von Schihr im Süden des Oman, möglicherweise das antike Ubar.

Süden – im Anschluss an die Insel Ikaros (heute Failaka in der Bucht von Kuwait) und an den nicht eindeutig zu lokalisierenden Meerbusen Kapeios, »an dem die Gaulopen und Gattaier wohnen«, – sowohl den Gerrhäischen Meerbusen als auch die Stadt Gerrha auf, deren Umfang er mit fünf Meilen angibt. Seinen Angaben nach wies sie Türme aus viereckig gehauenem Steinsalz auf.

Gerrha dürfte seine Blütezeit im frühen Hellenismus erlebt haben. Damals hatte Seleukos I. Nikator (305–281 v.Chr.) mit der nach ihm benannten Stadt Seleukaia am Tigris ein bedeutendes Handelszentrum gegründet, in dem die beiden Überlandrouten zusammenliefen, die Indien mit Mesopotamien verbanden: die nördliche über Baktrien, die südliche durch Gedrosien und Karmanien sowie Persis und Susiana. Gleichzeitig fand ein Warentransport auch auf dem Seeweg entlang der Küsten des Persisch-Arabischen Golfes statt, wobei der Hafen von Gerrha an der Westküste eine dominante Rolle spielte, die offensichtlich zeitweilig sogar bedeutender war als die der seleukidischen Hafenplätze an der gegenüberliegenden Ostseite, wie Antiochia in Persis (heute Buschir), Seleukaia »am Erythräischen Meer« oder Antiochia-Charax.

Das anfängliche Verhältnis zwischen den arabischen Gerrhäern und den griechischen Seleukiden kann man sich ähnlich vorstellen, wie die ptolemäisch-nabatäischen Beziehungen auf der gegenüberliegenden Westseite der Arabischen Halbinsel, wo die Handelsrouten entlang der Küste in frühptolemäischer Zeit noch unter der Kontrolle der einheimischen Stämme der Nabatäer, Lihyaniter und Sabäer standen. So lagen auf der Ostseite der Arabischen Halbinsel die Seeverbindungen nach Indien und die Landwege nach Südarabien, Babylonien und zu den Nabatäern zunächst in den Händen der Gerrhäer. Für das 3. Jahrhundert v.Chr. ist sogar belegt, dass Weihrauchlieferungen über Gerrha auf dem Landweg in den von den Ptolemäern kontrollierten syrisch-palästinensischen Raum und darüber hinaus nach Alexandria selbst gelangten. Man darf annehmen, dass diese in frühhellenistischer Zeit die Hauptversorger der Seleukiden mit südarabischen und indischen Luxusgütern darstellten. Als die Seleukiden in der Folgezeit selbst den Handelsverkehr zwischen Babylonien und Indien aufgenommen hatten, mussten sie, um Überfälle der Gerrhäer auf ihre Schiffe zu verhindern, im Persisch-Arabischen Golf eine kleine Kriegsflotte stationieren. Polybios (XIII 9) berichtet von einer militärischen Unternehmung zur See des Seleukidenherrschers Antiochos III. (222–187 v.Chr.) gegen die Gerrhäer. Doch dank deren reicher Geschenke an Silber und Edelsteinen ließ er sich davon abhalten, die Stadt einzunehmen. Trotz des militärischen Druckes, den die Seleukiden gelegentlich auf die Gerrhäer ausübten, dürften die friedlichen Wirtschaftsbeziehungen überwogen haben, sodass viele Handelsgüter, statt ihren Weg über das Nabatäerreich und Gaza oder über das Rote Meer und das ptolemäische Alexandria ans Mittelmeer zu nehmen, jetzt nach Seleukaia gelangten. Dort verkauften die Seleukiden die Waren, die sie nicht selbst verkonsumierten, weiter oder verschenkten sie gar: So stifteten nach Ausweis einer entsprechenden Widmungsinschrift (OGI 214) Seleukos I. (305–281 v.Chr.) und dessen Sohn und späterer Nachfolger Antiochus I. (Mitregent seit ca. 293 v.Chr.; Alleinherrschaft 281–261 v.Chr.) im Jahre 288/87 v.Chr. dem Heiligtum des Apollon von Didyma neben Gold-, Silber- und Bronzegefäßen auch diverse orientalische Spezereien, nämlich zehn Talente Weihrauch, ein Talent Myrrhen, zwei Minen Kassia, zwei Minen Kinnamon und zwei Minen Kostus.

Die enge Verzahnung zwischen Gerrha und dem seleukidischen Reich wird schließlich daran ersichtlich, dass der Niedergang von Gerrha einsetzte, als die Seleukiden Babylonien an die iranischen Parther verloren und dadurch die Schifffahrtsroute entlang der gegenüberliegenden Ostküste des Persisch-Arabischen Golfes an Bedeutung gewann. Gemeinsam mit der übrigen Westküste des Golfes wurde Gerrha um 320 n.Chr. sassanidisch.

Das Reichsgebiet von Gerrha dürfte zur Blütezeit sogar die Inseln des heutigen Emirats Bahrain im Persisch-Arabischen Golf umfasst haben. Die Hauptinsel hieß in der Antike Tyros oder Tylos und beherbergte eine gleichnamige Stadt; die nördlich davon gelegene kleinere Insel Arad konnte sich ihren antiken Namen Arados praktisch unverändert bewahren. In den dortigen Gewässern spielte, wie unter anderem Plinius (nat. VI 148) überliefert, die Perlen- und Korallenfischerei eine wichtige Rolle. Die Inseln fungierten nach Ausweis sumerischer Keilschrifttexte, in denen sie als ein Teil des Gebietes von Dilmun (assyrisch Tilmun) erscheinen, schon im 3. Jahrtausend v.Chr. als Umschlagplatz für den Seehandel zwischen Mesopotamien und Meluhha, das heißt, der indisch-pakistanischen Industal- und Harappakultur. Südlich an Dilmun schloss sich auf dem arabischen Festland seinerzeit das laut Keilschrifturkunden hauptsächlich wegen seiner reichen Kupfervorkommen bedeutende Magan an, das vor allem den heutigen Oman umfasste. Hier soll schon der Assyrerkönig Sanherib um 694 v.Chr. Seeräuber, die zuvor den Persisch-Arabischen Golf unsicher gemacht hatten, zwangsangesiedelt haben.

Von der Route, die Gerrha mit Nadschran verband, zweigte offensichtlich ein direkt nach Süden führender Karawanenweg ab. Strabo (XVI 4,4) gibt bereits für die Epoche Alexanders des Großen die Existenz eines Überlandweges von Gerrha in das Wadi Hadramaut an, auf dem man 40 Tage unterwegs war. Mittelalterliche arabische Quellen aus dem 13. Jahrhundert n.Chr. sprechen davon, dass die zweimal jährlich mit Aromata als Handelsgut zusammengestellten großen Karawanen auf ihrem Weg von Baghdad in den Dhofar einen sicheren und befestigten Weg benutzen konnten. Die Handelskarawanen der Antike dürften in etwa auf derselben Route – auch wenn diese damals wahrscheinlich noch nicht so gut erschlossen und ausgebaut war – unterwegs gewesen sein, die von Gerrha/Hadschar durch die Rub al-Chali über Ubar in den Dhofar, das Weihrauchland Sa'akalan, führte. Der legendäre Ort Ubar, der von Claudius Ptolemaios in der ersten Hälfte des 2. Jahrhunderts n.Chr. als das Handelszentrum des Oman (»Omanum Emporium«) bezeichnet wird, könnte in Gestalt der Ruinen von Schisr, rund 140 km nördlich von Salalah, kürzlich wiederentdeckt worden sein (Abb. 46).

Die Route zum Mittelmeer

Asir und Tihama

Nach dem Verlassen des Oasenbeckens von Nadschran nach Nordwesten gelangten die antiken Weihrauchkarawanen bald nach Asir, heute eine Provinz im Südwesten Saudi-Arabiens. Zu ihr zählt nicht nur das fruchtbare (da regenreiche), bewaldete und in weiten Teilen für die landwirtschaftliche Nutzung künstlich terrassierte, hier bis etwa 280 m Höhe ansteigende Asirgebirge (Abb. 47), sondern auch die dort vorgelagerte flache Küstenebene der Tihama mit ihrem schwülheißen Klima, die sich südlich anschließend bis in den heutigen Jemen fortsetzt und in der immerhin noch Landwirtschaft mit Bewässerung möglich ist. Seinen Namen soll Asir einem Beduinenstamm verdanken, der um die heutige Provinzhauptstadt Abha lebte. Eine Wegvariante des hier verlaufenden Abschnitts der Weihrauchstraße, die später von den moslemischen Wallfahrern auf ihrer Pilgerreise nach Mekka genutzt werden sollte und bei der sich noch einige Passagen ihrer alten ursprünglichen Pflasterung mit großen Steinbrocken bis in die Gegenwart erhalten konnten, wird als »Elefantenweg« bezeichnet, und zwar nicht, weil hier Elfenbein gehandelt wurde, sondern in Erinnerung an die hier entlang gezogenen 13 Kriegselefanten in der Streitmacht des Abraha(m), des Anführers der christlichen Truppen aus dem sabäohimyaritischen Reich, der mit diesen Tieren gegen Mekka vorrückte. Wann dieser in der arabisch-islamischen Überlieferung von zahlreichen Legenden umwobene erfolglose Feldzug, auf den sogar der Koran –

Abb. 47 Ansiedlung und umgebendes Fruchtland im saudi-arabischen Asir-Gebirge.

Abb. 48 Inschrift des Abraha-Feldzuges gegen Makoraba (Mekka).

in der Sure 105, die den Beinamen »Der Elefant« trägt – Bezug nimmt, stattfand, ist noch umstritten. Der Legende nach ließ Abraha(m) in der damaligen Residenzstadt Sana'a eine prachtvolle Kathedrale errichten, um die Bevölkerung seines Reiches vom Besuch der Ka'aba von Mekka, die bereits in vorislamischer Zeit ein überregional bedeutendes Heiligtum der Araber darstellte, abzuhalten. Als daraufhin tatsächlich der Pilgerstrom nach Norden nachließ, schickten die geschädigten Bürger aus Mekka einen gewissen Nofail nach Sana'a, der des Nachts das Gotteshaus schändete, indem er den Altar und die Kirchenmauern mit Kot besudelte, was wiederum Abraha(m) zu einer Strafexpedition nach Mekka veranlasste. Die genannten Elefanten aus seiner Streitmacht verweigerten beim Einzug in Mekka durch ein göttliches Wunder den Gehorsam, und gleichzeitig erschien von der Küste her ein Vogelschwarm am Himmel, der über dem christlichen Heer seine Last glühender Lehmbrocken entlud. Wer von den Invasoren selbst die danach einsetzende Sturmflut überlebte, der wurde schließlich von der Pest dahingerafft. Gemäß der islamischen Tradition soll sich dieses göttliche Strafgericht im Geburtsjahr Mohammeds, also 570 n. Chr., abgespielt haben. Der Feldzug muss sich jedoch, wenn er überhaupt stattgefunden hat, früher ereignet haben, da Abraha(m) bereits gegen 560 n. Chr. verstorben war. Gelegentlich gilt eine durch dessen Truppen in Zentralarabien eingemeißelte Felsinschrift, die von der Niederschlagung eines Beduinenaufstandes berichtet und sich in das Jahr 547 n. Chr. datieren lässt, als Hinterlassenschaft dieser militärischen Unternehmung (Abb. 48); aus chronologischen Erwägungen kann das Ereignis aber auch in das Jahr 552 n. Chr. gesetzt werden.

An den Felswänden entlang des »Elefantenweges« haben an zahlreichen Stellen die hier durchziehenden Karawanenhändler und Mekkapilger bildliche Graffiti und Inschriften in altsüdarabischer (himyaritischer und sabäischer) bzw. (früh)arabischer Schrift hinterlassen,

Letztere oftmals mit der traurigen Mitteilung, dass der im Text namentlich Genannte die Strapazen der Pilgerfahrt nicht überlebt habe und deswegen hier von seinen Glaubensbrüdern beerdigt werden musste.

Auch über die damalige Bevölkerung in der südwestarabischen Küstenebene, der Tihama, werden wir durch die antiken Autoren informiert. Ganz im Süden saß der Stamm der Elisaroi, die wohl mit den Asaran der sabäischen Inschriften identisch sind; an ihn schlossen sich nach Norden hin beim Wadi Maur zunächst die Kassanitai an, auf welche schließlich bei den Wadis Baid und Baisch (Baitos) die Kinaidokolpiten folgten. Das Gebiet der Letzteren grenzte unweit südlich des bedeutenden Hafenplatzes von Leuke Kome an das Reich der Nabatäer. Die unter anderem im Periplus (Peripl. 20) und bei Ptolemaios (VI 7,6) genannten Kassanitai, die bei Agatharchides (bei Diodor III 45,6) und Plinius (nat. VI 150) in den Schreibvarianten Gasandai bzw. Casani auftreten, dürften identisch sein mit den Ghassan, die ursprünglich in der jemenitischen Tihama beheimatet waren, ehe sie im 6. Jahrhundert n. Chr. nach Syrien einwanderten. Der Stamm bzw. das Land der Ghassan erscheinen auch in zwei sabäischen Inschriften aus der Zeit um 200 bzw. 350 n. Chr. Unter der Benennung als Sahartan sind sie nach Ausweis der schriftlichen Quellen zur Zeit der beiden Könige Scha'ir(um) Autar von Saba und Dhu Raydan sowie Ilascharah II. (Ilasaros) wiederholt von den Habaschat (Abessiniern) unterworfen worden bzw. waren ihre Bündnispartner. Ihre vormalige Hauptstadt Badeo (Badeos Polis bei Stephanos Byzantios) ist aufgrund ihrer Namensähnlichkeit wohl identisch mit dem heutigen al-Badi in Asir, zudem sind die Ortschaften Ambe, Mamala (wohl Ma'mala in Asir) und ganz im Süden Adedu (wohl al-Hodeidah im heutigen Jemen) überliefert.

Irgendwo in dieser Gegend, eventuell mit der bei Plinius (nat. VI 154) unweit von Coralis (heute Hali) genannten Küstenstadt Merme oder Marane als Zentrum, müssen auch die Maranitai beheimatet gewesen sein, denen, wie Agatharchides (De Mari Erythraeo 88) überliefert, ein grausames Schicksal widerfuhr. Als die meisten wehrfähigen Mitglieder dieser Volksgruppe zur Teilnahme an einem Opferfest in die Nachbarregion gezogen waren, nutzte der Stamm der Garindaneis die Situation aus, brachte zunächst die Daheimgebliebenen um und überfiel und ermordete dann auch die ahnungslosen Heimkehrer, um anschließend ihre Ländereien und Herden in seinen Besitz zu bringen.

Makoraba/Mekka

Das unter anderem von Ptolemaios (VI 7,32) erwähnte bedeutende Handelszentrum Makoraba, das nachmalige Mekka, an der Weihrauchstraße lag im Stammesgebiet der al-Qoreisch, denen auch der Prophet Mohammed zugehörte. Bereits in vorislamischer Zeit befand sich hier ein bedeutendes Heiligtum mit einem schwarzen Meteor als kultischem Zentrum, dem der Ort auch seinen Namen – von südsemitisch »mkrb«, was Tempel, Heiligtum oder Altar bedeutet – verdankt. Überliefert ist, dass in Makoraba/Mekka der Mondgott Hubal, der »Herr der sieben Orakelpfeile«, mit seinen drei Tochtern Allat (al-Lat), Manat und al-Uzza verehrt wurde. Hubal besaß ein im Inneren der Ka'aba aufbewahrtes anthropomorphes Kultbild aus rotem Karneol, dessen rechte Hand, nachdem sie abgebrochen war, von den Qoreisch durch eine neue aus Gold ersetzt worden war. Dank dieses Kultplatzes zog die Stadt schon vor dem Auftreten Mohammeds, der hier geboren wurde und zunächst als Kaufmann wirkte, neben Händlern auch viele Gläubige an. Mohammed erhielt in einer Höhle unweit außerhalb von Mekka im Alter von etwa 40 Jahren seine ersten Offenbarungen, die sich in den Suren des Koran niederschlugen und begann hier – bis zur Hedschra, seiner Flucht nach Yathrib/Medina, mit welcher die Moslems ihre Jahreszählung beginnen lassen – mit der Verkündung des neuen Glaubens. Dabei wandte er sich vehement gegen das materialistische Denken seiner Stammesbrüder und gegen deren Gottlosigkeit, und man kann sich gut vorstellen, dass sein Beharren auf der Verehrung nur eines Gottes und seine Forderung nach einem Verbot der Kultstätten der anderen Götter, die von den internationalen Handelspartnern der Qoreisch verehrt wurden, als schlichtweg geschäftsschädigend angesehen worden ist, weswegen man ihm bald nach dem Leben trachtete.

Nachdem sich der Islam 630 auch in Mekka durchgesetzt hatte, ließ Mohammed alle Götterbilder sowie sämtliche zugehörigen religiösen Texte so gründlich vernichten, dass so gut wie kein Quellenmaterial mehr zu den vorislamischen religiösen Bräuchen überliefert ist. Lediglich der frühmittelalterliche arabische Historiker Ibn al-Qalbi (ca. 737–820) trug in seinem »Götzenbuch« (»Kitab al-Asnam«) Informationen zur »Dschahiliya«, der »Zeit des Unglaubens« zusammen, was nur deswegen toleriert wurde, da er seine Angaben nutzte, um die Verderbtheit der alten Religionen gegenüber dem Islam herauszustellen. So berichtet er: »Die Qoraisch pflegten die Ka'aba zu umkreisen, indem sie sagten: ›Bei al-Lat und bei al-Uzza und bei Manat, der dritten, der anderen! Sie sind die allerhöchsten Schwäne und auf ihre Fürbitte (bei Gott) darf man hoffen‹« Zudem erfährt man von ihm, dass auch Mohammed als Kind seiner Zeit vor seinen Offenbarungen der Göttin al-Uzza Tieropfer dargebracht habe. Idole von deren Schwester al-Lat (Allat) sollen die Mekkaner bei Kämpfen mit sich geführt haben. Der Kult dieser Göttin, die schon von Herodot (I 131) als Alilat erwähnt und von ihm mit Urania gleichgesetzt wurde, fasste auch in anderen Oasenstädten wie dem syrischen Palmyra Fuß. Denn es ist überliefert, dass die Qoreisch von Mekka aus alljährlich zwei große Handelsreisen unternahmen, und zwar die eine im Sommer nach Syrien und die andere im Winter in den Jemen. Wie weit dabei die Handelsbeziehungen in alle vier Himmelsrichtungen reichten, zeigt die Geschichte von den vier Söhnen des Abd Manaf, eines Vorfahren des Propheten Mohammeds, die sich die Handelsziele aufgeteilt haben sollen: Haschim zog regelmäßig nach Syrien, Abd Schams nach Äthiopien, Abdul-Mutallib in den Jemen und Nawfal nach Persien, und alle hatten von den Machthabern in ihren Zielländern Schutzbriefe ausgestellt bekommen, die ihnen einen friedlichen Handel garantierten.

Nach der Islamisierung der Arabischen Halbinsel wurde der schwarze Stein zum religiösen Mittelpunkt der neuen Religion. Jeder Gläubige muss sich bei seinen fünf Tagesgebeten in dessen Richtung wenden, und er ist Ziel der vom Koran vorgeschriebenen Pilgerfahrt. Heute befindet er sich in der Ostecke des großen, aufgrund seiner Form »Ka'aba« (Würfel) genannten Schreins im Zentrum der Großen Moschee. Dieses vermeintlich heidnische Heiligtum ließ sich deswegen ohne Probleme in die neue Religion integrieren, da es nach Überzeugung der Moslems (Koran II 127) von Abraham – dem auch im Koran als Propheten anerkannten Stammvater der drei »Buchreligionen« Judentum, Christentum und Islam – und Ismael gestiftet worden ist.

Yathrib/Medina

Das weiter im Norden liegende nächste bedeutende Handelszentrum an der Weihrauchstraße war Yathrib, das Iathrippa der antiken griechischen und römischen Historiker. Der Ort war bereits um 550 v.Chr. das Ziel eines Feldzugs des babylonischen Königs Nabonid, der hierfür mit seinem Heer von Tayma aus aufgebrochen war. Es wird auch in der sogenannten »Hierodulenliste« aus der minäischen Hauptstadt Qarnawu, als Herkunftsort einiger der dort namentlich genannten Frauen, erwähnt. Die Stadt diente Mohammed nach seiner Flucht aus seiner Heimatstadt Mekka, der »Hedschra«, im Jahre 622 n.Chr. als Aufenthaltsort. Dort sammelte er in seinem Kaufmannshaus, das damit zur ältesten Moschee avancierte, seine ersten Jünger und legte den Grundstein für die weltweite Expansion des neuen Glaubens. Mit dem Siegeszug des Islam wurde Yathrib zu der »Stadt« (arab. »Medina«) schlechthin für die Moslems und trägt diesen Namen noch heute.

Chaibar

Der sich nach Norden anschließende Abschnitt der Weihrauchstraße zwischen Yathrib/Medina und al-Hegra/Meda'in Saleh führte nach knapp 100 km zum Harrat

Chaibar genannten Hochplateau, das sein Umland deutlich überragt und aus Lavafeldern besteht, zwischen denen fruchtbare Täler verlaufen. Allerdings nahmen die Karawanen ihren Weg nicht in das annähernd dreiecksförmige, etwa 12 000 km² Fläche bedeckende Bergland hinein, sondern zogen an dessen westlichem Fuß entlang.

Geologischen Untersuchungen zufolge könnte der Dschebel Qidr im Zentrum der Harrat Chaibar noch gegen 1800 n. Chr. vulkanische Aktivitäten, die mit neuer Lavabildung verbunden waren, entfaltet haben. Leider gibt es keine Hinweise, wie die vorbeiziehenden Karawanen in der Antike dieses Naturphänomen wahrgenommen haben.

Das gesamte weitläufige Areal ist von zahlreichen Hohlräumen und natürlichen Tunneln durchzogen, die sich nach dem Erkalten der Lavamassen herausgebildet haben. Diese noch immer weitgehend unerforschten, oft mehrere Hundert Meter langen, aber vielfach eingestürzten unterirdischen Gang- und Höhlensysteme mit einer das gesamte Jahr über konstanten Innentemperatur von ca. 25° C boten Tieren und Menschen Schutz. So entdeckte man 2007 bei Untersuchungen in den Lavagängen von Umm Dschirsan, die mit einer Gesamtlänge von 1481 m das bislang ausgedehnteste Höhlensystem Saudi-Arabiens darstellen, auf der Oberfläche der dicken Sedimentschichten neben zahlreichen Tierknochen auch Fragmente von drei menschlichen Schädeln, von denen einer nach Radiocarbon-Messungen ein Alter von 4040 +/− 30 Jahren aufweist. An anderer Stelle lagen, wiederum direkt an der Oberfläche, etwa 20 längliche scharfkantige Basaltstücke in der Größe von Faustkeilen; auch wenn keine Hinweise auf künstliche Bearbeitung, beispielsweise in Gestalt von Abschlägen, gefunden wurden, ist diese auffällige Anhäufung der annähernd gleich großen und ähnlich gestalteten Steine auf kleinem Raum kein Zufall, sondern lässt sich nur durch die Tätigkeit von Menschen, die sich dieser von Natur aus scharfkantigen Steine aus der unmittelbaren vulkanischen Umgebung als primitiver Werkzeuge bedient haben, plausibel erklären. Möglicherweise verbergen sich in den darunter liegenden Sedimenten der Höhle noch ältere menschliche Hinterlassenschaften. Am östlichen Ende der Höhle sind zudem Steine zu einer Mauer und zu offensichtlichen Gebäudefundamenten zusammengefügt worden.

In vorislamischer Zeit bis zum Auftreten Mohammeds stellte die Oase von Chaibar die bedeutendste Ansiedlung von Juden auf der Arabischen Halbinsel dar. Da sich in den Tälern Malariasümpfe befanden, lebten die Siedler in befestigten Siedlungen auf den Bergen, die zugleich Schutz vor Beduinenüberfällen boten, und begaben sich nur zur Bewirtschaftung ihrer Felder sowie ihrer berühmten Dattelplantagen und Weinberge hinab in die Geländesenken. Trotzdem betrieb man dort eine ausgeklügelte Wasserwirtschaft: Einige der unterirdischen Lavahöhlen wie Dahl Rumahah im Norden der Harrat Chaibar fungierten nach Ausweis von Sperrmau-

Abb. 49 Schale der Nabatäerkeramik (Museum Amman).

ern als natürliche Wassertanks. Zudem wurden zum Zurückhalten des kostbaren Nasses in den Taleinschnitten Staudämme errichtet. Am westlichen Ende der Harrat Chaybar haben sich die Überreste sowohl eines solchen großen Sperrwerks, des Sadd Qasr al-Bint oder Qasaybah, wie auch einer antiken aufgelassenen Siedlung, die von einer Festung überragt wird, erhalten. Dabei dürfte es sich um die Ortschaft Chaibar handeln, die der neubabylonische König Nabonid 552 v. Chr. eroberte.

Am Nordrand der Harrat Chaibar, 22 km nördlich der Höhle von Dahl Rumahah, befindet sich an einer Steilwand aus Sandstein eine bemerkenswerte Ansammlung von Felsritzungen, unter denen in verschiedenen Stilen und Techniken – und damit auf einen größeren Entstehungszeitraum hinweisend – unter anderem Straußenvögel, gezäumte und frei laufende Dromedare, nicht näher identifizierbare Vierbeiner sowie Menschen in verschiedenen Posen dargestellt sind. Dazwischen verlaufen, augenscheinlich weniger stark verwittert und dadurch später zu datieren, nabatäische Inschriften.

Die Bewohner von Chaibar scheinen zwar selbst die Handelsrouten nur wenig bereist zu haben, profitierten jedoch trotzdem vom Karawanenhandel zwischen Arabien, Syrien und dem Irak, indem sie die vorbeiziehenden Menschen und Tiere mit Vorräten versorgten, als geschickte Metallverarbeiter den Eigenbedarf der Reisenden an Werkzeugen, Waffen und Schmuck deckten und ihnen ihre im gesamten Hedschas gefragten Textilprodukte, darunter Kleidung aus Seidenstoffen, zur Weiterverhandlung verkauften.

Die Juden in Chaibar galten einerseits als fleißig und geschäftstüchtig, aber andererseits auch als ausgesprochen hilfsbereit und gastfreundlich. Angeblich sollen auf den Türmen ihrer Festungen jede Nacht Leuchtfeuer entzündet worden sein, um Ortsunkundigen, die dann gegebenenfalls auch noch beherbergt wurden, die Orientierung zu erleichtern.

Ein Teil der Festungen gehörte dem jüdischen Stamm der Banu Nadir, die auch in Medina ansässig waren. Sie leiteten ihre Herkunft von Aaron, dem Bruder des Moses, ab. Nachdem sie von Mohammed 625 von dort vertrieben worden waren, sammelten sie sich in Chaibar zum Gegenangriff, für den sie durch benachbarte arabische Stämme Unterstützung erfuhren. 627 leisteten sie dem Stamm der Qoreisch aus Mekka, der dem nach Yathrib/Medina geflüchteten Mohammed feindlich gegenüberstand, aktive Militärhilfe während der sogenannten Grabenschlacht. Doch danach kam es zu einem Abkommen zwischen Mekka und Medina, das auch einen Nicht-Angriffs-Passus beinhaltete, sodass Mohammed Chaibar attackieren konnte, ohne ein Eingreifen der Qoreisch befürchten zu müssen.

Im Sommer 628 konnte Mohammed mit ca. 1700 Mann und 100 Pferden die Oase erobern. Angeblich sollen zuvor Späher in seinem Auftrag die Gastfreundschaft des jüdischen Adels missbraucht haben, indem sie während der Nacht ihre Gastgeber ermordeten. Zudem lagen die drei jüdischen Siedlungsgebiete in Chaibar, nämlich Natat, Schiqq und Katiba, so weit voneinander entfernt, dass keine gegenseitige Unterstützung herbeigerufen werden konnte, und der charismatische Anführer Sallam ibn Mishkam, der bereits in Medina mit Mohammed einen religiösen Disput ausgetragen hatte, kam bei den Kämpfen ums Leben. Schließlich soll auch noch ein jüdischer Überläufer den Arabern einen der versteckten Tunneleingänge gezeigt haben, die zwischen den Festungen und den außerhalb von diesen gelegenen Wasservorkommen bestanden. Zur Beute der Moslems sollen neben einer Belagerungsmaschine auch große Mengen Textilien (20 Ballen jemenitischer Kleider und 500 Mäntel) gehört haben, die sicher als Handelsware gedacht waren.

Mohammed ließ nach seinem Sieg die Führungsschicht der unterlegenen Banu Nadir, angeblich zwischen 700 und 800 Personen, darunter auch den Stammesfürsten Huyayy Ibn Achtab, nach Medina bringen und dort öffentlich hinrichten; er verschonte jedoch die übrige jüdische Bevölkerung von Chaibar, die jedoch fortan die Hälfte ihrer landwirtschaftlichen Erträge an die Moslems in Medina abführen musste. Außerdem nahm Mohammed die wegen ihrer Schönheit gerühmte Safiyya, die Tochter des Huyayy Ibn Achtab, die in seine Gefangenschaft geraten war, zur Frau. Doch 642 ließ der Kalif Omar alle Juden, die keinen Vertragsabschluss mit Mohammed nachweisen konnten (wozu fast nur die Großfamilie von Mohammeds Frau Safiyya in der Lage war), aus der Oase vertreiben, da Mohammed kurz vor seinem Tod bestimmt haben soll, dass neben dem Islam im Hedschas – der Region mit den heiligen Stätten Mekka und Medina (zu jener Zeit noch Yathrib genannt) – kein Platz mehr sei für eine andere konkurrierende Religion. Man beschuldigte die Juden von Chaibar darüber hinaus, auf Abdallah, den Sohn des Kalifen, einen Anschlag geplant zu haben. Die Mehrzahl der ausgewiesenen Juden wanderte in das Gebiet von Jericho im Westjordanland aus und einige siedelten nach Tayma über; allerdings ist noch für das 11. Jahrhundert jüdisches Grundeigentum in Chaibar belegt. Um 1170 wurde die Oase vom jüdischen, aus Spanien stammenden Reisenden Benjamin von Tudela besucht und beschrieben.

Dedan/al-'Ula

Im weiteren Verlauf ihrer Handelsreise gelangten die Karawanen mit Dedan, dem heutigen al-'Ula, in eine Oase, in der mehrere Handelsrouten aufeinandertrafen: Neben der Weihrauchstraße selbst waren es ein Weg nach Westen zum Roten Meer, ein weiterer nach Nordwesten ins Land Midian und ein dritter nach Nordosten zum Euphrat. In Dedan hatten die südarabischen Minäer, wie bereits erwähnt, zu einem unbekannten Zeitpunkt als weit vorgeschobenen Außenposten eine Handelskolonie gegründet, die ihr Ende fand, als in der Mitte des 2. Jahrhunderts v. Chr. die Sabäer zur südarabischen Großmacht aufgestiegen waren und sich neben anderen das minäische Mutterland einverleibt hatten. Die Felswände der Umgebung weisen zwar Tausende von

Abb. 50 Nabatäische Felsinschriften am Aufstieg zum ed-Der.

Inschriften auf, doch sind diese fast ausschließlich in lihyanischer und nabatäischer Schrift und Sprache – beide der nordarabischen Sprachfamilie zugehörig – abgefasst und stammen damit erst aus nachminäischer Zeit. Das in Dedan nach dem Zusammenbruch der minäischen Handelskolonie entstandene Machtvakuum wurde rasch von einem eigenständigen Königreich ausgefüllt. Nachdem sich hier gegen 115 v.Chr. die Lihyaniter als neue Machthaber festgesetzt hatten, entrissen es ihnen zwischen 25/24 und 9 v.Chr. die aus dem Norden vorstoßenden Nabatäer, die ihrerseits bereits um 65 v.Chr. al-Hegra und Dedans Nachbaroase Tayma besetzt hatten. Das dadurch gewaltsam beendete erste lihyanitische Königreich konnte sich nach Abschüttelung der Nabatäerherrschaft um 65 n.Chr. wieder etablieren. Als dann die Römer das nabatäische Reich 106 n.Chr. annektiert und damit die Reichsgrenzen fast bis nach Dedan vorgeschoben hatten, wurden die Lihyaniter, die ab dem späten 3. Jahrhundert n.Chr. nicht mehr in Erscheinung treten, deren unmittelbaren Nachbarn.

Im Reich der Nabatäer

Unweit nördlich von Dedan/al-'Ula erreichten die Karawanen die Grenze des nabatäischen Reiches und damit das Territorium eines Volkes, das im 4. Jahrhundert v.Chr. ins Licht der Geschichte trat. Zu diesem Zeitpunkt besiedelte es den Nordwesten der Arabischen Halbinsel, jene bergige Region zwischen Totem und Rotem Meer, die im Alten Testament als Edom und in römischer Zeit als »Arabia petraea« bezeichnet wurde. Sein Stammesgebiet mit der Hauptstadt Petra erscheint dabei in antiken Quellen unter der Bezeichnung Nabatene bzw. Nabataea. Allerdings dürfte es ursprünglich im Hedschas beheimatet gewesen sein, von wo aus es wahrscheinlich im Verlauf des 6. Jahrhunderts v.Chr. nach Norden abwanderte, ohne aber zunächst seine nomadische Lebensweise aufzugeben. Wohl erst zwei Jahrhunderte später wurde es dort sesshaft. Bemerkenswert ist in diesem Zusammenhang, dass der Name des nabatäischen Hauptgottes Duschara, der in Gestalt abstrakter Steinmale (Baityle)

Abb. 51 Fragmentarische Votivinschrift für die Götter … (»Theoi« in der 1. Zeile) seitens der Bürger von Petra (»Polis Petra« in der untersten Zeile).

verehrt wurde, übersetzt »Derjenige aus Seir« bedeutet. Schon im Alten Testament wird mit diesem Landschaftsnamen das Gebiet südlich des Toten Meeres bezeichnet.

Qedar, das Vorgängerreich der Nabatäer

Das Alte Testament ist auch eine aufschlussreiche Quelle zur Geschichte und Lebensweise der Qedarener, die zwischen dem 8. und 4. Jahrhundert v. Chr., also unmittelbar vor den Nabatäern, als Bewohner von deren späterem Stammland nachweisbar sind. Ihr Name leitet sich wahrscheinlich vom arabischen »qadira« ab, was »mächtig sein« bzw. »werden« bedeutet. Immer noch ist umstritten, ob die Qedarener von den zugewanderten Nabatäern verdrängt bzw. assimiliert wurden oder die Nabatäer aus diesen hervorgegangen sind und sich innerhalb des ismaelitischen Stammesverbandes, zu dem sich die Qedarener zählten, zur dominanten Gruppe entwickelten. Die alttestamentliche (Gen. 25, 13; 1 Chron. 1,29) und islamische Überlieferung sieht in den Qedarenern Nachkommen des Qedar, eines Sohnes des Ismael; der Name von Qedars Bruder Nebaioth wird gelegentlich mit den Nabatäern in Verbindung gebracht, wobei der ähnliche Klang aber eher Zufall sein dürfte.

Könige und vor allem auffällig viele Königinnen – unter anderem Zabibe, Schamschi, Te'elchunu, von denen zumindest eine von Asarhaddon als »Apkallatu« (»Priesterin«) bezeichnet wird und demzufolge neben politischen auch religiöse Aufgaben wahrgenommen hat – der Qedarener erscheinen in assyrischen Keilschrifttexten von Tiglatpileser III. (745–727 v. Chr.) bis Assurbanipal (669–630 v. Chr.) als deren Tributpflichtige oder Gegner, die im südsyrisch-nordarabischen Raum aktiv sind. Den topografischen Angaben zufolge dürften die Qedarener zu dieser Zeit, im 8. und 7. Jahrhundert v. Chr., das strategisch wichtige Wadi Sirhan, kontrolliert haben, durch das der Abzweig der Weihrauchstraße Richtung Damaskus verlief, von wo aus es weiter nach Assyrien und Anatolien ging. Dieses zwischen 5 und 18 km breite Tal nahm seinen Anfang in Dumah, dem späteren Dumat al-Dschandal und heutigen al-Dschauf, das sich rasch zum politischen und religiösen Zentrum der Qeda-

Abb. 52 Hellenisierte Darstellung des nabatäischen Hauptgottes Duschara mit Vollbart in Angleichung an Zeus oder Serapis.

rener entwickelte, und mündete nach etwa 140 km in die Oase Azraq im heutigen Ostjordanien. Dumah erscheint bereits in den genannten assyrischen Keilschrifttexten unter dem Namen Adummatu als Hauptort des Reiches von Qedar.

Als Blütezeit der Qedarener gilt das 6. Jahrhundert v. Chr., als sie weite Gebiete zwischen Mesopotamien und dem Hedschas beherrschten. Für das 5. Jahrhundert v. Chr. lassen sie sich auch weiter im Westen, im Süden Kanaans mit dem Negev, auf dem Sinai und sogar im östlichen Nildelta nachweisen. Im Tell el-Maschuta bei Ismailiya, einem Ruinenhügel im Wadi Tumilat, das die Spitze des Nildeltas mit dem Westrand des Sinai verbindet und damit eine wichtige Ost-West-Route darstellte, wurde eine 17 cm Durchmesser aufweisende Silberschale mit einer aramäischen Votivinschrift aus der Zeit um 400 v. Chr. gefunden, der zufolge das Gefäß durch Qaynu, den Sohn des Geschem, König der Qedar, für die Göttin Allat (al-Lat) gestiftet wurde. Heute zählt die Schale zu den Beständen des New Yorker Brooklyn Museums. Der Vater des Stifters, dessen Reich im Norden an dasjenige von Juda angrenzte, erscheint auch im Alten Testament zur Zeit des Nehemia (Neh 2,19; 6,1) als »der Araber Geschem«. Er tritt dort im Bündnis mit dem »Horoniter Sanballat und Tobija, dem Knecht von Ammon« gegen Juda auf. Außerbiblische Quellen belegen ein Abkommen zwischen den Königen der Qedarener und den Herrschern von Dedan (al-'Ula), aber auch im Alten Testament (Jes. 21, 13–17, wahrscheinlich mit der Wiedergabe der Verhältnisse zum Zeitpunkt des Arabienfeldzuges des neubabylonischen Königs Nabonid 553–543 v. Chr.) werden die Qedarener in einem Atemzug gemeinsam mit den Oasenstaaten Tayma und Dedan genannt, wobei ihre kriegerischen Eigenschaften als gute Bogenschützen extra erwähnt werden. Jeremia – bei dem (Jer. 2,10) die in »Wüstendörfern« lebenden Qedarener das östlichste Volk repräsentieren, während als westlichste Region die »Inseln der Kittäer« aufgeführt werden – reflektiert in seiner Auflistung (Jer. 49, 28–33) hingegen die vorangegangene (599/98 v. Chr.) militärische Operation des neubabylonischen Regenten Nebukadnezar gegen die nordarabischen Oasenstädte, darunter auch Qedar. Seine Schilderungen lassen das Bild eines reichen, in Zelten wohnenden Nomadenstammes mit Kamelen und anderen Tierherden erstehen, während andere Propheten wie Hesekiel/Ezechiel (Ez. 27,21) oder Jesaia (Jes. 60, 6f.) die Qedarener lediglich als Händler von »Schafen, Widdern und Böcken« darstellen und dafür Epha und Midian als Kamelbesitzer angeben.

Möglicherweise stand das Ende des Reiches von Qedar damit in Zusammenhang, dass die Perser ihre Herrschaft über Nordarabien, die sie etwa zwischen 550 und 330 v. Chr. ausübten, eingebüßt hatten. Denn die Regenten von Qedar hatten gute Kontakte zu den persischen Achämeniden, welche die eigentliche Hegemonialmacht über Nordarabien darstellten, unterhalten und waren von ihnen auch protegiert worden, sodass sie ihre Handelsbeziehungen entlang der Weihrauchstraße vor allem in derem nördlichen Abschnitt weiterhin ungestört abwickeln konnten, wie es auch Herodot bezeugt.

Im so entstandenen Machtvakuum im Süden von Syrien und Palästina sowie im angrenzenden Nordarabien konnten sich die Nabatäer entfalten und zur neuen Macht aufsteigen.

Die Kultur der Nabatäer

Bekannt sind die Nabatäer vor allem für ihre extrem dünnwandige, glashart gebrannte orangerote Keramik, die mit geometrischen und floralen Motiven in dunkelroter Farbe bemalt ist. Zumeist sind es flache Schalen, deren Innenwölbung die Dekoration aufweist (Abb. 49). Diese Keramik gelangte im Zuge der nabatäisch-südarabischen Handelskontakte bis in die Sabäerhauptstadt Marib, wo entsprechende Scherben gefunden worden.

Aus der nabatäischen Schrift hat sich die arabische entwickelt. Das bislang älteste bekannte Dokument in arabischen Buchstaben ist eine Felsinschrift oberhalb der Gräberreihe in der nabatäischen Nekropole von Meda'in Saleh. Das Dokument ist mittlerweile in die UNESCO-Liste des geistigen Weltkulturerbes der Menschheit aufgenommen worden.

Es ist eher unwahrscheinlich, dass der in Keilschrifttafeln des 7. Jahrhunderts v. Chr. belegte aramäische Stamm der Nabaiati in irgendeiner Beziehung zu den Nabatäern steht. Ebenso wenig ist gesichert, dass die Nabatäer derjenige Araberstamm waren, der dem Perserkönig Kambyses (530–522) Tributzahlungen im Umfang von 1000 Talenten, das heißt rund 27 t (!), Weihrauch anbot. Ihr arabischer Name al-Nabat bzw. al-Anbat lässt sich mit »die Leuchtenden« bzw. die »Hervorsprießenden« übersetzen.

Bereits zum Zeitpunkt ihrer frühesten Erwähnung, als sie 312 v. Chr. in die ptolemäisch-seleukidischen Konflikte hineingezogen wurden, traten die Nabatäer als dominierende Zwischenhändler diverser Luxusgüter, allem voran Weihrauch und Myrrhe, in Erscheinung, was ihnen erheblichen Wohlstand sicherte. Entweder hatten sie bald nach der Etablierung ihres Reiches das Geschäft mit

Abb. 53 Der sog. »hohe Opferplatz« auf einem Hochplateau in Petra wird durch zwei obeliskenähnliche Strukturen markiert.

diesen wertvollen Aromata unter ihre Kontrolle gebracht oder – was wahrscheinlicher ist – die Entwicklung war umgekehrt verlaufen, nämlich dass die für den Transport, die Lagerung und die Verteilung der exotischen Waren erforderliche Logistik die Nabatäer dazu brachte, ihre rein nomadisierende Lebensweise zugunsten einer Staatenbildung aufzugeben. Als im genannten Jahr 312 v. Chr. nach Angaben Diodors (II 48 f.; XIX 94–100) der Seleukidenherrscher Antigonos I. Monophthalmos einen ersten Feldzug in das »Land der Araber, die Nabataioi genannt werden«, unternahm, stieß er jedenfalls auf ein bereits gut organisiertes Staatsgebilde, das ihm erfolgreich Widerstand leistete. Im Einzelnen rückte Antigonos' Feldherr Athenaios mit 4000 Fußsoldaten und 600 Reiter gegen die Nabatäer vor und eroberte dabei »einen Berg, sehr schwer zu bezwingen und ohne Mauern«, auf dem die Nabatäer ihre nicht wehrfähige Bevölkerung in Sicherheit gebracht hatten. Wahrscheinlich liegt hier die älteste Erwähnung von Petra vor. Zeitgleich überfielen jedoch die Angegriffenen das seleukidische Lager und zerstörten es. Auch den zweiten militärischen Vorstoß unter Antigonos' Sohn Demetrios Poliorketes konnten die Nabatäer zurückschlagen, sie unterbreiteten aber dennoch dem Seleukidenherrscher ein schriftlich abgefasstes Friedensangebot.

Konnte man sich dem Zugriff der Diadochen anfangs noch militärisch erwehren, so erwies sich in der Folgezeit die kulturelle Anziehungskraft des späten Griechentums als stärker. Auch das Nabatäerreich konnte sich diesen Strömungen nicht entziehen und wurde rasch hellenisiert. So finden sich im Stadtgebiet neben nabatäischen (Abb. 50) auch griechische (Abb. 51) Inschriften, und der ursprünglich als Baityl in Gestalt eines kaum bearbeiteten Steines verehrte nabatäische Hauptgott Duschara wurde in seinem Erscheinungsbild mit Vollbart Darstellungen des Zeus oder Serapis angeglichen (Abb. 52). Somit repräsentieren die Nabatäer den einzigen Fall, in dem eine rein arabische Bevölkerung einen unabhängigen hellenistischen Staat schuf. Allerdings ist auch ägyptischer Kultureinfluss wahrscheinlich, vor allem in Gestalt obeliskenähnlicher Strukturen wie sie beispielsweise an der Fassade des sogenannten »Obeliskengrabes« noch vor dem Eingang in den Siq von Petra oder dann auf einem Hochplateau im Stadtgebiet auf dem sogenannten »hohen Opferplatz« (»Zibb Atuf«), einer durch zwei knapp 7 m hohe Obelisken markierten Ansammlung von aus dem Felsen gearbeiteten und kultisch genutzten Becken und Altarsockeln, vorhanden sind (Abb. 53).

Der Grenzverlauf des Nabatäerreiches ist im Detail noch ungeklärt. Zu seiner Blütezeit umfasste es nicht nur Edom und im Westen den zentralen Negev – also das später nach ihm benannte »Arabia petraea« – sowie die Sinai-Halbinsel und nach Norden hin die Basaltlandschaft des südsyrischen Hauran, sondern in Richtung Süden auch das nordarabische Wüstengebiet bis etwa al-Hegra/Meda'in Saleh. Gerade die Kontrolle des Nordteils von »Arabia deserta« galt offensichtlich als strategischer Vorteil. So heißt es bei Diodor (II 48, 1 ff.): »Arabien ... liegt zwischen Syrien und Ägypten und ist unter viele und mancherlei Völkerschaften geteilt. Die östlichen Gegenden sind von demjenigen Araberstamm bewohnt, den man Nabatäer nennt. Ihr Land enthält eine zum Teil sogar wasserlose Wüste und nur wenigen fruchtbaren Boden. Sie führen ein Räuberleben und streifen plündernd in der ganzen Nachbarschaft herum. Im Kriege sind sie schwer zu bezwingen. Denn in der wasserlosen Wüste haben sie an tauglichen Stellen Brunnen angelegt, aber so, dass diese für Fremde nicht bemerkbar sind. Daher finden sie in dieser Gegend eine sichere Zuflucht. Ihnen sind die verborgenen Wasserbehälter bekannt, und sie dürfen sie nur öffnen, um sich mit reichlichem Trunk zu laben. Die Fremden hingegen, von welchen sie dorthin verfolgt werden, leiden an Wassermangel, weil sie die Brunnen nicht finden, und kommen entweder um vor Durst, oder retten sich nach vielen Erschwernissen mit Mühe in ihre Heimat.«

Doch wie weit gelangten die nabatäischen Kaufleute selbst entlang der Weihrauchstraße nach Süden? Man hat zwar in der Stadtruine von Marib, der Hauptstadt des Sabäerreiches in Südarabien, Scherben der charakteristischen dünnwandigen Nabatäerkeramik gefunden, doch hätten diese Schalen auch als Luxusgüter von sabäischen Händlern aus dem Norden importiert worden sein können. Bis vor Kurzem galten nabatäische Felsgraffiti auf heute saudi-arabischem Boden als die südlichsten textlichen Belege für die Präsenz dieses Handelsvolkes auf der Arabischen Halbinsel. Doch im Jahr 2004 trat im Almaqahtempel von Sirwah im Zuge der Ausgrabungen des Deutschen Archäologischen Instituts auf einem knapp 1 m breiten Kalksteinblock eine Votivinschrift für den nabatäischen Hauptgott Duschara zutage. Durch die Nennung des entsprechenden Regierungsjahres des nabatäischen Königs Aretas IV. lässt sich der Text an den Anfang des Jahres 5 oder 6 n. Chr. datieren. Interessanterweise ist der Inschriftenstein als Biligue gestaltet: Dem »originalen« Votivtext in nabatäischer Schrift und Sprache ist eine leider nur unvollständig erhaltene sabäisch abgefasste Übersetzung beigefügt. Damit stellt dieses Objekt nicht nur den ersten Beleg für die Anwesenheit nabatäischer Kaufleute am entgegengesetzten Ende der Weihrauchstraße dar; seine Aufstellung im Almaqahtempel von Sirwah kann auch als Zeugnis für die religiöse Toleranz der Sabäer gewertet

Abb. 54 Die komplette Fassade des »Schatzhauses«, deren gewaltige Dimensionen im Größenvergleich mit den Personen vor dem Eingang zu erkennen sind.

Abb. 55 Die enge Schlucht des Siq, die den einzigen Zugang in die Nabatäerhauptstadt Petra bildet.

werden, die es einem Karawanenhändler ermöglicht haben, in der Kultstätte ihres Hauptgottes dem Hauptgott von dessen Kulturkreis in dessen eigener Muttersprache zu huldigen.

Im Mittelmeerraum herrschte offensichtlich das Bild von den beduinischen Nabatäern vor. Immerhin weiß Diodor über die Reichshauptstadt Petra an gleicher Stelle zu berichten: »Es gibt im Lande der Nabatäer eine außerordentlich feste Felsenwohnung, wohin sie ihre Habe flüchten. Sie hat lediglich einen einzigen Zugang, wohin nur wenige zusammen hinaufsteigen können.« Tatsächlich bietet die enge Schlucht des Siq die einzige Möglichkeit, um, aus dem Wadi Musa kommend, ins Stadtgebiet von Petra zu gelangen. Doch erweckt die Beschreibung Diodors den falschen Eindruck, als hätte man es hier nur mit einer gut geschützten Fluchtburg zu tun anstatt – wie es in Wirklichkeit der Fall ist – mit einer ausgebauten Stadt mit entsprechender Infrastruktur. Auf nabatäischem Gebiet existierten zudem außer Petra zahlreiche Städte und Dörfer mit einer sesshaften Bevölkerung. Für deren Ernährung hatte man, was Diodor und den anderen antiken Autoren entgangen war, eine ausgeklügelte Landwirtschaft mit Bewässerungsfeldbau auf Ackerterrassen entwickelt. Denn der Lößboden des Negev ist mit seiner hohen Wasserspeicherkapazität ausgesprochen fruchtbar, es fehlt ihm lediglich das kostbare Nass. Dieses Manko lösten die Nabatäer, indem sie das Wasser der zwar seltenen, dann aber in der Regel sehr heftigen Niederschläge aus größeren Einzugsgebieten sammelten und durch Kanäle auf ihre Terrassenfelder leiteten oder die landwirtschaftlich genutzten Areale gleich in den Wadis anlegten, in denen sich das Sturzwasser der spontanen Niederschläge sammelte und zu Tale strömte. Die quer über die Geländesenken verlaufenden Stützmauern der Terrassenstufen hinderten dabei das Wasser am schnellen Abfließen.

Aromata aus Südarabien waren nicht die einzigen Handelsgüter, denen die Nabatäer ihren Wohlstand verdankten. Ein wichtiger Rohstoff war Bitumen, das im Toten Meer an die Oberfläche tritt und von ihnen eingesammelt wurde. Es war als Klebstoff und Abdichtungsmaterial sowie in Ägypten als wichtige Ingredienz für die Mumifikation gefragt. Auf nabatäischem Boden trafen nicht nur mehrere wichtige Handelsstraßen zusammen, deren Kontrolle sehr ertragreich war, sondern die Nabatäer dominierten schließlich auch die Schifffahrt auf dem Roten Meer. Der wichtige Hafen von Leukos Limen gehörte noch zu ihrem Reichsgebiet.

Von Aretas I. bis Malichos I.

Nach den geschilderten kriegerischen Auseinandersetzungen des Jahres 312 v. Chr., die sich unter einem nicht namentlich überlieferten nabatäischen Regenten abgespielt hatten, kam es wenige Jahrzehnte später zu einer erzwungenen Aussöhnung mit den Seleukiden. Grund dafür war, dass es dem in Alexandria residierenden Ptolemaios II. Philadelphos 278/77 v. Chr. gelungen war, die Weihrauchkarawanen an den Nabatäern vorbei in das von ihm kontrollierte Gaza umzuleiten, und er Maßnahmen ergriff, den gesamten Südarabienhandel statt auf dem Landweg über das seinem Einfluss unterstehende Rote Meer abzuwickeln. Die wirtschaftliche Bedrohung war für die Nabatäer erst im Jahr 200 v. Chr. gebannt, nämlich nach der Niederlage Ptolemaios' V. Epiphanes (205–180 v. Chr.) gegen die Seleukiden unter Antiochos III. (223–187 v. Chr.) im fünften Syrischen Krieg und dem daraus resultierenden Besitzerwechsel von Gaza und der übrigen syrisch-palästinensischen Sektoren. Jetzt konnten die Nabatäer, beginnend mit Aretas I., ihrem ersten namentlich bekannten König, de facto das Weihrauchhandelsmonopol durchsetzen. Dessen Regentschaft lässt sich dank eines Synchronismus mit dem Alten Testament (2. Makk. V 8) – dem zufolge er den jüdischen Hohepriester Joshua gefangen nahm, dem dann aber die Flucht gelang – in die Zeit um 169 v. Chr. setzen. Als Folge des Makkabäeraufstandes nach den von Antiochos IV. Epiphanes 168 v. Chr. erlassenen antijüdischen Gesetzen scheinen sich wiederum diese Rivalen zumindest teilweise nähergekommen zu sein, denn der Makkabäer Jonathan schickte seinen Bruder Johannes auf der Flucht vor den Seleukiden »zu den mit ihm befreundeten Nabatäern« (1. Makk. IX 35). Doch beim Ort Madaba wurde die jüdische Gruppe vom nabatäischen Stamm der Bani

Jambri überfallen und getötet, woraufhin die Juden bei einem Rachezug eine Hochzeitsgesellschaft dieser Beduinen niedermetzelten und beraubten.

Aretas II. (ca. 120–96) verstand es geschickt, die seleukidisch-ptolemäischen Spannungen auszunutzen und zwischen diesen beiden Großmächten seine eigene Machtsphäre auszuweiten. Allerdings gerieten die Nabatäer durch ihre Expansionsbestrebungen bald mit dem unter Johannes Hyrkanus (140–125) etablierten jüdisch-hasmonäischen Staat in Konflikt und verloren zeitweilig sogar ihren Umschlaghafen Gaza an dessen König Alexander Jannai (103–76 v. Chr.). Obodas I. (ca. 96–85 v. Chr.) gelang jedoch 90 v. Chr. mit einem Sieg über die Hasmonäer bei Gadara im heutigen Nordjordanien die Rückeroberung der wichtigen Hafenstadt und weiterer Gebiete bis zu den Golanhöhen.

Auf die kurze Regierung von König Rabehl I. (um 85/84 v. Chr.) folgte Aretas III. Philhellenos (84–62 v. Chr.), unter dem die nabatäische Münzprägung begann. Gleich zu Beginn seiner Herrschaft erzielte er bei Adida am Mittelmeer einen entscheidenden Sieg gegen Alexander Jannai. Die jetzt einsetzende Blütezeit des Nabatäerreiches schlug sich in intensiver Bautätigkeit in der Hauptstadt Petra und in mehreren Städtegründungen im Norden, wie Umm al-Dschimal und Bosra, nieder. Fatalerweise ließ er sich in die jüdischen Thronstreitigkeiten zwischen Hyrkanos II. und Aristobulos II., den rivalisierenden Söhnen des Alexander Jannai hineinziehen und bekämpfte Letzteren, indem er ihn in Jerusalem belagerte. Dieser konnte jedoch die Unterstützung Roms unter Pompeius bzw. dessen Beauftragten Aemilius Scaurus gewinnen, sodass Aretas nicht nur die Belagerung seines Gegners abbrechen, sondern schließlich auch durch die Zahlung der immensen Summe von 300 Talenten die weitere Unabhängigkeit seines Reiches von den Römern erkaufen musste. In der Folgezeit mussten die Nabatäer ihre Eigenständigkeit vor allem gegenüber dem Idumäerkönig Antipater, den die Römer zum Prokurator Judäas bestimmt hatten, behaupten.

So nimmt es nicht wunder, dass der Nabatäerkönig Malichos I. (ca. 59–30 v. Chr.), der dem nur kurz regierenden Obodas II. (ca. 62–60 v. Chr.) im Amt gefolgt war, den Söhnen und Nachfolgern des Antipater, Herodes und Phasael, die Unterstützung gegen die iranischen Parther verweigerte, die 40 v. Chr. in Judäa eingefallen waren. Nachdem die Römer unter ihrem Feldherrn Ventidius Bassus die Invasoren wieder vertrieben hatten, pressten sie den Nabatäern als Entschädigung für die unterlassene Hilfe nochmals immense Zahlungen ab. Schließlich sollte Malichos auch noch an die letzte Ptolemäerkönigin Kleopatra VII. eine Art Pacht entrichten, nachdem diese 36 v. Chr. von Marc Anton den östlich ans Tote Meer angrenzenden Teil des Nabatäerreiches »geschenkt« bekommen hatte. Die Rückweisung dieser Forderung hatte einen von Herodes, den die Römer zwischenzeitlich zum König von Jerusalem ernannt hatten, im Auftrag der Kleopatra durchgeführten Angriff zur Folge, bei dem die Nabatäer bei Diospolis geschlagen wurden. Um einem Erstarken des Herodes vorzubeugen, unternahm Kleopatra 32 v. Chr. im Bündnis mit den Nabatäern einen erfolgreichen Feldzug, in dessen Verlauf sie ihn bei Qanatha (Qanawat) im südsyrischen Hauran besiegte. Die Nabatäer konnten dabei Philadelphia, das heutige Amman einnehmen, verloren dieses gemeinsam mit dem gesamten Hauran aber schon im Jahr darauf wieder an Herodes, der ihnen vor den Toren Ammans eine schwere Niederlage zufügte.

Der »Reichskanzler« Syllaios und Aretas IV.

Die von Octavian/Augustus proklamierte Pax Romana brachte auch dem Jordanland friedliche Zeiten, was dem Nabatäerreich insofern besonders zugute kam, als dort mit dem minderjährig auf den Thron gekommenen Sohn und Nachfolger des Malichos, Obodas III. (30–9/8 v. Chr.), ein – nach Ausweis antiker Autoren wie Strabo und Flavius Josephus – schwacher und unentschlossener König an die Macht gelangte. Die eigentlichen Regierungsgeschäfte dürfte der ehrgeizige Reichskanzler (»Epitropos«) Syllaios, der wahrscheinlich (zumindest führte er den Ehrentitel »Bruder des Königs«) mit dem Herrscherhaus verwandt war, ausgeübt haben. Er stammte aus der Oase Tayma und besaß in Hegra umfangreiche Ländereien.

Abb. 56 Am Ende des Siq erscheint die Fassade des Chaznet Faraun (»Schatzhaus des Pharao«).

Die stabile Situation in Rom selbst und im Mittelmeerraum hatte bewirkt, dass die Nachfrage nach den von den Nabatäern exklusiv vertriebenen südarabischen Luxusgütern steil anstieg und das nabatäische Königreich die größte Blüte von Handel und Kunst erlebte. So war es nur eine Frage der Zeit, bis die Römer versuchten, das lukrative Geschäft selbst in die Hand zu nehmen. Zu diesem Zweck wurde, wie bereits beschrieben, Aelius Gallus, der als damaliger Präfekt von Ägypten mit einer gewissen Orienterfahrung ausgestattet schien, von Augustus wahrscheinlich im Jahre 26 v. Chr. beauftragt, Südarabien mit militärischen Mitteln dem Römischen Reich einzuverleiben. Zur Durchführung der Unternehmung musste Aelius Gallus auf ortskundige Unterstützung zurückgreifen, die sich in Gestalt des nabatäischen Reichskanzlers Syllaios anbot. Doch dachte dieser insgeheim nicht im Mindesten daran, den Römern die Haupteinnahmequelle seines Landes zu überlassen, und führte sie bewusst auf Umwegen zum Ziel, worüber am ausführlichsten Plinius und Strabo – Letzterer mit Aelius Gallus persönlich befreundet – berichten. In der Beschreibung des Plinius heißt es über den Arabienfeldzug: »Römische Waffen führte bislang als Einziger der Ritter Aelius Gallus in dieses Land ... [Er] zerstörte die ... Städte Negrana, Nestos, Neska, Maguson, Kaminakon, Labaitia und ... Maribbia mit seinem Umfang von sechs Meilen, ebenso Karipeta, den Ort seines weiteren Vormarsches.« Abgesehen von Negrana/Negara (Nadschran) und Maribba (Marib) sind die übrigen Ortsnamen nur hier belegt und entziehen sich somit gesicherten Lokalisierungsversuchen. Man setzt sie heute zumeist mit Ruinenstätten im Wadi al-Dschauf gleich, das damals zum Reich der Minäer gehörte, und zwar Nestos/Nestum mit as-Sawda, Neska/Naskos mit al-Beidha, Maguson/Magusum mit Medschzir bei Baraqisch und Kaminakon/Kaminahu mit Kamna. Der einzig namentlich bekannte römische Soldat des Feldzuges, abgesehen von Syllaios und Aelius Gallus, ist der Ritter Publius Cornelius, dessen zweisprachiger (griechisch und lateinisch) Grabstein in Baraqisch gefunden wurde.

Durch den militärischen Fehlschlag blieb den Römern der Zugriff auf die eigentliche Weihrauchstraße ein für allemal verwehrt, denn nach diesem Desaster unternahmen sie nie wieder den Versuch, Südarabien zu annektieren. Auch die unter Trajan (98–117) neu geschaffene Provinz Arabia, in welche 106 n. Chr. der römische Statthalter von Syrien, Aulus Cornelius Palma, das endgültig unterworfene Nabatäerreich eingliederte, umfasste nur den äußersten Norden der Arabischen Halbinsel.

In den tendenziösen Schilderungen der römischen Historiker, allen voran Strabo, erscheint Syllaios als hinterhältige und machtgierige Person. Sein Verhalten diente jedoch der Wahrung der nationalen Interessen seines eigenen Landes gegenüber den Nachbarstaaten und vor allem Rom. Es spricht allerdings auch einiges dafür, dass er für sich selbst die Königswürde anstrebte, für deren Realisierung er geschickte diplomatische Verhandlungen in Jerusalem und Rom führte. Schließlich hielt er sogar, wenn auch erfolglos, um die Hand der Salome, der Schwester des Herodes, an. Allerdings hatte er auch andererseits die Bevölkerung der Trachonitis, der Gegend südlich von Damaskus, zu einem erfolgreichen Aufstand gegen Herodes aufgestachelt, sodass dieser Landstrich wieder zum Nabatäerreich kam.

Ähnlich hohe politische Ambitionen wie Syllaios pflegte ein gewisser Aenaeas, der sich nach dem Tod des Obodas III. in Petra erfolgreich zum König proklamieren ließ und nach seiner Thronbesteigung den nabatäischen Königsnamen Aretas IV. annahm. Von 9/8 v. Chr. bis 16 n. Chr. regierte er gemeinsam mit Königin Huldu I., danach, 16–40 n. Chr., mit Königin Schaqilat I. Obwohl Syllaios – für den der durch ihn verschuldete desaströse Südarabienfeldzug zunächst ohne Konsequenzen geblieben war – persönlich in Rom intervenierte, erreichte es Aretas IV. durch Verhandlungsgeschick und großzügige Geschenke, von Augustus schließlich als rechtmäßiger König anerkannt zu werden. Aretas IV. dürfte auch neben Herodes die treibende Kraft dafür gewesen sein, dass Syllaios schließlich in Rom erfolgreich der Hybris angeklagt sowie des Hochverrats und des Giftmordes an Obodas III. und dem römischen Prokurator Fabatus beschuldigt wurde. Augustus ließ ihn darauf hin im Jahr 6 v. Chr. öffentlich hinrichten. Obodas III. wurde von Aretas IV. zum Gott proklamiert, Syllaios verfiel der »Damnatio Memoriae«.

Möglicherweise hatte Syllaios in seiner Heimatregion Meda'in Saleh die mit Abstand größte Grabfassade (B 0) als seine letzte Ruhestätte vorgesehen. Das Monument befindet sich in exponierter Lage inmitten der Ebene von al-Hegra und flankiert den ähnlich schluchtartigen einzigen Zugang zum »Diwan«, dem zentralen Opferplatz der Nekropole. Die Arbeiten sind – als Folge der »Damanatio Memoriae«, wenn die Anlage wirklich für Syllaios geplant war –, obwohl der Fels an dieser Stelle keine Schäden aufweist, vorzeitig eingestellt worden, sodass das Monument unvollendet geblieben ist. Mit einer Höhe von knapp 40 m wäre es so groß wie das »Schatzhaus des Pharao« in Petra (Abb. 54) geworden. Diese Grabfassade, auf die man als Erstes stößt, nachdem man den Siq (Abb. 55) – die lange und enge Schlucht, die ins Stadtgebiet von Petra führt – durchquert hat, gilt als Grabmonument Aretas' IV., möglicherweise errichtet von derselben Bauhütte, die zuvor das mutmaßliche

Abb. 57   Reste der antiken Steinpflasterung im Siq mit der hier in etwa Hüfthöhe verlaufenden Wasserleitung, die im oberen Drittel der rechten Bildhälfte als horizontaler Einschnitt in der Felswand erkennbar ist.

Syllaios-Grab aus den Felswänden von Meda'in Saleh schlagen sollte (Abb. 56). Aretas IV. wird darüber hinaus die Errichtung der beiden bedeutendsten Heiligtümer der Hauptstadt zugeschrieben, des »Qasr al-Bint« genannten Tempels für den Hauptgott Duschara und des auf der gegenüberliegenden Hangseite stehenden sogenannten »Löwen-Greifen-Tempels«. Auch die Wasserleitung durch den Siq (Abb. 57) gilt als sein Werk. So verdankt der Stadtkern von Petra (Abb. 58) sein Erscheinungsbild in wesentlichen Passagen der Bautätigkeit Aretas' IV. Dort war die Hauptstraße nach dem Vorbild eines hellenistisch-römischen »Cardo maximus« als geradlinige breite Prunkallee angelegt, die an ihren Enden von Torbauten abgeschlossen und beidseitig von überdachten Kolonnaden für die Fußgänger flankiert war. Aus stilistischen Erwägungen wird auch die im rückwärtigen Teil von Petra außerhalb des eigentlichen Stadtgebietes auf einem Hochplateau gelegene monumentale Felsfassade des Ed-Deir (»Kloster«) (Abb. 59) in die Mitte des 1. Jahrhunderts n.Chr. datiert, sodass auch hier Aretas IV. als Bauherr infrage kommen könnte. Allerdings gibt die Funktion der Anlage mit ihrer 39 m hohen und 50 m breiten Außenfront noch immer Rätsel auf, denn es handelt sich bei ihr nicht um ein Grab; wahrscheinlich diente sie dem Kult eines vergöttlichten Herrschers, wofür am ehesten Obodas III. infrage käme, dessen Grab man in der nach ihm benannten Stadt Obodat (heute Avdad/Israel) vermutet und für den nach seinem Tod göttliche Verehrung nachgewiesen ist.

Zur Behebung der Spannungen zwischen den Nabatäern und ihren idumäischen Nachbarn wurde eine dynastische Ehe zwischen einer Tochter des Aretas und dem Sohn und Nachfolger des Herodes, Herodes Antipas (4 v.Chr. – 39 n.Chr.), geschlossen. Als sich dieser jedoch von der Nabatäerprinzessin scheiden ließ, um seine Schwägerin und Nichte Herodias zu ehelichen (die Kritik an diesem Vorgehen kostete bekanntlich auch Johannes den Täufer den Kopf), unternahm Aretas einen erfolgreichen Rachefeldzug, der ihm Gebietszugewinne auf Kosten des Herodes einbrachte. Diese Machtverschiebung war wiederum den Römern ein Dorn im Auge, und sie begannen unter ihrem Legaten Vitellius einen Kriegszug gegen die Nabatäer, der jedoch nach dem Tod von Kaiser Tiberius (14–37 n.Chr.) nicht fortgeführt wurde.

Die Nabatäer nach Aretas IV.

In der Folgezeit galten die Nabatäer wieder als treue Bündnispartner Roms und genossen als solche eine weitgehende wirtschaftliche Autonomie. Malichos II. (40–70 n.Chr.), der Sohn und Nachfolger Aretas' IV., unterstützte zunächst Vespasian 67 n.Chr. bei der Niederschlagung des jüdischen Aufstandes mit 1000 Reitern und 500 Bogenschützen, dann stellte er 70 n.Chr. dem späteren Kaiser Titus Soldaten für die Eroberung Jerusalems zur Verfügung. Rabehl II. Soter (70–106 n.Chr.), der minderjährig auf den Thron kam und für den deswegen anfänglich seine Mutter Schaqilat II. fünf Jahre lang stellvertretend regierte, setzte die Politik seines Vorgängers fort und half dem römischen Statthalter Flavius Silva bei der Erstürmung von Masada, dem letzten Stützpunkt der aufständischen Juden.

Nach Rabehls Tod – wobei umstritten ist, ob danach noch Malichos III. kurzzeitig auf den Thron kam – wurde das Nabatäerreich am 22. März 106 von Trajan bzw. dessen Legaten A. Cornelius Palma Frontonianus als Teil der »Provincia Arabia« dem Römischen Reich als einer der letzten Zugewinne einverleibt. Auf römischen Siegesmünzen jener Zeit findet sich bemerkenswerterweise die Wendung »Arabia adquisita« und nicht das bei militärischen Eroberungen übliche »Arabia capta«. Die Annektion schildert Cassio Dio knapp: »In dieser Zeit unterwarf Palma, der Statthalter von Syrien, den um Petra gelegenen Teil Arabiens und unterstellte ihn den Römern.« Damit schlossen diese die Lücke zwischen den Provinzen Aegyptus und Judaea. Sie okkupierten aber nicht das komplette vormalige nabatäische Staatsgebiet, sondern lediglich den wirtschaftlich interessanteren Nordteil, also nur den Bereich der eigentlichen Landbrücke zwischen Afrika und Asien. Die neue Provinzhauptstadt wurde weiter nach Norden, nach Bos(t)ra, dem Standort der Legio III Cyrenaica, im südsyrischen Hauran verlegt (Abb. 60). Dort begann man mit dem genannten Tag der offiziellen Provinzgründung eine neue Zeitrechnung.

Zur Erschließung der Region wurde die »Via nova Traiana« angelegt. Sie führte auf der Trasse des traditionellen »Königsweges« – der von nabatäischen Ansiedlungen wie Chirbet at-Tannur und Dhat Ras flankierten alten Handelsstraße, die das jordanische Bergland von Süden nach Norden durchquerte – vom Roten Meer vorbei an Petra bis in die syrische Großoase Palmyra, wo sich mehrere Karawanenrouten trafen.

Dass Petra die Rolle als Provinzhauptstadt eingebüßt hatte, scheint der Stadtentwicklung kaum Abbruch getan zu haben. Kaiser Hadrian (117–138) stattete dem Ort 130 n. Chr. einen Besuch ab. Aus demselben Jahr stammt die einzige inschriftlich sicher datierbare Grabstätte der Stadt. Diese sich unmittelbar linkerhand an die Front der sogenannten »Königsgräberwand« anschließende Anlage gehört dem hier verstorbenen römischen Legaten Sextius Florentinus. Kurzzeitig besetzte die palmyrenische Königin Zenobia (266–271) die Stadt. Im Zuge der Reichsreform Diokletians (284–305) kam es zur Teilung der »Provincia Arabia« und das vormalige Nabatäerreich bildete den Kern der neuen Provinz »Arabia petraea«.

Abb. 58   Die als »Cardo maximus« gestaltete Hauptstraße im Felsental von Petra.

Hatten zu jener Zeit noch schwere Christenverfolgungen stattgefunden, so hielt in der Folgezeit die neue Religion auch in Petra Einzug. So wurde das sogenannte »Urnengrab« in der »Königsgräberwand« durch den Vorbau einer Terrasse auf gewaltigen Gewölbeunterbauten in eine Kirche umgewandelt (Abb. 61). 1994 wurde neben dem »Löwen-Greifen-Tempel« ein weiteres christliches Gotteshaus freigelegt, das nicht nur hervorragend erhaltene Bodenmosaiken enthielt, sondern auch ein Archiv mit mehreren verkohlten, jedoch noch lesbaren Papyri. Diese Kirchengründungen repräsentieren bis in die Kreuzfahrerzeit die letzten bedeutenden Baumaßnahmen in der einstigen Nabatäerhauptstadt.

Hegra/Meda'in Saleh

Das unweit von Dedan gelegene antike Hegra war von den Nabatäern als südlichster Außenposten ihres Reiches im 1. Jahrhundert n. Chr. gegründet worden und bildete eine wichtige Oasenstation des Fernhandels auf der »Weihrauchstraße« zwischen Altsüdarabien und der Nabatäerhauptstadt Petra. Heute befindet sich Hegra in der nordwestsaudischen Provinz Hedschas und trägt den Namen Meda'in Saleh (»Städte des Saleh«), nach einem Heiligen, der der Überlieferung nach die vom wahren Glauben abgefallenen ortsansässigen thamudäischen Stämme wieder bekehren wollte. Selbst von einem Wunder, bei dem Saleh einen Felsblock in eine Kamelstute verwandelte, ließen sie sich nicht beeindrucken. Stattdessen lockten sie das Tier in eine mit Dolchen gespickte Falle und töteten es dadurch. Der Kadaver erstarrte wieder zu einem Felsblock, der noch heute im Gelände als »Beleg« gezeigt wird, und die unbotmäßigen Thamuder fielen dem Fluch Gottes anheim, wie es die 27. Sure 46–53 des Koran berichtet: »Auch zu den Thamudern hatten wir ihren Bruder Saleh gesandt [mit der Botschaft]: ›Verehrt doch Allah.‹ Aber sie teilten sich in zwei Parteien und stritten miteinander. Er sagte zu ihnen: ›Warum, mein Volk, wollt ihr lieber das Böse als das Gute beschleunigt wissen? Solltet ihr nicht um Verzeihung bitten, damit ihr Barmherzigkeit findet?‹ Sie antworteten: ›Wir ahnen nur Böses von dir und von denen, welche es mit dir halten.‹ Er erwiderte: ›Das Böse, das ihr ahnt, sendet euch Allah; denn ihr seid Menschen, die geprüft werden sollen.‹ Es waren neun Menschen in der Stadt, die durchaus kein Heil, sondern nur Verderben im Lande stifteten. Diese sagten untereinander: ›Lasst uns bei Allah schwören, dass wir den Saleh und seine Leute des Nachts überfallen, und wir wollen dann zu seinem Bluträcher sagen: Wir waren nicht gegenwärtig beim Untergang seiner Leute; wahrhaftig, wir sprechen nur Wahrheit.‹ Indes sie ihre List erdachten, schmiedeten auch wir einen Plan, den sie nicht vorhersehen konnten. Und sieh nun, welch ein Ende ihre List genommen hat. Wir vertilgten sie und ihr Volk ganz und gar, und ihre Häuser sind leer geblieben wegen der Ungerechtigkeiten, die sie begangen hatten. Für wissende Menschen liegt hierin ein Zeichen. Die Gläubigen aber, die Allah Erfurcht entgegenbringen, haben wir errettet.« Damit spielt der Koran auf eine weitere Überlieferung an, wonach die Thamuder Saleh und seinen Anhängern in einer engen Felsschlucht auflauerten, diese sich jedoch retten konnten, die Angreifer hingegen durch herabfallende Felsbrocken ihr Leben verloren. Wegen seiner abtrünnigen Vorbevölkerung vermeiden es strenggläubige Moslems auch heute noch, den Platz aufzusuchen.

Während die Nabatäerhauptstadt Petra gut geschützt in einem schluchtartigen Talkessel liegt, erstreckt sich das Areal von Hegra in einer weiten Ebene, aus der einzelne Felsrücken und bizarre Felsformationen ragen. In deren steile Wände sind an vielen Stellen – in kleinen Gruppen beieinander stehend – monumentale Grabfassaden eingetieft ähnlich denen, wie sie aus Petra bekannt sind, auch wenn die Beispiele aus Meda'in Saleh in der Regel kleiner formatig sind als die aus Petra (Abb. 62–64). Besonders eindrucksvoll präsentiert sich am Fundplatz al-Farid die Grabfassade des Hayan und seiner Familie, die aus einer gewaltigen isolierten Felsknolle herausgearbeitet wurde (Abb. 65). Der mit 23 Gräbern größte zusammenhängende Komplex wird heute als »Qasr al-Bint« (»Mädchenschloss«) bezeichnet. Die aus den Felsen gemeißelten schmucklosen Innenräume weisen – ebenso wie in Petra – Grabnischen zur Aufnahme der Verstorbenen auf, die in den Boden oder horizontal in die Seitenwände eingetieft wurden. Den mit einer

Abb. 59   Die Ed-Deir (»Kloster«) genannte gewaltige Grabfassade auf einem Hochplateau im rückwärtigen Stadtgebiet von Petra.

Grundfläche von etwa 100 m² größten Felsensaal Meda'in Salehs bildet der heute »Madschlis al-Sultan« (»Empfangssaal des Sultans«) genannte Kultraum, in welchem, da entlang seiner Wände Steinbankette nach Art eines Tricliniums entlanglaufen, unter anderem rituelle Totenmahle stattgefunden haben dürften. An ihm vorbei führt eine schmale Passage hinauf auf ein Hochplateau mit herrlichem Ausblick über das gesamte Gelände. Die den Aufweg flankierenden Felswände tragen mehrere Inschriften und Bildnischen.

In allerjüngster Vergangenheit haben französische Archäologen, die in Meda'in Saleh eine Genehmigung für eine kurze Geländeuntersuchung erhielten, mittels elektronischer Bodenwiderstandsmessungen die Grundmauern der zugehörigen, mit einer Fläche von rund 50 ha weitläufigen und heute vom Sand verschütteten Stadtanlage lokalisieren können, die einst von einer Mauer aus gestampftem Lehm umgeben war. Im Umkreis von 2 km um die Stadt wurden zudem rund 20 landwirtschaftliche Anwesen lokalisiert, die über ein ausgeklügeltes System von Brunnen und Wasserkanälen zur Wasserversorgung bzw. Bewässerung verfügten. Bedauerlicherweise erhielten die Archäologen bislang keine Grabungslizenz für das von ihnen prospektierte Gelände.

Bei den Grabfassaden von Hegra, deren Zugänge mehr oder minder ebenerdig liegen, findet man nur Zinnen- und Stufenornamente vor. Hellenistisch-römische Prunkfassaden, wie man sie von den Tempelgräbern aus Petra kennt, fehlen dort vollständig. Dafür weisen deren Fassaden – was wiederum in Petra nicht der Fall ist – in vielen Fällen einen reichen plastischen Schmuck, vor allem im Türbereich, auf. An mehreren Stellen lassen sich auch Reste von Stuck und Bemalung ermitteln. Der markanteste Unterschied zwischen den beiden Nekropolen der Residenzhauptstadt und des Provinzzentrums besteht jedoch darin, dass die »einfachen«, nur von Zinnen und Halbzinnen bekrönten Grabfassaden in Petra keine Inschriften aufweisen, welche die Namen und Titel der Grabbesitzer nennen. Hingegen sind von den 138 Fassaden in der Felsennekropole von Hegra etwa 30, also reichlich 20 Prozent, mit entsprechenden nabatäischen Inschriften versehen. Die in rechteckigen Rahmungen über den Eingängen angebrachten Textfelder geben nicht nur detaillierte Auskunft über den Auftraggeber, sondern vielfach auch über die ausführenden Steinmetze und Künstler, und sie erlauben, wo sie das Baudatum nennen, vor allem die Datierung der Grabstätten, die sich zwischen 1 v. Chr. und 70 n. Chr. bewegt. Außerdem wird damit klar, dass sich hinter typologischen Unterschieden der Grabfassaden keine chronologische Entwicklungsreihe verbirgt, sondern dass die Ausgestaltung ausschließlich von der unterschiedlichen sozialen Stellung und den finanziellen Möglichkeiten des Auftraggebers bestimmt wurde.

Als Grabherren erscheinen Angehörige der nabatäischen Oberschicht beiden Geschlechtes, wobei in Zinnengräbern zumeist Frauen, in Stufengräbern vorwiegend Männer beigesetzt worden sind. Bei Letzteren treten häufig militärische Amtstitel wie Strategos, Hipparchos, Centurio oder Medicus auf, was wahrscheinlich deren Rolle bei der Führung oder Eskortierung von Handelskarawanen widerspiegelt.

Besonders aufschlussreich ist, dass 16 Inschriften die Namen der Baumeister bzw. Handwerker oder Bildhauer angeben, die die Fassaden und die dahinterliegenden Grabkammern aus dem Felsen geschlagen und gestaltet haben. Innerhalb dieser in ihrer Geschlossenheit wohl einmalige Sammlung antiker Architektennamen konnte Andreas Schmidt-Colinet 13 Personen einer einzigen Künstlerfamilie zuordnen, für die damit ein Stammbaum, wenn auch nur über drei Generationen, erstellt werden kann. Denn von den überlieferten Baumeistern nennen drei, nämlich Wahballahi, Abdharetat und Aftah, übereinstimmend einen Abdobodat (»Diener des [Königs] Obodas«) als ihren Vater. Da alle ihre Nennungen in denselben zeitlichen Rahmen fallen, ist somit gesichert, dass es sich um Brüder handelt. Es beginnt mit dem mutmaßlich ältesten Sohn, Wahballahi. Die ihn als Schöpfer einer Grabfassade ausweisende Bauinschrift stammt aus dem Jahr 1 v. Chr. Sein Bruder Abdharetat (»Diener des [Königs] Aretas«) zeichnete für die Ausführung der heute »Qasr as-Sane« genannten Fassade verantwortlich, die 8 n. Chr. entstand. Deren Grabinhaber ist ein gewisser Malkion Petura, Sohn des Hanainu Hephaistion. Sein ominöser zweiter Namensbestandteil »Petura« könnte möglicherweise »aus Petra« bedeuten. Jedenfalls besitzt er eine schlichte, für Hegra eher untypische Fassadengliederung, wie sie vielmehr in Petra belegt ist; Gleiches gilt für die Form der Kapitelle. Der wahrscheinlich jüngste der Brüder, Aftah, hat zwischen 26 und 39 n. Chr. an insgesamt sieben Fassadengestaltungen mitgewirkt, und zwar zunächst gemeinsam mit anderen Kollegen und erst während der letzten fünf Jahre in alleiniger Verantwortung. Dabei entstand unter anderem eine Fassade (B 7) mit hellenistisch-römischem Einfluss, der vor allem an der Türrahmung und bei Einzelmotiven wie Adler, Medusenhaupt und Schlangen zum Tragen kommt. Ein ikonografisches Charakteristikum seiner späten Arbeit scheint der Knick des Architraven über den Kapitellen zu sein, der sich beispielsweise an einer Fassade (C 6) aus dem Jahre 36 n. Chr. findet. Hier verzichtete Aftah in der Inschrift übrigens auf die Angabe des Namens seines Vaters. Denselben Knick weist interessanterweise auch eine kleine Kultnische in Petra

Abb. 60 Im syrischen Bosra, der Hauptstadt der römischen Provinz Arabia, zeigt eines der beiden Haupttore mit seinen typischen Hörnerkapitellen deutlich nabatäischen Einfluss.

auf, was darauf hindeuten könnte, dass Aftah auch in der Hauptstadt tätig war, wie man es auch für seine Brüder Wahballahi und Abdharetat vermuten könnte. Denn diese sind in Hegra jeweils nur mit einer Inschrift vertreten, die kurz vor (1 v. Chr.) bzw. nach (8 n. Chr.) der Zeitenwende entstanden sind; danach treten die Geschwister nicht mehr in Erscheinung. Möglicherweise verlegten sie ihr Betätigungsfeld nach Petra, wo es aber keine entsprechenden Fassadeninschriften gibt.

Die dritte Generation der genannten Steinmetzfamilie repräsentiert Abdobodat, Sohn des Wahballahi. Großvater und Enkel tragen hier also, wie es noch heute im Vorderen Orient geläufig ist, den gleichen Namen.

Auch er arbeitete zunächst gemeinsam mit einem – wohl erfahreneren – Kollegen namens Ruma, wobei im Jahre 31 n. Chr. gleich zwei Gräber (E 18 und A 5) fertiggestellt werden konnten. Aus der Phase seines anschließenden alleinigen Schaffens stammt gesichert eine Fassade (A 8) aus dem Jahr 42 n. Chr. und wahrscheinlich auch eine stilistisch sehr ähnliche, allerdings unsignierte Fassade (F 3).

Zu den spektakulärsten Funden der letzten Jahre zählt eine 110,5 mal 60 cm große und 12 cm dicke Sandsteinplatte mit einer lateinischen Inschrift aus dem Zeitraum 175–177 n.Chr., das heißt aus der Regierungszeit des Kaisers Marc Aurel. Dieses 2003 durch Daifallah al-Talhi aufgefundene Dokument wurde anlässlich der Erneuerung der Stadtmauer von al-Hegra/Meda'in Saleh geschaffen. Dort heißt es wörtlich: »Für das Heil des Kaisers Marcus Aurelius Antoninus Augustus, des Allergrößten [d.h. Bezwingers] über die Armenier, Parther, Meder, Germanen [und] Sarmaten: den aufgrund seines Alters eingestürzten Befestigungswall hat die Bürgerschaft von Hegra auf ihre eigenen Kosten wiederhergestellt, unter dem Statthalter des Kaisers mit prätorischer Amtsgewalt Julius Firmanus; mit Eifer durchgeführt haben das Werk Pomponius Victor, Centurio der 3. Cyrenäischen Legion, und sein Kollege Numisius Clemens; die Aufsicht über die Arbeiten oblag dem Amrus Haianis [die latinisierte Version des arabischen Namens Amr Ibn Hayyan], dem Ersten seiner Bürgerschaft [d.h. dem Bürgermeister].«

Die Oase Tayma

Die nächste Großoase im Hedschas war Tayma, das sich rund 120 km Luftlinie nordöstlich von al-'Ula/Dedan (heute Chureiba) und 400 km nördlich von Yathrib (heute Medina) auf Höhe der heutigen Rotmeer-Hafenstadt Duba befindet. Mit dem Erreichen von Tayma entfernte man sich zwar nochmals von der Küste des Roten Meeres, näherte sich dafür dem nördlichen Ende des Persischen Golfes an. Die nächste Großoase im Hedschas war Tayma, das sich rund 120 km Luftlinie nordöstlich von al-'Ula/Dedan (heute Chureiba) und 400 km nördlich von Yathrib (heute Medina) auf Höhe der heutigen Rotmeer-Hafenstadt Duba befindet. Mit dem Erreichen von Tayma entfernte man sich zwar nochmals von der Küste des Roten Meeres, näherte sich dafür dem nördlichen Ende des Persischen Golfes an, wo Basra im heutigen Südiraq ein wichtiges Handelszentrum repräsentierte. Dorthin führte über Dumat al-Dschandal, das Adum(m)atu assyrischer und babylonischer Keilschrifttexte, eine wichtige Ost-West-Verbindung, welche Tayma im Norden tangierte. Somit fungierte die Oase als Sprungbrett über die sich nördlich und östlich anschließende Nefud-Wüste, die man in Richtung Dumat al-Dschandal zu passieren oder weiträumig zu umgehen hatte.

Nach Westen hin steigt allmählich das Hedschasgebirge an. Die Oase selbst liegt in einer welligen Senke in durchschnittlich 830 m ü.d.M., in der man an den tiefsten Stellen den Grundwasserspiegel bereits nach anderthalb Metern erreicht. Dieses Wasservorkommen bildet die Grundlage für ausgedehnte Haine mit Dattelpalmen, für die Tayma bis in die Gegenwart bekannt ist. Noch heute gilt der Bir Haddadsch mit seinem Durchmesser von etwa 18 m als größter Brunnen der Arabischen Halbinsel. Hier wird von Zugtieren, zumeist Dromedaren, das Wasser aus etwa 13 m Tiefe heraufgezogen. Nachdem in den 1960er-Jahren die rund 70 traditionellen Schöpfanlagen sukzessive durch Motorpumpen ersetzt worden waren und verfielen, wurden sie in den 1990er-Jahren wieder instand gesetzt und in eine Parkanlage integriert.

Mittlerweile überlagert die etwa 20 000 Einwohner umfassende moderne Kleinstadt am Fuß des Hauptgrabungsgeländes bereits ein Drittel der antiken Siedlungsreste. Erstmals war hier 1979 mit Unterbrechungen in den Folgejahren ein saudisches Archäologenteam tätig; seit 2004 finden Ausgrabungen in Kooperation des Deutschen Archäologischen Instituts mit der saudi-arabischen Altertümerbehörde statt. Über die gesamte Oase verteilt ließen sich sechs Siedlungsperioden von der Jungsteinzeit bis in die Gegenwart ermitteln, wobei die Siedlungsschwerpunkte offensichtlich immer wieder verlagert wurden.

In prähistorischer Zeit war die tiefste Geländesenke im Norden der Oase mit einem bis zu 19 km² großen Salzsee gefüllt, der wahrscheinlich im 5. Jahrtausend v.Chr. austrocknete und eine Sebcha, eine mit einem Schlamm-Salz-Gemisch gefüllte Ebene, hinterließ. Aus dieser Grube gewannen die Bewohner in der Folgezeit Material für Lehmziegel, aus denen unter anderem die eindrucksvolle antike Stadtmauer, die ein Areal von rund 9,5 km² umschließt, errichtet wurde.

Abb. 61   Königsgräber von Petra/Jordanien: Fassade des zuletzt in eine christliche Kirche umgewandelten sog. Urnengrabes.

Dass sich Menschen in der Region zu der Zeit aufhielten, als der Salzsee noch existierte und auch die klimatischen Verhältnisse wohl noch regenreicher waren als heute, belegen zahlreiche Felsbilder im Umland der Oase, von denen die ältesten in der Jungsteinzeit (5.–3. Jahrtausend v. Chr.) entstanden sein dürften. Schon seit dem 4. Jahrtausend v. Chr. nutzten nicht nur Nomaden die örtlichen Wasservorkommen im mittlerweile ariden Umland zur Tränkung ihrer Herden, sondern es gibt in Gestalt von Silex-Verarbeitung zur Herstellung von Perlen erste Hinweise auf eine sesshafte Bevölkerung. Entsprechende Oberflächenfunde, welche die älteste Siedlungsperiode 6 (Neolithikum, Chalkolithikum, Frühbronzezeit) repräsentieren, wurden am Rand der Sebcha gemacht. Wahrscheinlich schon im ausgehenden 3. Jahrtausend v. Chr. wurden die ausgedehnten Palmenhaine der Oase auf einer Fläche von rund 20 ha von einer Umfassungsmauer aus Sandsteinquadern und Lehm umgeben, die 2 m dick war und beachtliche 10 m Höhe besaß. Eine der Aufgaben dieser Mauer, vor allen in ihrem nördlichen Abschnitt, könnte darin bestanden haben, zur landwirtschaftlichen Nutzung geeignete salzfreie Böden von den salzhaltigen Sedimenten der Sebcha zu trennen. In den nachfolgenden Jahrhunderten wurde diese Schutzumwallung auf zuletzt 18 km Länge erweitert. Außerdem wurden in einer späteren Bauphase an die Außenseite der Mauer in regelmäßigen Abständen Türme angefügt. Noch im islamischen Mittelalter zeigten sich die arabischen Geografen al-Muqadassi (spätes 10. Jahrhundert) und Abu Abdullah al-Bakri (frühes 11. Jahrhundert) beeindruckt von den Mauerresten.

Abb. 62   Nabatäische Grabfassaden von Qasr al-Bint Meda'in Saleh.

Nachdem diese Umwallung bereits am Ende des 2. Jahrtausends v. Chr. ihre Funktion eingebüßt hatte, wurde wahrscheinlich in der Mitte des 1. Jahrtausends v. Chr. in rund 100 m Distanz zu ihr eine neue innere Stadtmauer errichtet, wahrscheinlich als Folge der Konflikte mit der benachbarten Oase Dedan, die mit einer Verkleinerung der Siedlungsfläche in Tayma auf etwa 25 ha einhergingen. Zuletzt, wahrscheinlich während der späten nabatäischen Zeit (Zeitenwende und 1. Jahrhundert n. Chr.), wurde der Mauer auch noch ein 6 m tiefer und 12 m breiter Graben vorgelagert, der über eine Länge von 500 m verfolgt werden konnte. Mit dem dabei gewonnenen Aushub nahm man Restaurierungen und Umbauten an der inneren Stadtmauer vor.

Im Gelände zwischen beiden Mauern wurde am südwestlichen Rand der Siedlung innerhalb einer 35 mal 38 m großen Einfriedung ein Gebäude mit 2 m dicken Mauern und Pilastern an den Wänden ausgegraben, das in der frühen Eisenzeit (Siedlungsperiode 4) zwischen dem 12. und 9. Jahrhundert v. Chr. (also knapp innerhalb der seinerzeit als einzige Umwallung existierenden äußeren Stadtmauer) entstanden war. Unklar ist, ob es sich um einen Tempel oder ein öffentliches Verwaltungsgebäude handelte. In dem rätselhaften Bauwerk, das mittels einer eigenen Zisterne über eine separate Wasserversorgung verfügte und zuletzt einem Brand zum Opfer gefallen war, fanden sich verkohlte Überreste von Trauben- und Gerstenkörnern sowie Elfenbeinspielsteine und ägyptisierende oder sogar aus Ägypten stammende Fayencen, darunter Gefäße mit Lotosdekor, ein Skarabäus mit Menschenkopf und Darstellungen der Göttinnen Isis und Bastet. Außerdem traten neben charakteristischen, mit Vogelmustern und geometrischen Motiven bemalten zweifarbigen Schalen, die auch an anderen Stellen der Oase belegt sind, Hunderte von unbemalten kleinen Bechern ans Tageslicht, die auf die Abhaltung ritueller Festmahle in den geheimnisvollen Gemäuern schließen lassen.

Ältere Kontakte zum Niltal belegt das bislang älteste schriftliche Denkmal der Oase in Gestalt eines Hieroglyphentextes, der die Namenskartusche Ramses' III. aufweist, desjenigen Pharao, in dessen Regentschaft (1187–1156 v. Chr.) der sogenannte »Seevölkersturm« fällt, der den Übergang von der Spätbronzezeit zur Eisenzeit markiert. Die Felsinschrift, bei der es sich zudem um das erste pharaonenzeitliche Dokument auf saudischem Staatsgebiet handelt, ist erst im Juli 2010 westlich der Oase entdeckt worden. Allerdings herrscht noch Unklarheit darüber, wie dieser Text, der die Anwesenheit der alten Ägypter im 12. Jahrhundert v. Chr. in Nordarabien dokumentiert, historisch einzuordnen ist: War die Anbringung der Inschrift seinerzeit das Zeugnis eines zufälligen Einzelunternehmens, eventuell im Rahmen einer pharaonischen Forschungsexpedition, oder bereits das Resultat einer gewissen Routine, wie es für die nachfolgende Zeit die ägyptischen Funde aus dem Gebäude zwischen den beiden Stadtmauern offensichtlich bekunden. Und falls letztgenannter Fall zutreffen sollte: An welchen Handelsgütern war das Pharaonenreich unter Ramses III. interessiert, und was konnte es im Gegenzug dafür bieten?

Noch frühere Beziehungen nach Syrien und in die Levante lassen sich anhand von typischen Waffenfunden dokumentieren, konkret eines Rippendolches und einer Fensteraxt (so benannt nach dem Längsmuster der Klinge bzw. den Aussparungen im Axtblatt), die am Übergang von der Früh- zur Mittelbronzezeit entstanden und 2003 bei Ausgrabungen der saudischen Altertümerverwaltung unter Leitung von Mahmud al-Hajjari in Sana'iye im Oasengebiet entdeckt wurden. Alle diese Befunde werden der Siedlungsperiode 5 zugerechnet, die die Mittel- und Spätbronzezeit umfasst, und deren Bauphasen im Bereich der äußeren Stadtmauer ergraben werden konnten. In Tayma vorhanden und typisch für spätbronzezeitliche Besiedlung ist die sogenannte »Qurayyah Painted Ware«, eine bemalte Töpferware die früher als Midianiterkeramik bezeichnet wurde, da sie im Sinai, in der südlichen Levante und Nordwestarabien verbreitet ist, der Region, die als Siedlungsgebiet dieser im Alten Testament genannten Völkerschaft gilt. In diesem Buch findet auch Tayma selbst als Tema des öfteren Erwähnung, teils sogar explizit in Zusammenhang mit Handelskarawanen, so gemeinsam mit Saba im Buch Hiob (Hiob 6,19), mit Dedan und Kedar beim Propheten Jesaia (Jes. 21,14) und in einer längeren Auflistung der Völkerschaften Arabiens beim Propheten Jeremias (Jer. 25,23). Bei dem bei Jes. 21,14.7 indirekt genannten Brunnen dürfte es sich um den eingangs genannten Bir Haddadsch handeln.

Für das 1. Jahrtausend v. Chr., der mittleren und späten Eisenzeit, welcher in Tayma die Besiedlungsphase 3 entspricht, liegen mittlerweile umfangreiche historische Quellen vor; so wird die Oase unter ihrem damaligen Namen Tema in mehreren assyrischen und neubabylonischen Keilschrifttexten genannt. Interessant ist, dass den Inschriften zufolge vereinzelt auch Königinnen der Oasensiedlung vorstanden, so im 8. Jahrhundert v. Chr. die Regentinnen Schamsi und Zabibei. Die älteste Erwähnung der »Araber« (»Arbayu«) als Bevölkerung der nördlichen Halbinsel findet sich in einem Feldzugsbericht des assyrischen Königs Salmanassar III. (858–823 v. Chr.), der in der Schlacht von Qarqar eine Koalition von zwölf syrischen Fürsten, darunter »Gindibu, König der Arbayu« mit seinen angeblich 1000 Kamelreitern besiegte; allerdings wird hier Tayma nicht explizit erwähnt. Die erste Nennung des Ortes erfolgt dann in einer Inschrift des Ninurta-kudurri-usur, der im frühen 8. Jahrhundert v. Chr. als weitgehend unabhängiger assyrischer Statthalter von Suhu am mittleren Euphrat in der Gegend der Einmündung des Chabur amtierte. Er berichtet, eine reich beladene Karawane aus Tayma und Saba mit 200 Kamelen und 100 Begleitern aufgebracht zu haben, nachdem sich deren Teilnehmer geweigert hatten, Abgaben zu entrichten. Tayma selbst erkaufte sich Autonomie gegenüber dem expandierenden assyrischen Reich durch Tributzahlungen und »Geschenke«, die unter anderem in den Chroniken der assyrischen Könige Tiglatpileser III. (744–727 v. Chr.) und Sanherib (704–681 v. Chr.) erwähnt werden.

König Nabonid (555–539 v. Chr.), der letzte Herrscher des neubabylonischen Reiches, das am Ende des 7. Jahrhunderts v. Chr. mit Unterstützung der persischen Meder die Assyrer als vorherrschende Großmacht im Vorderen Orient abgelöst hatte, siedelte sogar – nach Ausweis der sogenannten »Harran-Inschrift« bereits in seinem 3. Regierungsjahr – in die Oase Tayma über, um dort, was auch in der »Chronik des Nabonid« bestätigt wird, mindestens bis zu seinem 11. Regierungsjahr zu bleiben. Der Grund für diesen Umzug mehr als 800 km weiter nach Süden ist umstritten. Eine der Vermutungen besagt, dass Nabonid sich mit den Priestern des Reichsgottes Marduk überworfen hatte, als er den Kult des althergebrachten Mondgottes Sin privilegieren wollte. Die Verwaltung der offiziellen Reichshauptstadt Babylon überließ er seinem Sohn Bel-schar-uzur, der als Belsazar auch im Alten Testament (bspw. im Buch Jeremia 25,23) erscheint. Am bekanntesten ist in diesem Zusammenhang sicher die Schilderung des Gastmahls des Belsazar (Daniel 7,1), der dabei wertvolle Gefäße verwendete, die »sein Vater« Nebukadnezar (tatsächlich war ja Bel-schar-uzur der Sohn des Nabonid) zuvor aus dem Jerusalemer Tempel geraubt haben soll. Die daraufhin an der Wand erscheinende Flammeninschrift, das sprichwörtlich gewordene »Menetekel«, deutet der Prophet Daniel als Ankündigung des baldigen Todes des Belsazar, der noch in derselben Nacht von seinen Bediensteten erschlagen worden sein soll.

Allerdings gibt es in Tayma noch keinerlei Architekturreste, die sich gesichert Nabonids Regentschaft zuweisen lassen, auch wenn er dort seinen großen Palast errichtet haben will. Das Gleiche gilt für die in der Oase aufgefundenen neubabylonischen Keilschrifttafeln. Immerhin hat man im Jahr 2009 ein scheibenförmiges Objekt, wahrscheinlich eine Stelenbasis, gefunden, die den Herrschernamen Nabonid in Keilschrift trägt und damit zum ersten Mal auch vor Ort einen archäologischen Beleg für die Anwesenheit des babylonischen Königs lieferte. Zusätzlich kennt man eine Inschrift, die sich auf einem Felsbrocken in der Hügelkette von al-Muschamrachah südwestlich von Tayma befindet; in dem dreizeiligen Text in lihyanitischer Schrift, welche nur die Konsonanten wiedergibt, wird neben einem »Merdan« (»mrdn«) auch der »nbnd mlk bbl«, um die Vokale ergänzt »nebened melek bebel« (»Nabonid, König von Babylon«), genannt. Überhaupt gibt es im Umland der Oase viele Inschriften, die nicht nur in lihyanitischer, sondern auch in aramäischer und thamudischer und später auch noch in nabatäischer Schrift abgefasst sind und so die Präsenz unterschiedlichster Völkerschaften in der Region bekunden.

Abb. 63 Nabatäische Grabfassaden von Al-Churaimat in Meda'in Saleh.

In Gestalt des »Qasr al-Hamra« (»Rotes Schloss«) im Nordwesten des Ruinengelände ist aus dieser Zeit auch ein Kultbau überliefert, zu dessen bedeutendsten Funden ein würfelförmiger Sockel oder Altarblock mit reliefierten Seiten (Abb. 66) und eine beschriftete Stele aus der auf die neubabylonische Zeit folgenden Perserherrschaft zählen.

Nabonid will bei einem Feldzug, der ihn von Tayma aus weiter nach Süden führte, auch die Handelszentren Adumatu (Dumat al-Dschandal), Dadanu (Dedan), Yathrib (Medina), Padakku (Fadak) und Hibaru (Chaibar) erobert haben, zwischen denen er dann seinen eigenen Worten zufolge »einherging«. Wenn auch die entsprechenden Schilderungen im sogenannten »Strophengedicht des Nabonid« propagandistisch eingefärbt sind (unter anderem wird berichtet, dass Nabonid in Tayma den damaligen König getötet, den Viehbestand der Bevölkerung geschlachtet und in der Oase einen prunkvollen Palast nach babylonischem Vorbild errichtet haben soll), liegt der Schluss nahe, dass der babylonische König mit diesen Militäraktionen den lukrativen Weihrauchhandel unter seine Kontrolle bringen wollte, ein Unter-

Abb. 64 Felsen mit nabatäischen Grabfassaden im »Areal C« von Meda'in Saleh.

fangen, das er dann ein Jahrzehnt später als offensichtlich erfolglos wieder abgebrochen hätte. Zuletzt erlitt er 539 v. Chr. in der Schlacht bei Opis östlich des Tigris gegen den Perserkönig Kyros die entscheidende militärische Niederlage, die das Ende seines Reiches bedeutete, und geriet sogar in dessen Gefangenschaft. Über das Schicksal von Tayma während der anschließenden Zeit der persischen Achämenidendynastie liegen kaum verlässliche Schriftquellen vor, es ist sogar unklar, inwieweit die Perser überhaupt eine direkte Herrschaft über die Oase ausübten.

In der mittleren Eisenzeit (9.–5. Jahrhundert v. Chr.) bestattete man die Toten in runden oder rechteckigen Grabhäusern, die direkt auf den Felsen aufsaßen und einzeln oder in Gruppen aneinander gebaut waren und Mehrfachbestattungen enthielten. Nach dem Nekropolenareal von Sana'iye, dem neben Tal'a zweiten Friedhof der mittleren Eisenzeit in Tayma, ist eine weitere bemalte Keramik benannt, die dort erstmalig zutage trat.

Ab der Mitte des 1. Jahrtausends berichten die spärlichen Quellen vage von militärischen Auseinandersetzungen zwischen den einzelnen Oasen Nordwestarabiens um die Kontrolle über den lukrativen Weihrauchhandel. Es soll auch zur direkten Konfrontation zwischen Tayma und Dedan (heute Chureiba/al-'Ula) gekommen sein. In noch nicht näher bekanntem Umfang scheint das

Königreich von Lihyan ab dem 4. Jahrhundert v. Chr. mit Dedan als Zentrum die politische und wirtschaftliche Oberhoheit in Nordwestarabien erlangt zu haben. Zumindest belegen neue Textfunde zwei lihyanitische Königsnamen in Tayma: zum einen TLMY (da eine der Inschriften aus seinem 40. Regierungsjahr stammt, handelt es sich um den ersten Träger dieses Namens, für den eine 44-jährige Herrschaft überliefert ist) und zum anderen LWDN (gemäß dem einst in der inneren Stadtmauer verbauten Text führte einer seiner Gouverneure die dortigen Bauarbeiten aus, was gleichzeitig einen Anhaltspunkt für die Errichtung dieser Umwallung liefert).

Zudem gibt es in beiden Orten, Tayma und Dedan, für diesen Zeitraum vergleichbare archäologische Befunde, wie das Vorkommen der zweifarbig bemalten sogenannten Chureibakeramik (benannt nach dem heutigen Namen von Dedan) und die Aufstellung überlebensgroßer Königsstatuen im Haupttempel. Dieser auf der Kuppe des rund 6 m hohen Stadthügels gelegene Kultbau präsentiert sich als eindrucksvolles säulengestütztes Gebäude mit 520 m² Grundfläche am Nordostrand des damaligen Siedlungszentrums, das seinerseits durch im Schnitt nur rund 11 mal 11 m große steinerne Wohnbauten charakterisiert war. Im Schutt der Tempelruine traten Fragmente mehrerer Sphinxfiguren zutage, die einst wahrscheinlich den Treppenaufgang in das Heiligtum säumten, vor dem sich auch noch mehrere monumentale Wasserbecken befanden. Die Wände waren einst verputzt und farbig bemalt und der Boden war mit Steinplatten bedeckt. Vor allem fand man, wie bereits angesprochen, die Trümmer weit überlebensgroßer, menschengestaltiger und ursprünglich monolithischer Standfiguren der lihyanitischen Könige. Die Statuenfragmente waren im Mauerwerk einer späteren Umbauphase als Spolien wiederverbaut worden, denn der Tempel erfuhr zwischen der Mitte des 1. Jahrtausends v. Chr. und dem 3. Jahrhundert n. Chr. mehrere Umgestaltungen, zuletzt durch die Nabatäer, aus deren Ära nicht nur Partien der Fassadendekoration, unter anderem mit den typischen nabatäischen Hörnerkapitellen, sondern auch eine Inschrift ihres Königs Aretas IV., der um die Zeitenwende regierte, vorhanden sind.

Bereits vor dem Auftreten der Nabatäer, die im Verlauf des 1. Jahrhunderts v. Chr. Tayma unter ihren Einfluss bringen und in ihr Handelsnetz integrieren konnten, hatte eine militärische Intervention zu einem lokalen Machtwechsel geführt: Um die Weihrauchhandelswege kontrollieren zu können, stießen – wahrscheinlich im ausgehenden 3. oder frühen 2. Jahrhundert v. Chr. – Krieger des Königs Waqah'il Sadiq I. aus dem südarabischen Reich der Minäer auf einem Feldzug nach Norden, in dessen Verlauf sie bereits Nadschran, Asir und den Hedschas unterworfen hatten, bis nach Tayma vor und eroberten nach eigenen Angaben die Oase.

In lihyanitischer Zeit (4.–3. Jahrhundert v. Chr.) befand sich die Nekropole in dem Geländestreifen zwischen der noch intakten inneren und der allmählich verfallenden äußeren Stadtmauer. Es handelte sich um Felsenschächte, in die Einzel- und Mehrfachbestattungen eingebracht wurden, die allesamt späteren Plünderern zum Opfer fielen. Anthropologische Untersuchungen der Knochenreste ergaben, dass keiner der Verstorbenen das 40. Lebensjahr erreicht hatte.

Schon im 19. Jahrhundert hatten die ersten Forschungsreisenden, wie Charles Doughty (1877) und danach Antonin Jaussen und Raphael Savignac, Nordwestarabien und damit auch Tayma aufgesucht und beschrieben. Spätere Begehungen des Geländes erfolgten 1883/84 durch Charles Huber und Julius Euting. Die dabei aufgefundenen Stelen mit aramäischer Beschriftung, die überwiegend aus dem 6. und 5. Jahrhundert v. Chr. stammen, befinden sich heute im Louvre. Bereits diesen Texten war zu entnehmen, dass der Hauptgott seinerzeit Salm gewesen ist, dessen Emblem eine (zumeist geflügelte) Sonnenscheibe gewesen ist. Der mit 1,11 m Höhe größte dieser Inschriftensteine berichtet unter anderem von der Ernennung eines Salm-Shezib bar Pet-Osiris zum neuen Oberpriester des Salm von Hagam, einer noch nicht eindeutig lokalisierten Ortschaft. Andere Quellen nennen noch einen Salm von Mecherem und einen Salm von Reb bzw. Deb, bei denen es sich ebenfalls um bislang unbekannte Orte handelt. Salm bildete gemeinsam mit der Mondgottheit Sengalla und der die Venus verkörpernden Göttin Aschima eine Göttertrias. Eine heute im

British Museum in London befindliche Basaltstele des babylonischen Königs Nabonid unbekannter Herkunft (Inv. ME 90837) zeigt diesen im gerundeten Bildfeld gemeinsam mit den Astralsymbolen genau dieser drei Gottheiten. Vor wenigen Jahren ist in Tayma eine weitgehend identische Rundbogenstele gefunden worden, die ebenfalls Nabonid zugewiesen werden kann.

Bevor zwischen 630 und 632 der Islam auf der gesamten Arabischen Halbinsel Einzug hielt, sollen der Überlieferung nach die letzten Regenten über Tayma dem jüdischen Glauben angehört haben. Ob diese direkt von aus dem Heiligen Land ausgewanderten Exil-Juden abstammten oder den jüdischen Glauben, ähnlich wie in Südarabien das himyaritische Herrscherhaus unter König Dhu Nawas (um 517–525), erst später annahmen, lässt sich noch nicht zweifelsfrei ermitteln. Zu den ortsansässigen arabischen Juden, die schließlich unter Kalif Omar (634–644 n. Chr.) vertrieben wurden, zählte auch der Literat Samuel Ibn Adiya, der im 6. Jahrhundert n. Chr. im Qasr al-Ablaq bei Tayma residierte.

Die Relikte der islamischen Zeit, vor allem landwirtschaftliche Anwesen, werden von den Archäologen als Siedlungsphase 2 gezählt, und die Überreste aus der allerjüngsten Vergangenheit (überwiegend »Überreste temporärer Camps im Ruinengebiet«) firmieren als Siedlungsphase 1.

Das Wadi Rum

Zu den landschaftlich beeindruckendsten Abschnitten der Weihrauchstraße zählt das Wadi Rum mit seinen bunten Sandsteinfelsen (Abb. 67), die teils skurril verwittert sind. Es ist allerdings fraglich, inwiefern die Karawanen nach mehr als zweimonatiger und oft entbehrungsreicher Reise auf der Arabischen Halbinsel für die dortigen Naturschönheiten empfänglich waren. Auf jeden Fall schätzte man die Wasservorkommen in diesem gelegentlich labyrinthartig verzweigten Talsystem, welches östlich der modernen Schnellstraße zwischen Amman und Aqaba in das nordarabische, im Schnitt 900 m ü. d. M. liegende Hismagebirge eingeschnitten ist und den Übergang in das jordanische Bergland und den Negev bildet. Das vor allem durch die Schilderungen von Thomas Edward Lawrence, besser bekannt als »Lawrence von Arabien«, berühmt gewordene heutige »Schutzgebiet Wadi Rum« zieht sich mit seinen fünf annähernd parallelen, von Norden nach Süden verlaufenden Haupttälern (darunter auch das eigentliche Wadi Rum) und zahlreichen Verzweigungen und Verästelungen über ein Areal von 42 km in nord-südliche und 33 km in ost-westliche Richtung. Eine Bergformation mit tiefen vertikalen Einschnitten im steilen Hang erhielt sogar die moderne Bezeichnung »Sieben Säulen der Weisheit« nach dem Titel der Autobiografie von Lawrence. Außerdem diente die grandiose Landschaft als Filmkulisse für die berühmte Verfilmung von dessen Lebensgeschichte, die 1962 mit insgesamt sieben Oskars prämiert wurde und für drei weitere nominiert war. 2011 setzte die UNESCO das Wadi Rum sowohl auf die Liste des Weltkultur- wie auch des Weltnaturerbes.

Eines der bedeutendsten Wasservorkommen, Ain Schallalah, befindet sich am Fuß des Dschebel Rum, des mit 1754 m Höhe zweitgrößten Berges Jordaniens, der nur noch vom weiter südlich unmittelbar an der Grenze zu Saudi-Arabien gelegenen und exakt 100 m höheren Dschebel Umm ad-Dami übertroffen wird. Hier, wie an den anderen Wasserstellen, hat sich das Trockental so tief in das Sandsteinhochplateau des Hismagebirges eingeschnitten, dass es die darunter liegenden Granitschichten erreicht, über denen sich das aus Niederschlägen gespeiste Grundwasser angesammelt hat. So etablierte sich hier bald eine Karawanenstation, an der im frühen 1. Jahrhundert n. Chr. unter Aretas IV. aus dem lokal anstehenden Sandstein ein Tempel für die Göttin Allat (al-Lat), die Begleiterin des nabatäischen Reichsgottes Duschara, sicher über einem älteren thamudischen Kultplatz, errichtet wurde (Abb. 68). In diesem 1931 wiederentdeckten und zwei Jahre später freigelegten Heiligtum fanden 1959 nochmals Nachgrabungen statt. Das annähernd quadratische Bauwerk, dessen Ecken recht genau in die vier Himmelsrichtungen weisen, ist ein Vertreter des nabatäischen »Zentraltempels«, bei dem sich das Allerheiligste (»Adyton«) in einem Raum in der Mitte der Kultstätte befindet; beim anderen Bautyp, dem bei-

Abb. 65 Nabatäische Grabfassade von Qasr el-Farid in Meda'in Saleh.

spielsweise das dem Reichsgott Duschara geweihte »Qasr al-Bint« in Petra angehört, sind Vorhalle (»Pronaos«), Kultraum (»Cella«) und das zumeist dreigeteilte Allerheiligste hintereinander angeordnet. Den kultischen Mittelpunkt des Tempels im Wadi Rum bildet im »Adyton«, das seitlich und rückwärtig von Säulenreihen gesäumt wird, ein rund 4 mal 5 m² großer Schrein auf einer Plattform. Hinter den einst stuckierten und bunt bemalten Säulen befinden sich Nebenräume bzw. in der nördlichen und westlichen Ecke quadratische Treppenhäuser, deren Stufen einst in das heute nicht mehr vorhandene Obergeschoss der Kultstätte führten. Auf der gegenüberliegenden Tempelseite führte eine Treppe, vor der einst noch ein großer Altar für Schlachtopfer stand, in die »Cella«. Verwandte Grundrisse weisen der Löwen-Greifen-Tempel in Petra und der rund 70 km nördlich von diesem am »Königsweg« gelegene Tempel von Khirbet Tannur auf.

Rund 100 m östlich des Tempels im Wadi Rum wurde eine Badeanlage errichtet, die ihr Wasser aus der lokalen Quelle bezog. Sie verfügte sogar über einen Warmwasserbereich (»Caldarium«) mit beheizbaren Hypokausten, was sie zur ältesten Therme auf jordanischem Boden macht. Vermutlich nahmen die Tempelbesucher hier vor dem Betreten der Kultstätte ein rituelles Bad. In der nahen Umgebung haben gelegentlich Besucher ihre Inschriften hinterlassen, die sich allerdings nur auf Granit oder an klimatisch besonders geschützten Stellen erhalten haben

(Abb. 69); viele Graffiti auf Sandsteinuntergrund dürften der Verwitterung zum Opfer gefallen sein. Aber auch an zahlreichen anderen Felswänden des Wadi Rum sind eingeritzte Inschriften und Abbildungen, viele davon schon aus der vornabatäisch-thamudischen Zeit und mindestens bis ins Chalkolithikum (Steinkupferzeit, ca. 4500–3200 v.Chr.; hier vor allem Rinderdarstellungen) zurückreichend, vorhanden. Bereits aus dem Paläolithikum (Altsteinzeit) und dem nachfolgenden Epipaläolithikum (ca. 20 000–8300 v.Chr.) wurden Steinwerkzeuge gefunden; aus dem Neolithikum (Jungsteinzeit; ca. 6000–4500 v.Chr.) gibt es sogar Überreste temporärer Siedlungen in Form von runden und rechteckigen Steinsetzungen, von denen Abu Nageilah der bedeutendste Fundplatz ist. Spätestens im 2. Jahrhundert v.Chr. lösten nach Ausweis der Felsinschriften die Nabatäer die Thamuder als Hauptbevölkerung ab. Da manche der nabatäischen Inschriften die Ortsbezeichnung »Iram« nennen und auch bei Ptolemaios die Region unter dem Namen »Aramwa« erscheint, dürfte der heutige Ortsname »Rum« (englische Schreibweise der Aussprache »Ramm«) von dieser antiken Bezeichnung abgeleitet sein.

In der wüstenhaften Landschaft des Hismagebirges erschlossen die Nabatäer durch die Anlage ausgeklügelter Aquädukte aber auch andere Areale wie das heutige Humeima, das in römischen Quellen als Auara erscheint und das, wie aktuelle Ausgrabungen ergeben haben, sogar noch in der islamischen Abbassidenzeit offenbar ein wichtiger Umschlagplatz für Elfenbein aus Afrika gewesen ist.

Abb. 66 Mesopotamisch beeinflusstes Relief auf einem Altarblock aus Tayma/Saudi Arabien; ht. Mus. Riyadh.

Gaza

Als offizielles Ende der Weihrauchstraße galt Gaza. Als südlichster der Häfen im östlichen Mittelmeer war die Stadt erstmögliche maritime Anlaufstelle der Karawanen aus Südarabien; anschließend wurde der kostbare Rohstoff auf Schiffe verladen und auf dem Seeweg in die Abnehmerländer transportiert. Dabei liegt Gaza selbst nicht unmittelbar am Meer, sondern etwas im Hinterland an der wichtigsten Landverbindung zwischen Ägypten und Syrien/Palästina, besaß aber einen offensichtlich mehrfach verlegten maritimen Außenposten direkt an der Küste, der vereinzelt auch politische Unabhängigkeit gegenüber seiner Mutterstadt erlangen konnte. Von Gaza aus ist das Meer nicht zu sehen (und umgekehrt), da dazwischenliegende Dünen, die auch schon in der Antike existiert haben dürften, den Blick versperren.

Zumeist fungierte als Hafenplatz das nordwestlich des Stadtgebietes von Gaza gelegene Blakhiyah, dessen vorhellenistische antike Benennung unbekannt geblieben ist. Zwar existierte dieser Küstenort schon seit mykenischer Zeit, doch erscheint er unter dem Namen Anthedon erstmals in den »Jüdischen Altertümern« des antiken Historikers Flavius Josephus, nachdem griechische Zuwanderer aus dem böotischen Anthedon ihre neue Heimat, eine damals von Gaza unabhängige Stadt, nach ihrer alten benannt hatten.

Der britische Archäologe Flinders Petrie lokalisierte das antike Gaza noch fälschlicherweise auf dem Tell el-Ajjul an der Mündung des Wadi Ghazza rund 7 km südwestlich der heutigen Stadt, auf dem er zwischen 1930 und 1934 Ausgrabungen durchgeführt hatte. Diese hatten vor allem Funde aus pharaonischer Zeit um die Mitte des 2. Jahrtausends v. Chr. erbracht. Heute ist man geneigt, diesen Platz mit der Grenzfestung Scharruhen, dem letzten Stützpunkt der aus Ägypten vertriebenen Hyksos, gleichzusetzen, für die aber auch der benachbarte Tell el-Farah infrage kommt. Tell el-Ajjul war auf jeden Fall eine Station, die man auf dem Weg von Arabien durch das Wadi Ghazza nach Gaza passieren musste. Außerdem kreuzte diesen Handelsweg noch die Verbindung aus Ägypten weiter nach Syrien und Mesopotamien. So kommt es, dass bislang in keinem anderen Ort Südpalästinas als Zeugnis der weitreichenden Wirtschaftskontakte eine so große Menge an Importkeramik ausgegraben werden konnte wie im Tell el-Ajjul. Außerdem belegen zahlreiche Funde von Goldschmuck, der zumeist ägyptischen Einfluss aufweist, die Wirtschaftskraft der damaligen Stadt.

Die ältesten Relikte im Umland des antiken Gaza wurden zufällig 1998 auf dem Tell as-Sakan rund 5 km südlich der heutigen Stadt lokalisiert. Bei Ausschachtungsarbeiten für ein Wohnhaus entdeckte man Überreste aus der späten Frühbronzezeit, die den Anlass zu weiteren Grabungen gaben. Dabei drangen die Archäologen bis auf die älteste Schicht aus der beginnenden Frühbronzezeit in der zweiten Hälfte des 4. Jahrtausends v. Chr. vor, die ägyptisches Fundmaterial wie Keramik und Tierskulpturen der protodynastischen Negade III-Zeit enthielt, sodass die Ausgräber von der ältesten befestigten ägyptischen Siedlung außerhalb Ägyptens sprechen. Allerdings ist der Ort dann verlassen und erst in der Spätbronzezeit erneut besiedelt worden. Wahrscheinlich übernahm in dieser unbewohnten Phase während der mittleren Frühbronzezeit der nur 1 km entfernte Tell el-Ajjul die Funktion als Nachfolgesiedlung. Für beide Fundorte sind die antiken Namen nicht überliefert.

Es ist wahrscheinlich, dass kurz nach der Mitte des 2. Jahrtausends v. Chr., während der erneuten Oberhoheit durch das pharaonische Ägypten, die Ansiedlung von Tell as-Sakan auf den Tell Haruba, eine Erhöhung im Stadtzentrum des heutigen Gaza, verlegt wurde, wobei die moderne Überbauung eine Verifikation dieser Annahme erschwert, wenn nicht gar unmöglich macht. Immerhin ergaben dort 1992 durchgeführte Sondagen einige Funde aus der fraglichen Zeit. Pharao Thutmosis III. hatte um 1484 v. Chr. Gaza erobert und dort einen ägyptischen Statthalter für die neu hinzugewonnene Provinz Kanaan eingesetzt. Sein Feldzugsbericht liefert gleichzeitig den ältesten Beleg für den Städtenamen »Gaza«, der in der Folgezeit als Brückenkopf für die weitere Expansion Ägyptens und Kontrolle der syrisch-palästinensischen Außenbesitzungen der Pharaonen fungierte.

In der »Amarnakorrespondenz« (benannt nach ihrem Fundort, der von Pharao Amenophis IV./Echnaton in Mittelägypten neu gegründeten Hauptstadt) sind unter dem mit Keilschrift geführten Briefwechsel der Ägypter mit dem Ausland auch Tontafeln aus »Kha-za-ti« bzw. »Az-za-ti«, so die damalige Bezeichnung von Gaza, vertreten. Später wird die Stadt auf der (aufgrund ihrer frühesten Erwähnung des Namens »Israel« berühmt gewordenen) Siegesstele des Pharao Merenptah (1213–1203 v.Chr.) gemeinsam mit Askalon, Gezer und Jenoam unter den eroberten Ortschaften aufgelistet.

Während des sogenannten »Seevölkersturms« am Wechsel von der Bronze- zur Eisenzeit, der durch Ramses III. erst an der ägyptischen Grenze zurückgeschlagen werden konnte, erlitten Gaza und die übrigen Küstenstädte der Levante zunächst schwere Zerstörungen; wenig später wurden sie von den Philistern, einer der zurückgeschlagenen Gruppierungen der »Seevölker«, der die Region in der Folgezeit ihre Benennung als »Palästina« verdankt, in Besitz genommen. In den ägyptischen Feldzugeberichten werden sie als »Peleset« bezeichnet. Das damals von einer mächtigen Stadtmauer umgebene Gaza wurde Mitglied des Fünfstädtebundes (»Pentapolis«) der Philister, dem außerdem Aschdod, Askalon, Ekron und Gath angehörten. Dies ist auch die im Alten Testament ausführlich geschilderte Zeit der Auseinandersetzung der Hebräer im judäischen Bergland mit den Philistern in der Küstenebene. So soll der biblische Samson gemäß dem Buch der Richter (Ri. 16,1 ff.) in Gaza gefangen gehalten worden sein und den Tod gefunden haben.

Gaza erlebte jetzt eine Blütezeit als Endpunkt der Weihrauchstraße. Im Verlauf des 1. Jahrtausends v.Chr. geriet allerdings Palästina in den Fokus der Expansionsbestrebungen der Assyrer aus dem nördlichen Zweistromland. Deren Keilschrifttexte nennen als damaligen Regenten von Gaza den König bzw. Stadtfürsten Hanun(u) (Hanno), der erstmals 743 v.Chr. während des gegen die Dekapolis der Philister gerichteten ersten Palästinafeldzuges Tiglatpilesers III. (744–726 v.Chr.) Erwähnung findet. Vor dem nahenden assyrischen Heer flieht er zunächst zu Pharao Schabaka nach Ägypten, kehrt dann nach der Einnahme seiner Heimatstadt durch Tiglatpileser wieder dorthin zurück und wird rehabilitiert; er darf zwar sein Kleinreich behalten, dafür deportieren die Assyrer aber seine Götterstatuen. In den meisten der überlieferten Tatenberichte Tiglatpilesers, in denen die Wegführung der Kultbilder aus Gaza beschrieben wird, folgt im Anschluss die Schilderung, dass wenig später auch Tempelinventar der besiegten arabischen Königin Schamschi durch die Assyrer als Beute abtransportiert wurde. Noch vor der Rückkehr des geflohenen Hanun ließ Tiglatpileser inmitten von dessen Palast Statuen der wichtigsten assyrischen Götter und von sich selbst aufstellen und ordnete entsprechende Kulte für die Bildwerke an. Aufgrund der modernen Überbauung ließ sich der genannte Palast bislang noch nicht ermitteln. In einer seiner Siegesinschriften bezeichnet Tiglatpileser Gaza als das »Zollhaus Assyriens«. Es saßen demzufolge assyrische Beamte in der Stadt, welche die Abgaben aus dem Fernhandel eintrieben und in die Reichshauptstadt Nimrud (Kalchu) im heutigen Nordiraq bei Mossul weiterreichten, sodass Hanun keinen wirtschaftlichen Nutzen aus den sicher reichlich sprudelnden Einnahmen ziehen konnte.

Für das Jahr 720 v.Chr. ist Hanun als Gegner des assyrischen Königs Sargon II. (721–705 v.Chr.) belegt. Obwohl Hanun die antiassyrische Koalition der palästinensischen Kleinstaaten unterstützte, war er bei deren Niederlage in der Schlacht von Qarqar nicht anwesend. Erst beim weiteren Vorstoß Sargons durch Palästina in Richtung ägyptischer Grenze kam es zur direkten Konfrontation, wobei Hanun in der Schlacht von Raphia südlich von Gaza besiegt und gefangen genommen wurde. Doch war damit der palästinensische Aufstand nur vorläufig niedergeschlagen, denn unter Sargons Nachfolger Sanherib (705–680 v.Chr.) versuchte im Jahr 701 v.Chr. König Hiskija von Juda, gemeinsam mit dem Regenten der Hafenstadt Askalon erneut, die assyrische Oberhoheit über Palästina abzuschütteln. Allerdings blieb die erhoffte Unterstützung der Erhebung durch Ägypten aus. So konnte Sanherib während seines dritten Feldzuges bis zu Hiskijas Residenzstadt Jerusalem vorstoßen und diese belagern, sodass Hiskija »wie ein Vogel im Käfig in seiner königlichen Residenz eingeschlossen« war, wie es der

Assyrerkönig in seinem Feldzugsbericht auf dem sogenannten »Sanherib-Prisma« schildert. Zudem ließ er das Umland von Jerusalem verwüsten und entvölkern. Unter den loyal zu Assyrien stehenden palästinensischen Lokalherrschern, denen die insgesamt 46 eroberten Städte im einstigen Herrschaftsgebiet des Hiskija überlassen wurden, gehörte auch Zili-Bel von Gaza, offensichtlich der nach der Gefangennahme des Hanun von den Assyrern dort eingesetzte Nachfolgeregent. Blakhiyah, die direkt am Meer gelegene Nachbarstadt Gazas, scheint hingegen durch die Truppen Sanheribs zerstört worden zu sein.

Pharao Necho II. (610–595 v.Chr.) konnte im Rahmen seines Syrienfeldzuges, bei dem er den mit ihm verbündeten assyrischen König Assur-uballit II. gegen

Abb. 67   Landschaft im Wadi Rum/Jordanien.

Abb. 68   Nabatäischer Tempel im Wadi Rum/Jordanien.

die expandierenden Babylonier unterstützte, 609 v. Chr. auch Gaza erobern; er verlor die Stadt aber bereits vier Jahre später an das babylonische Reich. Dieses wurde wiederum von den persischen Achämeniden besiegt und deren Großkönig Kambyses stieß 525 v. Chr. in Richtung Ägypten vor. Über diesen Feldzug liefert Herodot interessante Details, wobei auch immer wieder die Stadt Kadytis erscheint. Es spricht viel dafür, diese mit Gaza zu identifizieren, auch wenn es Gleichsetzungsvorschläge mit Gath (heute Tell es-Safi) und Jerusalem, das heute noch arabisch al-Quds genannt wird, gibt. Herodot beschreibt Kadytis nicht nur als »große Stadt«, die von Pharao Necho II. (610–595 v. Chr.) nach seinem Sieg in der Schlacht von Magdola (Migdol, heute Tell Kedua) erobert wurde (Her. II, 159), sondern er präzisiert in seinem 3. Buch: »Von Phönikien bis an das Gebiet der Stadt Kadytis gehört das Land den sogenannten palästinischen Syrern, von Kadytis, einer Stadt, die meiner Schätzung nach beinahe so groß wie Sardeis ist, bis nach der Stadt Ianysos [heute entweder Chan Junis am südlichen Ende des Gazastreifens oder el-Arisch] gehören die Handelsplätze an der See den Arabern und von Ianysos bis an den Serbonischen See [heute Lagune von Bardawil], wo das Kasische Gebirge [Mt. Kasion] sich bis an die See erstreckt, wieder den Syrern. Beim Serbonischen See … fängt dann schon Ägypten an. Der Landstrich zwischen der Stadt Ianysos, dem Kasischen Gebirge und dem Serbonischen See ist über eine Distanz von drei Tagesmärschen ganz und gar wasserlos« (Her. III, 5).

An den König dieser Araber, zu deren Territorium Kadytis zählte, wandte sich – auf Anraten des aus Ägypten zu den Persern desertierten Söldners Phanes – der Perserkönig Kambyses mit der Bitte um Unterstützung bei seinem Feldzug gegen das Nilland, das zwischenzeitlich von Pharao Amasis (570–526 v. Chr.) regiert wurde. »Um durch die Wüste zu kommen, müsse er … den König der Araber … um freies Geleit durch sein Land bitten; da nämlich ist das einzige Einfallstor nach Ägypten.« Herodots Angaben zufolge beließ es der Regent der Araber aber nicht nur bei der Transitgenehmigung, sondern unterstütze die Perser aktiv mit Wasservorräten: »Nachdem der arabische König mit den Gesandten des Kambyses den Bund geschlossen hatte, füllte er Schläuche aus Kamelhaut mit Wasser, belud damit alle seine Kamele und zog mit ihnen in die Wüste, um dort das Heer des Kambyses zu erwarten.« Diese Hilfe machte sich offensichtlich später im wahrsten Sinne des Wortes bezahlt, denn Herodot erwähnt bei der Auflistung der Einkünfte des Perserreiches aus den einzelnen Provinzen (Her. III, 91), dass die Araber als einzige Bevölkerung der fünften Satrapie keine Abgaben zu entrichten hatten. Sie lieferten aber als Zeichen ihrer Freundschaft freiwillig jährlich 1000 Talente (ca. 30 t) Weihrauch als Geschenk an den Perserkönig ab (Her. III, 97).

Aus Herodots Beschreibung geht recht eindeutig hervor, dass Kadytis eine Küstenstadt gewesen ist – ein Faktum, das unter den drei vermuteten Plätzen nur auf Gaza zutrifft, ebenso wie die Eroberung durch Necho nur für Gaza sicher belegt ist; gegen die Gleichsetzung mit Jerusalem spricht zudem, dass dieses kurze Zeit nach der Rückkehr der Israeliten aus der babylonischen Gefangenschaft mit Sicherheit keine Stadt gewesen ist, die es bezüglich ihrer Größe mit der Lyderhauptstadt Sardis aufnehmen konnte.

In das Bild, wonach die Perser Gaza weitgehende Autonomie eingeräumt haben, um den Weihrauchhandel nicht zu beeinträchtigen, passen auch die sogenannten »Hierodulenlisten«, in Wirklichkeit Heiratsurkunden, aus dem südarabischen Ma'in, die dokumentieren, dass sich, wahrscheinlich ab dem 5. Jahrhundert v. Chr., in Gaza die größte mináische Handelskolonie an der Weihrauchstraße befunden hat. In dieser Zeit schlug man in Gaza nicht nur Münzen für den eigenen Bedarf, sondern auch Auftragsprägungen für südpalästinensische und nordwestarabische Klientelfürsten. Doch im ausgehenden 2. Jahrhundert v. Chr. wurde das mináische Mutterland in Südarabien vom Reich von Qataban annektiert, sodass am nördlichen Ende der Weihrauchstraße die expandierenden Nabatäer vollends die Kontrolle über die Handelswege übernehmen konnten.

Gaza setzte Alexander dem Großen bei dessen Feldzug in Richtung Ägypten im Herbst des Jahres 332 v. Chr. langen und heftigen Widerstand entgegen. Doch Alexander hatte zuvor bereits das weiter im Norden gelegene

Tyros belagert und erstürmt und konnte unter erneutem Einsatz seiner aus Tyros herbeigeholten Katapultgeschosse und nach Unterminierung der Stadtmauern schließlich auch Gaza nach drei vorangegangenen vergeblichen Anläufen mit Sturmleitern einnehmen. Der persische Kommandant Batis, der für den Widerstand verantwortlich war, soll nach Angaben des Alexander-Biografen Curtius Rufus von Alexander – in bewusster Anlehnung an die Schändung des Leichnams des Hektor durch Achill vor den Mauern von Troia – an seinen Streitwagen gebunden vor den Toren von Gaza zu Tode geschleift worden sein. Auch die gesamte überlebende (Curtius Rufus gibt die Zahl der gefallenen Verteidiger mit 10 000 an) männliche Bevölkerung der Stadt, darunter arabische Söldner, die auf Seiten der Perser gekämpft hatten, wurde hingerichtet und alle Frauen und Kinder wurden in die Sklaverei verkauft. Nach dieser Entvölkerung ließ Alexander die strategisch wichtige Stadt jedoch sofort wieder neu mit Beduinen aus dem Umland besiedeln (Diodor 17,49.1; 19,59.3), sodass sich diese in der nachfolgenden hellenistischen Zeit unter griechischem Einfluss zu einem kulturellen Zentrum mit einer bekannten Rednerschule entwickeln konnte.

Dass auch zu Zeiten Alexanders Gaza fest mit dem Weihrauchhandel assoziiert war, belegt eine in Plutarchs Alexanderbiografie überlieferte Episode, deren Wahrheitsgehalt dahingestellt bleiben mag. Als Kind soll Alexander bei einem Opfer große Mengen des kostbaren Duftstoffes in das Feuer geworfen haben, was ihm eine heftige Rüge durch seinen Erzieher Leonidas eingebracht haben soll. Erst wenn er das Weihrauchland erobert haben sollte, könne er es sich leisten, solch großzügige Opfer darzubringen. In Erinnerung daran soll Alexander nach der Eroberung Gazas 500 Talente Weihrauch und 100 Talente Myrrhe (als Hohlmaß hatte ein Talent das Volumen von einem Kubikfuß, d. h. ca. 30 × 30 × 30 cm) an Leonidas gesandt haben mit den Worten: »hiermit schicke ich Dir Weihrauch in Hülle und Fülle, damit du deinen Geiz gegenüber den Göttern beendest.«

Die sogenannte Zenonkorrespondenz, eine rund 2000 Texte umfassende Sammlung von geschäftlichen und privaten Schriftstücken des Zenon von Kaunos, eines hohen Verwaltungsbeamten unter Ptolemaios II. und III. aus der Stadt Philadelphia im ägyptischen Fayum, bezeugt Gaza als den wichtigsten Umschlagplatz in Palästina vornehmlich für Luxusgüter wie Gewürze, Weihrauch, Myrrhe und andere Aromata. Offensichtlich gab es damals einen eigens für die Kontrolle des Weihrauchhandels zuständigen Beamten, da die weitere Verbreitung und Verarbeitung der kostbaren Stoffe königliches Monopol war.

Doch aufgrund der nachfolgenden militärischen Auseinandersetzungen zwischen den Ptolemäern und Seleukiden um den syrisch-palästinensischen Raum erlebte Gaza bald danach eine Phase des Niederganges. Bereits unter Ptolemaios I. war die Stadt 312 v. Chr. Schauplatz einer Entscheidungsschlacht zwischen diesem Herrscher und dem mit ihm verbündeten Seleukos gegen Antigonos I. Monophthalmos, welcher den Seleukos zuvor als Satrap über Babylon abgesetzt und vertrieben hatte. Allerdings fungierte im Auftrag des Antigonos dessen Sohn Demetrios als Heerführer, und trotz des Einsatzes von Kriegselefanten unterlag er der gegnerischen Koalition. Letztendlich legte dieser Sieg die Grundlagen dafür, dass Seleukos nach Babylon zurückkehren und von dort aus das nach ihm benannte Seleukidenreich im asiatischen Teil des ehemaligen Imperiums Alexanders des Großen aufbauen konnte.

Der Seleukidenkönig Antiochos III. konnte die Ptolemäer unter ihrem minderjährigen Herrscher Ptolemaios V. während des fünften Syrischen Krieges (202–195 v. Chr) endgültig aus Palästina vertreiben, wodurch auch Gaza unter dessen Herrschaft fiel. Die Stadt verlor danach, wie sich unter anderem an der Münzprägung ablesen lässt, zunehmend an Bedeutung als Umschlagplatz für den Fernhandel. Denn einerseits suchten die Ptolemäer nach dem Verlust von Gaza alternative Routen für den Handel mit den südarabischen Luxusgütern, den sie nicht den Seleukiden überlassen wollten; andererseits lag für die Seleukiden die Stadt abseits der Karawanenwege, die aus dem Süden der Arabischen Halbinsel in ihr Kerngebiet führten. Von dieser neuen seleukidischen Streckenführung der Weihrauchstraße scheint vor allem Damaskus profitiert zu haben (Strabo 16,2,20), während die Ptolemäer, nachdem sie das Geheimnis der halbjährlich rhythmisch wechselnden Monsunwinde entdeckt hatten, direkten Handel über Südarabien hinaus mit Indien betreiben konnten, den sie dann über ihre Häfen auf dem Westufer des Roten Meeres abwickelten. Die Nabatäer, die die Minäer als Hauptdistributoren der südarabischen Waren in der südlichen Levante abgelöst hatten, scheinen die dadurch ausbleibenden Einnahmen durch Piraterie im Roten Meer kompensiert zu haben, wie es übereinstimmend Diodor (3,43,5) und Strabo (16,4,8) schildern.

Trotz der nachlassenden Wirtschaftskontakte zwischen Gaza und Petra bestanden noch politische Bindungen, denn als 98 v. Chr. der Hasmonäerkönig Alexander Jannai gegen Gaza zu Felde zog, baten deren Bewohner den Nabatäerkönig Aretas III. um militärische Unterstützung, die allerdings nicht mehr rechtzeitig eintraf: Gaza wurde erobert, völlig zerstört und blieb Jahrzehnte lang unbesiedelt. Erst 58 v. Chr. wurde die Stadt auf Veranlassung des römischen Prokonsuls Gabinius südlich der Kriegsruinen als Neu-Gaza wiederbegründet. Zwischenzeitlich könnte die Stadt Rhinokorura (auch Rhinokolura), das heutige el-Arisch, an der Mittelmeerküste des Sinai auf annähernd halbem Weg zwischen Gaza und Alexandria als Ersatzhafen gedient haben.

Die während der seit 1995 durchgeführten Ausgrabungen im Gazastreifen durch ein Team von französischen und palästinensischen Archäologen aufgefundene nabatäische Importkeramik stammt nach Ausweis ihrer Dekoration überwiegend aus der Zeit zwischen der Mitte des 1. Jahrhunderts v. Chr. bis zum Beginn des letzten Viertels des 1. Jahrhunderts n. Chr. Sie dokumentiert die Handelskontakte zwischen Petra und Gaza, die über die Zwischenstationen Wadi Araba, Oboda (heute Avdad) und Elusa (heute al-Khalasa) bzw. Mampsis (Mamschit), allesamt im heutigen Israel, entlang gut gesicherter Routen abgewickelt wurden. Gleichzeitig belegt ihr signifikanter Rückgang in der nachfolgenden Zeit, dass etwa zeitgleich mit der unter Kaiser Trajan erfolgten Annektion des Nabatäerreiches 106 n. Chr. und dessen Umwandlung in die römische »Provincia Arabia petraea« die Route zwischen Petra und Gaza rasch an Bedeutung ein-

Abb. 69 Thamudische Inschrift unweit des nabatäischen Tempels im Wadi Rum/Jordanien.

büßte, zumal die Römer auch noch die Provinzhauptstadt von Petra nach Bos(t)ra im heutigen südsyrischen Haurangebiet verlegten.

Den Wegfall des Transithandels kompensierte die Bevölkerung von Gaza in byzantinischer Zeit erfolgreich durch den Export ihres Weines. Auf den erhalten gebliebenen Partien der Mosaiken-Landkarte im jordanischen Madaba, die aus der zweiten Hälfte des 6. Jahrhunderts n.Chr. stammt, zeigt die (ebenfalls nur zur Hälfte überlieferte) Ansicht von Gaza die Stadt als nach Jerusalem zweitgrößte Ansiedlung Palästinas. Wie andere bedeutende antike Zentren besaß sie eine von Säulen gesäumte Mittelachse, an die sich rechtwinklig ein Raster von Nebenstraßen anschloss. Neben einem Theater und anderen öffentlichen Bauten lässt sich auch eine Kirche ausmachen. Allerdings standen anfänglich noch andere Kulte in Konkurrenz zum Christentum, so der antike Hauptgott Marna (»unser Herr«). Für die Philisterzeit bezeugt das alttestamentliche Buch der Richter (Ri. 16,23) die Verehrung des Gottes Dagon (Dagan) in Gaza, während im übrigen Palästina vor allem Baal (in mythologischen Texten aus Ugarit der Sohn des Dagon) als Rivale Jahwes in Erscheinung trat. Wahrscheinlich besaßen in vorchristlicher Zeit auch die anderen Völkerschaften, die in Gaza Handel trieben, wie die südarabischen Minäer, Kultstätten für ihre Götter, die aber noch ihrer Wiederentdeckung harren.

Nicht zuletzt dieses Beispiel, aber vor allem die vielen noch unerforschten Plätze in Saudi-Arabien, dem Staat, über den der längste Abschnitt der Weihrauchstraße verlief und in dem die archäologische Tätigkeit erst allmählich einsetzt, wecken die Hoffnung, dass in Zukunft die noch vorhandenen Wissenslücken über einen der traditionsreichsten Handelswege der Menschheitsgeschichte nach und nach geschlossen werden können.

Anhang

Weiterführende deutschsprachige Literatur (Auswahl)

Über die genannten Werke ist weitere (auch fremdsprachige) Literatur aufzufinden

Hakan Baykal, Durch die Wüste, in: epoc 2 (2010), S. 74–79.

Klaus Christof / Renate Haass, Weihrauch – Der Duft des Himmels (Dettelbach 2006).

Nicholas Clapp, Die Stadt der Düfte – Auf der Suche nach dem Atlantis der Wüste (Berlin 1999).

Werner Daum, Die Königin von Saba (Stuttgart & Zürich 1988).

Deutsches Archäologische Institut, Abteilung Sanaa (Hrsg.): Archäologische Berichte aus dem Yemen 1–11 (Mainz 1982–2007, Berlin seit 2007), S. 12 ff.

Deutsches Archäologische Institut, Abteilung Athen (Hrsg.): Archäologische Entdeckungen – Die Forschungen des deutschen Archäologischen Instituts im 20. Jahrhundert I–II (Mainz 2000), S. 44–49, S. 207–212, S. 224–230.

Brian Doe, Südarabien – Antike Reiche am Indischen Ozean (Bergisch-Gladbach 1970).

Klaus Dornisch, Die Weihrauchstraße – Ein vergessener Handelsweg der Antike, in: Nürnberger Blätter zur Archäologie 10 (1993/94), S. 8–30.

Mamoun Fansa / Karen Aydin (Hrsg.), Gaza. Brücke zwischen Kulturen. 6000 Jahre Geschichte. Ausstellungskatalog Landesmuseum Oldenburg (Mainz 2010).

Ute Franke et al. (Hrsg.), Roads of Arabia – Archäologische Schätze aus Saudi-Arabien. Ausstellungskatalog Berlin (Tübingen 2011).

Arnulf Hausleiter, Tayma – eine frühe Oasensiedlung, in: Archäologie in Deutschland 3 (2013), S. 14–19.

Peter Högemann, Alexander und Arabien. Zetemata 82 (München 1985).

Dieter Martinetz / Karlheinz Lohs / Jörg Janzen, Weihrauch und Myrrhe (Berlin 1989).

Walter W. Müller, Weihrauch, in: August Pauly / Georg Wissowa (Hrsg.), Real-Encyclopädie der classischen Altertumswissenschaft Suppl.-Bd. 15 (München 1978), Sp. 700 ff.

Norbert Nebes, Die Märtyrer von Nagrān und das Ende der Himyar – Zur politischen Geschichte Südarabiens im frühen sechsten Jahrhundert, in: Aethiopica 11 (2008), S. 7–40.

Michael Pfeifer, Der Weihrauch – Geschichte, Bedeutung, Verwendung (Regensburg 1997).

Wendell Phillips, Kataba und Saba – Entdeckung der verschollenen Königreiche an den biblischen Gewürzstraßen Arabiens (Berlin & Frankfurt/M. 1955).

Carsten Priebe, Gold und Weihrauch – Ägyptische Expeditionen nach Punt (Bretten 2002).

Walter Raunig, Die Suche nach dem Zentrum von Ausan, in: Mare Erythraeum 1 (1997), S. 145–152.

Ders. et al. (Hrsg.), Im Land der Königin von Saba – Kunstschätze aus dem antiken Jemen. Ausstellungskatalog Völkerkundemuseum München (Germering & München 1999).

Frank-Rainer Scheck, Die Weihrauchstraße – Von Arabien nach Rom (Köln 2007).

Klaus Schippmann, Geschichte der altsüdarabischen Reiche (Darmstadt 1998).

Andreas Schmidt-Colinet, Neue Forschungen in der nabatäischen Nekropole von Hegra in Saudi-Arabien, in: Nürnberger Blätter zur Archäologie 3/4 [1986–1988] (1991), S. 38–40.

Wilfried Seipel (Hrsg.), Jemen – Kunst und Archäologie im Land der Königin von Saba. Ausstellungskatalog Wien (Mailand & Wien 1998).

Robert Wenning, Petra – Weihrauchbörse der Antike, in: Antike Welt, 1 (2009), S. 48–56.

Joachim Willeitner, Jemen – Weihrauchstraße und Wüstenstädte (München 2002).

Ders., Gold, Weihrauch und Myrrhe – Die Gaben der Heiligen Drei Könige, in: Sonja Lucas (Hrsg.), Sternstunden – Kulturgeschichte(n) zur Weihnachtszeit (Bonn 2006), S. 182–187.

Hermann von Wissmann, Die Geschichte des Sabäerreiches und der Feldzug des Aelius Gallus, in: Hildegard Temporini (Hrsg.), Aufstieg und Niedergang der römischen Welt II.9.1 (Berlin & New York 1979), S. 308–544.

Paul Yule, Himyar – Spätantike im Jemen (Aichwald 2007).

Antike Autoren

Augustus, Taten, übers. v. E. Weber (Düsseldorf & Zürich 2004).

Cassius Dio, Römische Geschichte, übers. v. O. Veh (Düsseldorf 2007); übers. u. bearb. v. L. Tafel und L. Möller (Wiesbaden 2012).

Der Periplus des erythräischen Meeres, übers. u. bearb. v. B. Fabricius (Leipzig 1883).

Diodor von Sicilien, Historische Bibliothek, übers. v. J. F. Wurm (Stuttgart & Wien 1827).

Flavius Josephus, Jüdische Altertümer, übers. v. H. Clementz (Wiesbaden 1985).

Herodot, Das Geschichtswerk in zwei Bänden, hrsg. v. H.-J. Diesner und H. Barth (Berlin & Weimar 1985).

Kosmas Indikopleustes, Christliche Topographie, übers. u. bearb. v. H. Schneider (Turnhout 2010).

Plinius, Naturgeschichte I–XXXVII, übers. v. G. Winkler und R. König (München 1975 ff.).

Plutarch, Große Griechen und Römer I–VI, übers. v. K. Ziegler (Zürich & München 1954).

Strabo, Geographica, übers. u. bearb. v. A. Forbiger (Berlin & Stuttgart 1855–1898; Nachdruck Wiesbaden 2005).

Theophrast von Eresos, Naturgeschichte der Gewächse, übers. v. K. Sprengel (Altona 1822).

Bildnachweis

Karte auf Seite 7 ©: Peter Palm, Berlin. Alle übrigen Abbildungen stammen vom Autor.